Bayley-Ⅲ
임상적 활용과 해석

Copyright © 2010 by Elsevier Inc.

ISBN : 9780123741776

Translated Edition ISBN : 978-89-6866-747-3

Publication Date in Korea : 30 June 2016

Translation Copyright © 2016 by Elsevier Korea L.L.C

Translated by Sigma Press Inc.

Printed in Korea

Bayley-Ⅲ
임상적 활용과 해석

Bayley-Ⅲ
Clinical Use and
Interpretation

Lawrence G. Weiss, Thomas Oakland,
Glen Aylward 편저

방희정, 남 민, 이순행, 김호정, 이은지 옮김

ELSEVIER
ACADEMIC
PRESS

Σ 시그마프레스

Bayley-III 임상적 활용과 해석

발행일 | 2016년 6월 30일 1쇄 발행

편저자 | Lawrence G. Weiss, Thomas Oakland, Gren Aylward
역자 | 방희정, 남민, 이순행, 김호정, 이은지
발행인 | 강학경
발행처 | (주)시그마프레스
디자인 | 조은영
편집 | 류미숙

등록번호 | 제10-2642호
주소 | 서울특별시 영등포구 양평로 22길 21 선유도코오롱디지털타워 A401~403호
전자우편 | sigma@spress.co.kr
홈페이지 | http://www.sigmapress.co.kr
전화 | (02)323-4845, (02)2062-5184~8
팩스 | (02)323-4197
ISBN | 978-89-6866-747-3

Bayley-III Clinical Use and Interpretation

＊ 책값은 책 뒤표지에 있습니다.

이 도서의 국립중앙도서관 출판예정도서목록(CIP)은 서지정보유통지원시스템 홈페이지(http://seoji.nl.go.
kr)와 국가자료공동목록시스템(http://www.nl.go.kr/kolisnet)에서 이용하실 수 있습니다.
(CIP제어번호 : 2016016014)

역자 서문

영유아기는 출생 이후 한 개인의 시작점이자 전 생애 발달의 기초가 형성되는 매우 중요한 시기이다. 이 시기에 영유아들은 신체발달과 더불어 인지, 언어, 운동, 정서 등 모든 발달 영역에서 빠르게 성장할 뿐 아니라, 환경에 적응해 나가면서 개인의 능력을 극대화시킬 수 있다. 이와 같이 발달 가소성이 가장 큰 시기라는 점에서 영유아기에 발달상 문제가 있는 경우라도 조기 개입을 통해 긍정적인 예후를 기대할 수 있게 된다. 따라서 영유아기에 적합한 심리 평가도구를 통한 발달문제의 조기 발견 및 중재의 필요성은 갈수록 더욱 커지고 있다.

이 역서는 *Bayley-III Clinical Use and Interpretation*의 한국어판인데, 여기서 다루어지는 Bayley-III는 영유아기의 발달적 기능을 측정할 수 있는 심리검사로 전 세계적으로 가장 널리 사용되는 정밀발달검사 가운데 하나이다. 베일리 영유아 발달검사Bayley Scales of Infant Development는 1969년에 Bayley에 의해 처음 제작되어, 1993년에 개정판 BSID-IIBayley Scales of Infant Development-Second Edition(Bayley, 1993)가 나왔고, 2006년에 Bayley-IIIBayley Scales of Infant and Toddler Development-Third Edition가 발행되었다. 특히 Bayley-III에서는 인지척도와 운동척도로만 구성된 이전 판과는 달리 발달의 하위 영역을 5개로 세분화하여 인지, 언어(수용언어, 표현언어), 운동(대근육운동, 소근육운동), 사회정서, 적응행동 각각에 대한 발달지수를 제공함으로써 통합적으로 영유아의 발달을 측정할 수 있게 되었다. 무엇보다 기존의 발달검사들로는 쉽게 선별하기 어려운 발달문제인 '발달 영역 간 불균형'이나 '발달 영역 내 불균형' 문제를 조기에 발견하고 개입할 수 있게 된 점은 Bayley-III의 커다란 강점이다.

Bayley-III 임상적 활용 및 해석은 2012년 7월에 보건복지부의 지원을 받은 Bayley-III 한국판 표준화 프로젝트를 시작하면서 번역이 병행되었고, 이제 한국형 베일리 영유아 발달검사 제3판K-Bayely-III 출간과 함께 본 역서를 출간하게 되었다. 이 같은 결실은 Bayley-III 한국판을 표준화하는 과정에서 함께 연구하며 고심했던 이화여자대학교 심리학과 발달 및 발달임상전공 연구팀의 노력의 산물이자 임상연구에 많은 도움을 주신 서울특별시 은평병원 자문의 결과이다. 이 책을 통해 역자들은 영유아 발달에 대한 전반적 지식을 전달함과 동시에, Bayely-III 검사 실시 및 채점, 해석 과정에서 발생하는 궁금증을 해소하도록 돕고자 하였다. Bayely-III 검사를 활용하고자 하는 많은 독자와 다양한 영역의 전문가들에게 이 역서가 유익하고도 정확한 정보를 제공할 수 있기를 소망한다.

역자 대표
방희정, 남민

저자 서문

출생에서 만 4세까지의 시기는 평생 발달을 위한 견고한 토대를 마련하는 결정적인 시기로 인식되고 있다. 대부분의 영아들은 정상적인 발달 경로를 보이므로 소아 전문가의 정기적인 검진을 받는 것만으로도 충분히 도움을 받을 수 있다. 그러나 상당수의 영아들이 발달 초기부터 지연을 보이며, 개입을 받지 않는다면 이후에 발달문제로 진행될 수 있다. 따라서 이러한 영아와 어린아이들은 발달 전문가들의 특별한 관심을 필요로 한다.

전문가들은 일반적으로 어린 아동의 발달을 잘 이해하고 진료나 검사를 하기에 아동행동에 대해 정확하게 묘사할 수 있다. 베일리 영유아 발달검사 제3판Bayley Scales of Infant and Toddler Development, Third Edition; Bayley-III(Bayley, 2006)은 이러한 과정에서 중요하게 기여할 수 있다.

Bayley-III는 1개월에서 42개월 영유아의 발달기능을 개별적으로 평가한다. Bayley-III는 미국 장애인교육법에 따라 인지, 언어, 운동, 사회정서, 적응행동의 다섯 가지 발달 영역을 측정한다. Bayley-III는 가장 널리 사용되는 영유아의 발달검사로서 많은 사람들이 이 검사도구를 준거 진단 검사로 사용한다.

이 책의 각 장은 Bayley-III를 사용하는 전문가들에게 검사 내용을 소개하고, 검사 내용의 기반이 되었던 중요한 이론적 배경을 담고 있다. 각 장은 각 척도의 실시, 채점, 해석에 도움을 준다. 검사의 장점과 단점 역시 논의되었다. 또한 임상집단을 대상으로 이 척도를 사용하는 것과 관련하여 논의를 하였으며, 다섯 가지 발달 영역 중 한 부분 이상에서 지연을 보이는 아동에 대한 실제 임상사례를 다루었다.

제1장과 제7장을 제외한 나머지 장들은 모두 다섯 가지 척도 각각에 초점을 두고 있다. 제1장은 Bayley-III를 개론적으로 다루었으며, 검사 개발 프로젝트를 이끌었던 연구 책임자에 의해 작성되었다. 제1장에서는 Bayley-II에서 Bayley-III로의 개정에 영향을 미쳤던 이론 및 임상연구들을 다루고 있다. 제7장에서는 소아과 장면에서 사용할 수 있는 신경발달 선별검사인 베일리 영아신경발달 선별검사Bayley Infant Neurodevelopmental Screener와 관련된 연구들을 다루었다. 이 검사도구는 소아과 장면에서 사용할 수 있는 선별검사로서 실용적이고 신뢰성과 타당성이 모두 입증되었다. 제7장에서는 이 검사도구를 선별 프로그램에 도입할 것인지 말 것인지를 결정하는 데 도움이 될 수 있도록 검사 개요를 자세하게 제공하였다.

Bayley-III를 사용하는 소아 전문인들은 다각적인 관점에서 발달을 평가할 수 있기를 기대한다. 이 책은 문헌 연구를 포함하여 Bayley-III와 관련된 광범위한 내용을 다루고 있어서 소아 전문인들에게 많은 도움을 줄 수 있을 것이다. 이 책으로 도움을 받을 수 있는 소아 전문인들은 교육진단전문가, 발달심리학자, 아동임상심리학자, 소아심리학자, 학교심리학자, 작업치료사, 물리치료사, 말/언어병리학자, 기타 의학 관련 종사자들이 포함된다. 심리학자들은 인지와 적응행동 평가에 가장 크게 관심을 보일 것이며, 말/언어병리학자는 언어발달을 측정하는 것에, 작업 및 물리치료사는 소근육 및 대근육운동발달을 측정하는 것에, 그리고 영유아 전문가 및 기타 관련인들은 사회정서 기능을 평가하는 것에 관심을 보일 것이다. 이 책은 특별히 신입 검사자를 위한 교재로서 적합한데, 이 책을 통해 Bayley-III를 표준화된 방식으로, 그리고 임상적으로 적절한 방식으로 실시하고, 채점하고, 해석하는 법을 배울 수 있을 것이다.

이 책의 집필진들은 영유아의 발달을 적절히 평가하기 위해서는 부모와 전문가의 팀워크가 중요하다는 것을 잘 알고 있다. 이 책은 척도별로 별개의 장으로 구성되어 있어서 전문가들은 자신의 관심 영역에 초점을 두고 해당 척도만을 읽을 수 있다. 또한 발달문제가 있는 영유아를 평가할 때 이 책의 내용은 질적이면서도 다학제적 평가를 제공할 수 있는 관점을 개발시키는 데 도움이 될 것이다.

차례

7장 베일리 영아신경발달 선별검사(BINS) :
목적이 다른 검사

1장

베일리 영유아 발달검사 제3판의 이론적 배경과 구조

Marites Piñon

Walden University, Northbrook, IL

서론

베일리 영유아 발달검사 제3판Bayley Scales of Infant and Toddler Development, Third Edition, Bayley-III(Bayley, 2006)은 1개월에서 42개월 아동들의 발달기능을 개별적으로 측정하는 검사도구이다. Bayley-III는 발달지연이 의심되는 아동들을 확진하고 치료를 계획하거나 주요 임상 서비스로 연계하는 데 사용된다. 더 나아가 Bayley-III는 인지, 언어, 운동, 사회정서, 그리고 적응행동의 다섯 가지 발달 영역에서의 아동의 강점과 약점을 이해하는 데 도움이 될 것이다.

Bayley-III의 이론적 설명

Bayley-III는 미국 전집의 변화와 평가 규정의 변화에 의해 신속하게 개정될 필요가 있었다. 1993년도에 베일리 영유아 발달검사 제2판Bayley Scales of Infant Development-II, BSID-II (Bayley, 1993)이 출시된 이후 미국 내 영유아 모집단의 특성이 변화되었다. 예를 들어, 교육수준이 낮은 부모(12학년 이하)의 영유아 자녀들의 비율은 낮아졌으며(Pearson Education, 2008), 인종/민족 및 어머니 교육수준에 따른 영아 인지발달 특성이 변화되었다. 이에 현재 모집단을 대표하는 규준 자료가 요구되었다. Bayley-III의 규준 자료는 1개월에서 42개월의 미국 영유아의 인종/민족, 성별, 부모 교육수준, 지역에 따른 모집단의 특성을 대표하고 있다.

임상 전문가를 위한 국가기관 및 전문가 협회 지침에 따르면, 평가도구는 평가목적에 부합해야 하며, 임상적 유용성을 증진시킬 수 있어야 한다. 예를 들어 미국 국립연구회의National Research Council(2008)에서 제안하는 바에 의하면, 평가목표에 맞게 실시빈도, 평가 소요시간, 측정 영역, 아동 측정 방법이나 프로그램 측정 방법 등이 적절해야 한다. 또한, 평가도구는 효율적으로 실시되면서도 타당한 결과를 낼 수 있어야 한다.

미국 학교심리학자 협회National Association of School Psychologist, NASP (2009)에 따르면, 영유아 검사도구는 문화적으로 편파되지 않고 유용하게 사용될 수 있어야 하며 개입과 관련된 정보를 줄 수 있어야 한다고 강조한다. NASP는 어린 아동의 발달과 관련하여 광범위하게 이해하는 것이 중요하며, 이를 위해 상황에 따라 다르게 나타나는 행동들을 모두 포괄하는 다각적인 평가가 이루어져야 한다.

Bayley-III의 목표는 다음과 같다. (1) 규준 자료 업데이트하기, (2) 발달의 주요 영역을 영역별로 측정하는 척도 만들기, (3) 척도의 심리측정의 질 높이기, (4) 척도의 임상적 유용성 증진시키기, (5) 실시를 용이하게 하기. 이와 관련된 주제들은 아래에서 자세히 다룰 것이다.

✅ 규준 자료

Bayley-III 미국 규준 자료는 2004년 1월에서 10월 사이에 미국에서 수집되었다. 규준 샘플은 나이, 성별, 부모 교육수준, 지역적 특성 등과 같은 주요 인구통계학적 변인에 따라서 계층화되었다. 규준집단의 10%는 임상진단을 받은 아이들이 포함되었는데(예 : 다운증후군, 뇌성마비, 전반적 발달장애, 조숙아, 단순언어장애, 태내기의 알코올 노출, 분만질식, 부당경량아, 혹은 발달지연 위험아), 이는 규준 샘플의 대표성을 보장하고 임상연구를 수행하기 위해서였다.

신생아의 발달은 급속도로 이루어지고 다양하게 나타난다. 신생아의 발달을 정확하게 추적하기 위해서 1개월에서 6개월 사이에는 1개월 간격으로, 6개월에서 12개월 사이에는 2개월 간격으로 표준화 연령집단이 설정되었다. 12개월에서 30개월 사이는 3개월 간격으로, 30개월에서 42개월 사이는 6개월 간격으로 표준화 연령집단이 설정되었다. 인지·언어·운동 영역의 발달지수를 구하기 위해서 추론적 규준 생성inferential norming 방법을 이용하였다. 이때 규준 간격은 16일~5개월 15일은 10일 간격으로, 5개월 16일~36개월 15일은 1개월 간격으로, 36개월 16일~42개월 15일은 3개월 간격으로 보고하였다. 인지·언어·운동 영역의 연령별 발달지수는 Bayley-III 실시 지침서의 부록 표 1에 제시되어 있다(Bayley, 2006).

사회정서척도의 발달지수는 Greenspan(2004)의 사회정서 발달단계에서 제시된 연령에 따라서 보고되었다. 이것은 Bayley-III 실시 지침서의 부록 표 2에서 찾아볼 수 있다. 적응행동 영역의 발달지수도 실시 지침서의 부록 표 3에서 찾아볼 수 있는데, 이때 규준 간격은 0~11개월은 1개월 간격으로, 12~23개월은 2개월 간격으로, 24~42개월은 3개월 간격으로 보고하였다.

Bayley III는 인지, 언어, 운동, 사회정서, 적응행동의 다섯 가지 발달 영역을 측정한다. 이는 최근 미 연방정부에서 정한 영유아 평가의 기준을 반영한 것이다. 즉, 출생~3세 아이들을 대상으로 검사를 하는 임상학자들은 인지, 의사소통, 신체, 사회정서, 그리고 적응행동 영역에서 발달지연의 가능성을 고려해야 한다(IDEIA).

심리측정의 질

Bayley-II에서 Bayley-III로 개정하는 과정에서, Bayley-II 문항의 적절성을 모두 검토하였다. 이 중 일부는 그대로 유지되었지만, 일부는 수정되거나 삭제되었다. 각 척도마다 새로운 문항들이 추가되었다. 이를 통해 어린 아동의 발달을 더 깊이 있고 폭넓게 측정할 수 있게 되었다. 예를 들어, 인지, 언어, 운동척도의 기저선과 천정능력을 좀 더 정확하게 측정하기 위하여 난이도가 쉬운 문항과 어려운 문항이 추가되었다. 또한, BSID-II와 달리, Bayley-III에서는 인지와 언어능력을 따로 측정한다. 따로 측정된다. 특별히 언어 영역은 수용언어와 표현언어에 대한 정보를 따로 제공함으로써 언어능력을 좀 더 정밀하게 측정한다. 운동 영역도 소근육운동과 대근육운동발달에 대한 정보를 따로 제공함으로써 운동능력을 좀 더 정밀하게 측정한다. 이로써 Bayley-III의 측정 내용은 확장되고 강화되었으며 임상장면에서의 유용성도 증진되었다.

검사의 심리측정적 질은 전형적으로 신뢰도와 타당도를 통해 평가된다(American Educational Research Association et al., 1999). 검사의 신뢰도는 규준 샘플과 임상 샘플을 대상으로 평가되었으며, 내적 일관성internal consistency, 평정자 간 일치도inter-rater agreement, 검사-재검사 신뢰도test-retest stability를 살펴보았다. 그 결과 Bayley-III는 신뢰할 수 있고 수용할 만한 측정 오차를 지니고 있다는 것으로 나타났다.

검사의 타당도 역시 평가되었는데, 하위척도 간의 상호작용, 요인분석을 통한 내적 구조, 다른 검사도구(예 : *Wechsler Preschool and Primary Scales of Intelligence*, Wechsler, 2002; *Preschool Language Scale-Fourth edition*, Zimmerman, Steiner, & Pond, 2002)와의 상관관계를 살펴보았다. 또한 9개의 임상집단과 비임상통제집단 간의 점수 프로파일도 비교하였다.

하위척도 간의 상관관계 측면에서 살펴보면, 각 발달 영역을 구성하는 하위척도들(예 : 수용언어척도, 표현언어척도)은 해당 발달 영역(예 : 언어 영역)과의 상관이 다른 발달 영역(예 : 운동 영역)과의 상관보다 더 높게 나타났다. 이는 각각의 발달 영역 및 하위척도에 대한 구성 타당도의 근거가 된다. 요인분석 결과 삼요인 구조가 확인되었는데, 이는 운동·언어·인지 영역을 포함하고 있다는 것을 지지한다. 3개의 발달 영역은 예상했던 대로 어느 정도의 공통 분산을 가지고 있기는 하지만, 서로 다른 개별적인 영역을 측정하고 있다는 것을 타당화할 만큼 충분히 독립적이었다.

☑️ 임상적 유용성

본 검사의 임상적 유용성은 임상집단의 자료, 성장 점수와 차트의 사용, 표준화된 실시방법을 유지하면서도 신체적 혹은 인지적 한계를 지닌 아동들에 맞게 구체적으로 조정하는 방법, 그리고 발달 위험요인을 파악하는 것 등을 통해 증진되었다. 구체적인 내용은 아래에서 살펴보겠다.

임상집단 연구

Bayley-III는 장애가 의심되어 의뢰된 다양한 아동들의 진단 평가의 일부로 사용되도록 설계되었다. 따라서 정상발달 아동의 점수 프로파일과 다운증후군, 전반적 발달장애, 뇌성마비, 단순언어장애, 태내기 알코올 노출, 분만질식, 부당경량아, 조산아 혹은 저체중출산아, 발달지연 위험 아동의 점수를 비교하는 연구가 실시되었다. 물론 임상집단에 속해 있다는 것이 발달문제를 일으킬 위험을 증가시키기는 하지만, 임상집단이라고 해서 모두 발달이 지연되는 것은 아니다(다운증후군이나 전반적 발달장애는 예외). 또한 집단 간에 중첩되는 부분도 있고 한 집단 안에서도 이질성이 발견되었다(예 : 부당경량아, 다운증후군, 분만질식). 더 나아가 연구에 사용된 임상집단은 임상 모집단을 대표하지 못할 수도 있는데, 왜냐하면 표본 크기가 상대적으로 작고 무선표집 절차가 아닌 편의표집을 사용하였기 때문이다. 그럼에도 불구하고 연구결과에서는 우리의 예상과 일치하는 점수 프로파일을 나타내었다. 더 자세한 설명은 해석 지침서에 기록되어 있다.

다운증후군

다운증후군 아동들은 운동 및 언어 지연뿐 아니라 경증에서 중증의 지적

장애를 경험할 가능성이 있다(David, 2008). 종단연구에 따르면 연령이 증가할수록 IQ는 저하되는 특성을 보였는데, 이렇게 언어적 정보처리의 결함이 시각적 정보처리의 결함보다 더 크게 나타나는 것은 이르면 유아기에서부터 나타났다. 또한 다운증후군 아동들은 다양한 운동결함, 가령 근육긴장저하hypotonia, 과이완hyperflexia, 그리고 운동 계획 및 협응의 지연이 흔하게 나타난다(David, 2008).

다운증후군 진단을 받은 90명의 아동에게 Bayley-III를 실시하였다. 아동의 연령 범위는 5개월에서 42개월이었다. 본 연구의 포함 기준에 해당하는 IQ 55에서 75 사이의 아동들이 참여하였다. 비임상통제집단과 비교했을 때, 다운증후군 아동들은 2.5~3 표준편차 낮은 점수를 보였으며, 척도점수와 발달지수의 변산도 역시 더 작았다.

전반적 발달장애

전반적 발달장애Pervasive Developmental Disorder, PDD는 사회적 발달 및 의사소통 발달에 있어서 전반적으로 심각하게 손상되어 있는 특성을 보인다(American Psychiatric Association, 2000). 또한 제한적이고 반복적이며 일정한 방식을 유지되는 행동이 나타난다. 사회적 상호작용, 의사소통 그리고 특이한 행동을 보이는 정도에 따라서 PDD의 유형을 구분한다. PDD로 진단된 어린 아동들은 공동주의, 적응행동기술, 표현언어, 수용언어, 소근육운동 등에서도 결함을 보일 가능성이 크다(Ventola et al., 2007).

정신질환의 진단 및 통계편람Diagnostic and Statistical Manual of Mental Disorders, Fourth Edition, Text Revision, DSM-IV-TR(American Psychiatric Association, 2000)의 전반적 발달장애 진단 기준에 충족되는 아동들이 본 연구의 포함 기준이 되었는데, 여기에는 자폐증, 아스퍼거 증후군, 레트 증후군, 아동기 붕괴

성 장애, 그리고 PDD-NOS 등이 포함된다. 본 연구에는 16~42개월 아동 70명이 참여하였다. 예상했던 대로 PDD 집단의 Bayley-III 점수는 낮았으며, 척도점수와 발달지수 모두 통제집단에 비해 유의미하게 낮은 점수를 보였다. 특히 PDD 집단은 사회정서성뿐 아니라 수용언어와 표현언어에서도 비임상통제집단에 비해 유의미하게 평균점수가 낮았다. PDD는 사회적 상호작용과 의사소통 기술에 있어서 전반적으로 심각하게 손상되어 있는 것이 핵심 특징이다.

뇌성마비

뇌성마비Cerebral Palsy, CP는 자세 및 운동의 손상이 만성적이고 비진행성으로 나타나는 일련의 상태를 말한다(Koman, Smith, & Shilt, 2004). CP 아동들은 자신의 움직임과 자세를 적절하게 통제하지 못한다. 지적 기능은 정상발달에서부터 중증 지적장애에 이르기까지 다양하다 (Vargha-Khadem, Isaacs, van der Werf, Robb, & Wilson, 1992). 지적 지연을 보이는 CP 아동들은 행동문제도 함께 나타난다(Eisenhower, Baker, & Blacher, 2005).

CP로 진단받은 아이들의 Bayley-III 검사 수행은 특별히 운동척도에서 더 낮은 점수를 보일 것으로 예상되었다. CP로 진단받은 73명의 아동에게 Bayley-III가 실시되었다. 아동의 연령 범위는 5~42개월이었다. CP 집단은 통제집단에 비해 척도점수와 발달지수 모두에서 유의미하게 낮은 점수를 받았다. 구체적으로 살펴보면, CP 집단은 통제집단에 비해 소근육운동과 대근육운동 모두에서 낮은 점수를 받았는데, 특히 대근육운동에서의 수행이 소근육운동보다 상대적으로 더 손상되어 있었다. 또한 CP 집단은 인지척도에서도 낮은 평균점수를 받았다. 이 부분은 주목할 만한데, 이는 지적 결함이 CP의 핵심 특징은 아니지만 때때로 나타난다는 것을 시사한다. 따라서 임상학자들은 CP로 진단받은 아이들의 지적 기능에 대해 언급할 때 일반화하지 않도록 주의해야 한다.

단순언어장애

단순언어장애Specific Language Impairment, SLI는 언어능력과 비언어적 지적 수행 간의 유의미한 차이가 나타날 때 전형적으로 진단된다(Bishop, 1997). SLI로 진단을 받았거나 진단 여부에 관계없이 언어치료를 받고 있는 94명의 아이들을 대상으로 Bayley-III를 실시하였다. 아동의 연령 범위는 13~42개월이었다. 전반적인 신경학적 결함이나 발달지연이 있는 아동들은 이 연구 대상에서 제외되었으며, 조음장애만을 지닌 언어장애 아동들도 이 연구에서 제외되었다.

SLI 집단의 평균 수행은 Bayley-III 척도점수와 발달지수 모두에서 통제집단에 비해 유의미하게 낮은 점수를 보였다. 그리고 이 집단은 뚜렷한 인지 지연을 보였는데, 이는 언어와 인지가 상호 의존적으로 발달함을 나타낸다(Goorhuis-Brouwer & Knijff, 2002). 또한 사회정서척도의 평균점수에서도 두 집단 간의 차이가 상당히 컸는데, 이는 사회정서발달에 있어서 언어의 역할이 크다는 것을 시사한다.

발달지연

다음과 같은 다양한 조건으로 인해 발달지연의 위험이 나타날 수 있다. 예를 들어, 유전적 혹은 선천적인 장애, 중추신경계 결함, 심각한 애착장애, 신생아기의 호흡기 질환, 뇌출혈, 만성적인 감염, 영양실조, 정신적 혹은 신체적 건강 상태, 그리고 생물학적 혹은 환경적인 요인 등에 의해 나타난다.

발달지연 위험 기준에 충족한다고 양육자에 의해 보고된 유아들이 이 연구집단에 포함되었다. 다른 특수집단 기준에 부합되는 아동들은 이 표본에서 제외되었다. 4~42개월 아동 75명에게 Bayley-III가 실시되었다. 모든 영역의 척도점수와 발달지수에서 위험집단은 통제집단에 비해 유의미하게 낮은 수행을 보였으며, 특히 언어발달과 운동발달에서 큰 차이를 나타냈다. 이러한 결과는 위험집단 아동들은 통제집단 아동들보다 낮은 발달 수행을 보일 뿐 아니라, 집단 내에서도 발달 영역에 따라 점수차이가 있음을 나타낸다.

분만질식

분만 중의 질식은 일반 모집단에 비해 유의미하게 낮은 인지, 언어, 운동 수행과 관련이 있다는 연구결과가 보고되었다(Patel & Edwards, 1997; Porter-Stevens, Raz, & Sander, 1999). 분만 과정에서 산소를 충분히 공급받지 못했다고 양육자에 의해 보고된 3~38개월의 아동 43명을 대상으로 연구되었다. Bayley-III를 실시하여 분만질식집단과 비임상통제집단을 비교한 결과, 표현언어를 제외한 모든 하위척도에서 통제집단에 비해 유의미하게 낮은 점수를 보였다. 또한 언어발달지수와 운동발달지수에서도 유의미하게 저조한 수행을 보였다. 이는 분만질식 아동들의 발달 특성에 대한 이전의 결과들을 지지해 준다.

태내기 알코올 노출

알코올 노출이 어린 아동의 발달에 있어서 미치는 영향에 대한 연구결과는 일관적이지 않다. 태내기 알코올에 노출되는 것, 특히 태아 알코올 증후군이라는 진단을 받은 아이들은 운동, 인지, 언어, 그리고 시각운동 통합의 장애와 관련이 높은 것으로 파악되었다(예 : Phelps, 2005). 반면 다른 연구에서는 태내기 알코올 노출의 영향은 매우 작다고 보고하고 있다(예 : Ernhart et al., 1995).

임신 기간 동안 알코올을 섭취한 적이 있다고 생모에 의해 보고된 4~42개월의 아이들 48명을 대상으로 Bayley-III를 실시하였다. 알코올 외에도 다른 약물을 남용한 어머니들도 포함되었다. 임상집단은 통제집단에 비해 인지, 언어, 사회정서 영역에서의 척도점수의 평균이 유의미하게 낮았다. 소근육운동과 대근육운동 척도점수(그리고 운동발달지수)는 통제집단과 유의미하게 차이가 나지 않았다. 이러한 결과는 태내기에 알코올과 코카인에 노출된 아동들이 언어장애를 보인다는 결과를 지지한다(Cone-Wesson, 2005).

부당경량아

부당경량아Small for Gestational Age, SGA는 만삭으로 태어날 수도 있고 조산할 수도 있지만, 재태 주수에 비해 작은 신생아들이다. SGA와 인지발달과의 관련성에 대한 연구들은 서로 상반된 결과들이 보고되고 있다(예 : Ounsted, Moar, & Scott, 1983; Kahn-D/Angelo, 1987). 이는 SGA 이외도 출산 전 신경독소 노출이나 임신 중 어머니의 영양실조와 같은 다른 특성들이 혼합되어 있기 때문인 것으로 보인다.

양육자 보고에 의해 SGA 출산력이 있는 것으로 확인된 4~42개월 아동 44명을 표집하였다. 만삭으로 태어난 아동과 조산한 아동 모두를 본 연구에 포함하였는데, 이들은 모두 출생 시 체중과 크기가 재태 주수에 비해 90%에 해당하였다.

수용언어 척도점수와 대근육운동 척도점수, 그리고 운동발달지수에서 SGA 집단과 통제집단의 평균점수 간에 유의미한 차이가 발견되었다.

SGA 집단의 평균점수는 일반적으로 정상범주 내에 있었지만, 통제집단의 점수가 정상보다 약간 더 높았다. 이는 SGA 샘플집단과 통제집단 모두 어머니의 교육수준(12년 이상의 학력)이 높은 사람들이 상당히 많이 포함되었기 때문이다.

조산아 혹은 저체중아

역사적으로 조산아(임신 37주 이전)에 대한 임상연구들은 연구마다 조산의 범위가 너무 다양하여, 조산이 발달에 미치는 영향에 대하여 일반화하여 말할 수 없다. 조산이면서 저체중이라도 대부분의 아이들은 정상발달을 하지만, 어떤 아이들은 신경심리학적, 인지적, 생리적인 어려움에 처할 위험이 더 높다(Hack, Klein, & Taylor, 1995). 또한 저체중아들은 학령기에 학습장애나 학업상의 어려움을 보일 위험이 더 높으며(Xu & Filler, 2005), 발달지연의 위험 역시 높기에 조기에 발달평가를 하는 것이 특별히 더 중요하다.

재태 주수가 36주 이전에 태어난 조산아들이 Bayley-III의 임상연구에 포함되었다. 이 아이들은 저체중의 기준(예 : ≤2,500g)에도 부합되었다. Bayley-III는 조산아의 연령교정을 허락한다(아래 참조). 양육자에 의해 조산력이 파악된, 교정연령이 2~42개월인 85명의 조산아들에게 검사가 실시되었다. 소근육운동이 덜 발달된 것을 제외하면, 조산아들의 평균점수는 만삭아들과 차이가 없었다. 하지만 Bayley-III 실시 전에 조산에 대한 연령 교정을 했기 때문에 조산아들은 생활연령상으로 더 어린 아동들과 비교되었다.

조산아에 대한 연령 교정

Bayley-III는 24개월까지 조산아에 대한 연령교정을 할 수 있다. 이는

Bayley-III의 가장 주목할 만한 특징 중 하나이다. 임상학자는 조산한 아이들의 연령을 교정할 것인지 그리고 이에 따라 Bayley-III의 시작점을 조정할 것인지를 결정할 수 있다. 모든 문헌에서 만장일치로 승인되지는 않았지만, 일반적으로 교정연령을 사용한다. 교정연령은 아이가 만삭으로 태어났다면 기대되는 생활연령에 맞추어 조정된다. 예를 들어, 현재 9개월이지만 4주 일찍 조산된 아동을 검사한다면, 아동의 연령은 8개월로 교정될 수 있으며, 그에 따라 검사의 시작점과 척도점수를 산출하기 위해 참조하는 규준표 연령도 변경될 것이다. 교정연령에 의해 산출되는 척도점수와 생활연령에 의해 산출되는 척도점수를 비교해 볼 것을 권장한다. 이를 통해 검사자는 부모에게 또래와 비교한 발달수준, 그리고 조산을 고려한 발달수준이라는 두 가지 측면에서 아동의 발달수준을 설명할 수 있다.

성장을 추적하기 위해 제공되는 성장점수와 차트

IDEIA에 따르면, 조기 개입을 할 때는 반드시 발달에 따른 변화를 추적할 것을 규정하고 있다. Bayley-III는 동년배 또래와 비교하여 수행을 지속적으로 추적해 갈 수 있으며, 2회 이상 검사를 받은 아동에게는 수행 간의 비교도 가능하다. 성장점수는 인지, 언어, 운동 영역에 대하여 제공된다. Bayley-III 성장점수는 발달연령developmental age equivalents과는 달리 등간척도를 사용하고 있으므로 각 하위척도에 대하여 환산된다. 예를 들어, 소근육운동척도에서 성장점수가 10점 변화하면, 이러한 변화가 6개월에 나타나든 16개월에 나타나든 상관없이 비교적 동일한 성장 정도를 나타낸다. 하지만 발달연령은 동일한 성장 간격을 나타내지 않는다. 그러므로 발달연령을 사용하게 되면, 원점수의 작은 변화가 발달연령에서의 큰 변화를 가져올 수 있다.

성장점수를 사용하면(아동의 발달이 동년배 또래와 유사한 백분위점수 범위에 속하는지 여부를 포함하여) 개별 아동의 성장 정도를 그래프화할 수 있다. 이에 반해 척도점수는 해당 연령의 환산점수이므로 정해진 시점에서만 아동의 수행을 또래 아동과 비교할 수 있다. 예를 들면, 4개월 5일 된 아동의 인지척도 영역에서의 척도점수가 8점, 백분위점수 25에 있다고 가정해 보자. 1년 후 16개월이 되었을 때 다시 검사를 받았더니 여전히 아동의 척도점수는 8점이고 백분위점수 25였다. 물론 아동의 척도점수와 백분위점수는 변하지 않았지만, 아동은 1년 동안 또래 친구들과 유사하게 기술을 습득하였다. 그러나 이 점수들은 아동의 성장을 반영하지 않는다. Bayley-III 성장점수는 규준점수와 발달연령 점수를 보완하기 위해 사용되며, 또래뿐 아니라 성장 패턴을 비교하면서 아동의 발달을 더 잘 이해할 수 있도록 도와준다. 성장점수를 사용하면 아동의 인지, 언어, 운동 영역에서의 능력을 평가할 수 있을 뿐 아니라 아동의 성장 궤도를 추적할 수 있다. 주기적으로 이 검사를 실시하면 시간 경과에 따른 아동의 성장을 추적검사할 수 있으며, 중재반응모델Response to Intervention, RTI 방법과 함께 지속적으로 사용 가능하다. 더 나아가 성장점수는 아동이 어떠한 발달을 해왔는지에 대해 부모에게 설명할 때도 아주 유용하다.

조정과 수정을 위한 가이드라인

신체적 제한이 있거나 신경학적 제한이 있는 아동들을 평가할 때에는 표준화된 검사에서 어느 정도의 조정이 필요하다. Bayley-III 문항 실시 지침서에는 여러 가지 조정 방법이 추천되어 있다. 더 나아가 지시문을 단순화하고, 비언어적인 개념을 평가할 때는 언어적 부담을 낮추고, 어떤 문항은 구체적인 지시문을 제공하지 않고, 반응 방식에 있어서 상당히 유연성을 허락하고 있다(예 : 특정 항목에 대한 선택을 표시할 때 아동은 단순히 만지거나 가리키거나 쳐다보거나 또는 이름을 대는 방법들을 사용할 수 있음). 더욱이 어떤 문항에서는 아동이 과제를 완수할 수 있도록 검사자가 도움을 제공하는 것을 허용하기도 한다(예 : 컵 또는 막대판이 흔들리지 않도록 잡고 있거나 아동에게 원반을 건네주는 행동 등). Bayley-III 실시 지침서에는 표준화된 실시방법을 유지하면서도 아동의 특별한 요구에 맞게 조정과 수정을 할 수 있도록 돕기 위한 일반적인 제안들이 포함되어 있다.

발달위험 지표

좋은 임상학자는 발달위험 또는 장애를 나타내는 비전형적인 행동들이 나타나는지 지속적으로 주의 깊게 살핀다. Bayley-III 해석 지침서 부록에는 특정 문항을 실시하는 동안 나타날 수 있는 행동들을 기록해 두고 있어서 검사자가 Bayley-III 문항 자체에 대한 관심을 넘어서서 아동의 행동까지도 살필 수 있도록 도움을 주고 있다. 비록 이러한 행동들이 나타난다고 해도 바로 특정 장애 진단을 내릴 수 있는 것은 아니지만, 자세한 평가의 필요성을 결정하는 데에 임상적으로 도움을 줄 것이다.

☑ 실시의 용이함

Bayley-III에서는 실시를 용이하게 하려고 노력하였다. 예를 들어, 시작 규칙과 중지 규칙은 모든 척도에서 일관되게 적용하였고, 시리즈 문항에 해당하는 문항들은 기록지 및 실시 지침서에 명확하게 표시하였으며, 모든 척도에서 유사한 단어를 사용함으로써 지시문의 일관성과 명료함을 더했으며, 지시문을 간결하게 하고 예시 응답을 제공함으로써 이해를 촉진하고자 하였다. 문항 제목은 문항의 평가목표를 반영하고 있다(주의 전환하기). 자극책자의 뒷쪽 겉표지는 낮은 각도로 기울어진 책받침대로 되어 있어서 검사자는 검사하는 동안 아동의 반응을 쉽게 관찰할 수 있다.

검사자는 자극재료를 선택할 때 약간의 융통성을 발휘할 수 있다. 예를 들어, 아동의 흥미와 동기를 향상시키기 위해서 평가의 정확성을 벗어나지 않는 선에서 필요하다면 개인의 흥미를 고려하여 자극재료를 선택할 수 있다(예 : 인지척도 28번 문항, 천 끌어당겨 사물 가져오기에서 '흥미있는 사물'을 사용할 것을 요구).

자극재료는 견고하고, 쉽게 위생 처리되며, 피부에 알레르기 반응을 유발하지 않으며, 색깔이 선명하여 아동의 흥미를 끌며, 쉽게 조작할 수 있고, 엄격한 안전 기준을 통과한 것들이다(어린이의 질식 위험 방지). 또한 검사도구의 물리적 크기를 제한하려고 노력하였고 운송을 쉽게 하기 위해 바퀴가 달린 여행용 가방를 제공하였다. 매뉴얼은 실시 지침서와 해석 지침서로 나누어서 검사 장소로 이동할 때 용지의 양과 무게를 줄이고자 하였다.

검사의 실시, 채점, 그리고 환산점수 계산을 돕기 위하여 컴퓨터 채점 프로그램과 PDA 실시 지침서 소프트웨어를 제공하고 있다. 이러한 컴퓨터 프로그램의 사용은 다학제적 분야에서 평가할 때 이상적이며, 검사자가 개입 프로그램을 계획할 때 도움이 된다.

베일리 검사의 학문적 흐름

베일리 검사의 측정 영역과 문항 내용은 영아 및 아동연구를 기반으로 하여 현재 학계의 아동발달 연구 흐름을 반영하고 있다. Bayley-III의 문항들은 정설처럼 확립된 발달이론에서 유래되었으며(Piaget, 1952; Vygotsky, 1962; Bruner, 1974~1975; Luria, 1976) 최근의 발달연구인 신경심리 및 정보처리(Alyward, 1988; Colombo & Cheatham, 2006; Colombo & Mitchell, 2009), 기능성 사회정서이론(Greenspan, DeGangi, & Wieder, 2001), 적응행동(미국 지적 및 발달장애협회, 1992, 2002) 연구결과들에서 비롯되었다. 발달연구 및 이론은 어린 아동 시기에 성취해야 하는 주요한 발달이정표 행동들을 규정해 주고 있는데, Bayley-III에서 개발된 문항과 실시 지침은 이러한 아동발달의 기본적인 강조점과 일치한다.

인지척도는 고전적인 아동 인지발달이론(Piaget, 1952; Piaget & Inhelder, 1969; Vygotsky,1978)뿐 아니라 최근에 진행되고 있는 언어 전 시기의 지능연구(Colombo & Frick, 1999; Colombo, McCardle, & Freund, 2009) 결과를 토대로 형성하였다. 놀이는 인지 · 사회정서발달을 촉진한다(Singer, Golnikoff, & Hirsch-Pasek, 2006). 활동의 매개자로서 도구를 사용(장남감)하는 것은 아동의 학습 및 지적 발달과 관련된다. 놀이를 반영하는 인지척도 문항으로는 두드리며 놀기, 관련짓기 놀이 시리즈 문항, 자동차 밀기 등이 있다.

수세기에 대한 아동의 이해는 발달의 중요한 이정표로 인식되어 왔다. 그동안의 연구들은 수세기 발달 과정을 이해하는 데 큰 도움이 되었다. 예를 들어, 걸음마기 유아들은 숫자에 관심을 갖게 되나 둘(2)이나 셋(3)에 대한 개념을 이해하고 기능적으로 사용하는 것은 개인차 및 연령에 따라서 차이가 있었다. 즉, 수에 대한 개념은 저절로 발달하지 않으며, 다른 사람의 발판화의 도움을 필요로 한다(Baroody et al., 2008).

인지, 언어 그리고 읽고 쓰는 능력의 발달은 서로 밀접히 관련되어 있다(예 : Rose, Feldman, & Jankowski, 2009). 상위 개념이나 유목화를 습득하는 것(예 : "사과는 달콤해." 대 "나는 이 빨간 사과가 좋아.")은 어린 연령에도 자연스럽게 발달하는 것으로 보인다(Gelman, Goetz, Sarnecka, & Flukes, 2008; Goldin-Meadow, Gelman, & Mylander, 2005).

Bayley-III에서 측정하는 운동기술은 기본적이면서 보편적인 발달이정표를 따른다(Gesell, 1946; Thelen, 1995; Adolph & Berger, 2006). 소근육운동과 대근육운동기술은 환경적 요인보다는 의생물학적medical-biological인 요인에 의해 영향을 받을 것으로 생각되지만, 일부 연구에서는 이러한 기술들은 사회경제적 수준이 낮은 가정의 어린아이들에게서 더 느리게 발달한다고 제안한다. 또한 소근육운동기술의 지연은 자폐증을 포함하여 광범위하게 발달이 지연된 아동에서 발견되었다(예 : Provost, Heimerl, & Lopez, 2007; Provost, Lopez, & Heimerl, 2007). 예컨대 계단오르기와 같은 대근육운동기술은 예측 가능한 연령 범위에서 보편적으로 발달하는 것으로 보인다. 집 안에 계단이 있는 아동들은 그렇지 않은 아동들보다 더 일찍 계단을 오를 수 있는 것으로 발견되었지만, 계단을 내려가는 능력은 집에 계단이 있는지 여부에 상관없이 13개월 정도에 나타나는 것처럼 보인다(Berger, Theuring, & Adolph, 2007). 대근육운동기술의 지연은 전반적 발달지연을 가진 아동에게서 발견되었다.

적응 기능은 다양한 장애, 특히 지적장애를 가진 개인들을 진단, 분류하고 개입을 제공할 때 종종 평가된다(Ditterline, Banner, Oakland, & Becton, 2008; Ditterline & Oakland, 2010). 인지, 운동 및 언어발달에 대한 정보와 함께 적응기능에 대한 정보를 제공하는 것은 아동이 독립적으로 기능하는 정도에 대한 유용한 정보를 제공한다(Harrison & Oakland,

2003; Msall, 2005).

Bayley-III의 다섯 가지 영역은 독립적으로 측정되지만 사실 서로 독립적이지 않고 오히려 어느 정도 상호 의존적이다. Greenspan(2004)은 정서, 정서와 인지, 언어발달 간의 상호관계를 기술하였다. 정서적 신호(예: 정서를 경험하고 이해하며 의사소통하는 능력)의 발달은 언어와 인지발달의 전조자 역할을 한다고 가정된다(Greenspan & Shanker, 2007). 정서적 신호는 다음의 여섯 가지 발달단계를 포함한다. (1) 자기조절 (2) 주의 공유, (3) 참여하기, (4) 사회적 문제 해결 공유하기, (5) 상징과 언어의 출현, (6) 복잡한 정서적 상호작용을 통해 서로의 생각 연결짓기. Bayley-III 규준 샘플에서 수집한 자료를 이용하여 예비분석을 한 결과, 전-상징 단계의 정서적 신호의 숙달과 언어 및 인지발달 간에는 관계가 있었다.

검사의 구조

Bayley-III는 영아 및 아동연구를 비롯하여 다른 학계의 연구를 포함하며 광범위한 학문 연구를 기반으로 한다. Bayley-III는 오랜 세월에 걸쳐 유효성이 증명된 검사로서, 유아의 흥미를 끌 만한 상황과 과제를 제시하고 행동 반응을 관찰하는 표준화된 평가 절차이다.

Bayley-III 구조는 서로 독립된 다섯 가지 척도로 이루어져 있다. 검사자에 의해 다섯 가지 척도가 시행되기에, Bayley-III는 다학제적으로 영역을 평가할 때 특별히 적합하다. 다학제팀의 각 구성원이 전문지식을 가지고 각 척도와 하위검사를 정확하고 효율적으로 시행하고 채점한다. 이러한 방식의 평가는 아동 행동의 질적인 관찰을 용이하게 한다.

Bayley-III로 측정된 수행은 다양한 환산점수로 요약된다. 여기에는 각 하위검사의 척도점수, 각 영역의 발달지수와 백분위점수, 발달연령, 성장점수 등이 포함된다. 점수차이에 대한 정보는 측정된 발달 영역에서 아이의 능력 간에 유의미한 차이가 있는지 또한 규준 샘플에 이러한 차이가 얼마나 빈번히 나타나는지를 결정하는 데 유용하다. 발달 총점은 제공되지 않는데, 왜냐하면 다섯 가지 하위 영역의 점수를 모두 합한 전체 점수는 유용하지 않을 뿐 아니라 다섯 가지 발달 영역에서의 장점과 단점을 이해하고자 하는 Bayley III의 궁극적 목표와도 일치하지 않기 때문이다.

전형적인 발달 가정하기

Bayley-III는 월령별 시작점과 시작 및 중지 규칙에 따라서 효율적으로 실시하도록 설계되어 있다. 인지, 언어, 운동 영역의 하위검사를 시행할 때, 임상학자는 아동의 연령 혹은 교정연령을 확인하는 것부터 시작한다. 시작 규칙이란 시작점부터 처음 세 문항을 연속적으로 통과하지 못하는 경우 이전 월령의 시작점 문항으로 되돌아가서 검사를 실시하는 것을 말한다. 만약 시작점에서부터 첫 세 문항에서 모두 1점을 받으면, 이후의 문항들을 순서대로 실시하며, 아동이 연속적으로 다섯 문항에서 0점을 받으면 하위검사를 중지한다. Bayley-III는 표준화된 절차에 따르지만 융통성 있는 실시가 가능하므로 개별 아동의 기질, 연령 및 성공률에 맞추어 조절할 수 있다. 각 하위검사에서 문항은 난이도에 따라 배치되었다. 따라서 초반의 문항들은 대체로 후반 문항들보다 쉬운 편이다. 문항의 순서와 실시 구조(시작점과 중지 규칙)는 어린 아동의 전형적인 발달 유형을 반영한다.

이러한 시행 방식은 대부분의 아동에서 발달지연을 확인하는 데에 유용하다. 그러나 이러한 방식은 비전형적인 발달을 보이거나 강점과 약점이 분산되어 있는 아동(예 : 외상성 뇌손상으로 인하여)을 검사할 때는 적합하지 않을 수 있다. 이러한 경우를 위하여 Bayley-III 실시 지침서의 부록 C에서는 개별 아동에 맞게 검사 실시방식을 조정하는 전략들을 제안해 주고 있는데, 이를 통해 검사의 양적인 정보를 보완하면서 요구되는 질적인 정보를 얻을 수 있다. 어떤 사례의 경우 표준화된 실시방식을 넘어 그 이상을 평가하는 것(예 : 한계 검사하기)이 도움이 되는데, 이는 아동의 강점과 약점에 대해 좀 더 정확하게 기술해 주기에 개입 전략을 짤 때 유용한 정보를 제공해 줄 수 있기 때문이다.

자연스러운 접근

아동의 가정에서 평가를 한다면 충분히 자연스러운 접근이 이루어질 것이다. 그러나 이러한 접근은 아동의 수행을 규준집단과 비교할 때 문제가 발생하는데, 왜냐하면 가정에서의 검사 환경은 표준화될 수 없기 때문이다. Bayley-III는 표준화된 절차를 유지하면서 어린아이들의 자연스러운 흥미와 주의를 활용하기 위해 약간의 융통성을 제공하도록 설계되었다. 예를 들어, 인지척도 문항 43, 투명 상자 : 앞면은 아동의 흥미를 끄는 작은 사물을 사용하도록 되어 있다. 이때 종종 작은 오리 인형을 사용한다. 하지만 아동이 다른 물건(예 : 팔찌 또는 장난감 차)에 흥미를 보이면 그것을 사용해도 좋다. 이러한 방법은 검사의 타당성을 해치기보다는 오히려 향상시킬 수 있다. 검사자는 아동의 수행을 극대화할 수 있는 환경을 조성(표준화된 실시를 하는 범위 안에서)해야 하며 아동이 자신의 최고 수준을 수행할 수 있도록 동기화해야 한다.

　몇 가지 문항들은 우연 관찰에 의해 채점될 수 있다. 검사자가 이런 문항들에 익숙해지면, 이들 문항들을 따로 실시하지 않아도 검사 회기 중에 채점할 수 있다. 예를 들어, 9개월 된 유아가 검사 회기 중에 '마-마-마-바-아' 소리를 내었다면 표현언어 문항 8번에서 1점을 줄 수 있다. 하지만 문항을 실시하는 동안 아동이 아무 소리도 내지 않았다면 검사자는 발성을 유도하기 위해서 기대되는 소리를 모델링해야 한다.

부모들은 평가와 개입 과정에서 중요한 역할을 한다. 예를 들어, 아동에게 검사 지극을 제시할 때 양육자가 도움을 준다면 인지 · 언어 · 운동 척도의 실시를 용이하게 할 수 있다. 이때 양육자는 검사 실시 과정에 직접적으로 참여하면서 아동이 보이는 행동 특성에 대해 또 다른 통찰력을 얻을 수 있다. 또한 양육자는 Bayley-III의 사회정서척도와 적응행동척도를 작성한다.

Bayley-III 결과 보고서는 아동의 점수를 프로파일로 제시해 주어 아동의 강점과 약점을 보여준다. 또한 보고서에는 검사에서 측정하고 있는 영역에 대한 설명뿐 아니라 양육자가 아동의 발달을 촉진하기 위해 할 수 있는 활동들에 대한 정보를 제공한다.

☑ 다섯 가지 검사 영역

인지척도

인지척도는 단일 구인을 측정하고 있어서 별도의 하위검사를 포함하고 있지 않다. 이 척도는 언어를 최소화하는 방법으로 인지발달mental development을 측정한다. 인지척도는 총 91개 문항으로, 아동의 감각운동 발달, 사물 탐색 및 조작, 사물 관계 짓기, 개념 형성, 그리고 기억 등을 측정한다. 영아는 새로운 물건에 대한 흥미, 친숙하고 낯선 대상에 대한 주의, 문제 해결 등을 측정하는 과제를 수행한다. 학령전기 아동은 가상놀이, 블록 쌓기, 색 맞추기, 수세기, 복잡한 패턴 해결하기 등을 측정하는 과제를 수행한다.

예를 들어, 놀이발달의 진행 과정을 살펴보면 Bayley-III 문항이 어떻게 개발되었는지 알 수 있다. 출생에서 약 2세까지는 사물을 가지고 놀이하듯이 탐색한다(Pellegrini & Boyd, 1993). 입으로 빨거나 조작하는 놀이 형태는 나중에 기능놀이(예 : 블록 쌓기, 자동차 앞뒤로 밀기) 및 가상놀이(예 : 귀에 전화기를 대고 대화하는 척하기)로 전환된다. 2세부터 약 5세까지는 상상이 주된 놀이 형태이며(Pellegrini & Perlmutter, 1989; Pellegrini & Boyd, 1993), 자신-관련 상상놀이(예 : 자신의 머리를 빗는 시늉하기)에서 타인-관련 상상놀이(예 : 인형의 머리를 빗는 시늉하기)로 전환된다. 좀 더 나이가 있는 학령전기 아동은 현실적인 소품이나 장난감에 덜 의존하고도 상상놀이를 할 수 있으며(Trawick-Smith, 1990), 소품이 없이도 지속적으로 놀이에 참여할 수 있다(예 : 상상 속 숟가락을 들고 수프 떠먹는 시늉하기).

언어척도

언어척도는 언어의 주요 측면인 수용언어기술과 표현언어기술을 측정한다. 이 기술들은 다르게 보이며, 독립적으로 발달하기도 하지만 그렇지 않기도 하다. 독립적으로 발달할 수도 있고 그렇지 않을 수도 있다. 수용언어는 전형적으로 표현언어보다 앞서 발달한다. 수용언어장애나 표현언어장애로 진단받은 아동을 위한 개입은 일반적으로 다르다. Bayley-III 언어척도 문항들은 학령전 언어척도 제4판*Preschool Language Scale-Fourth Edition, PLS*(Zimmerman et al., 2002)의 일부 문항들을 수정하여 가져왔다. Bayley

-III 문항들은 언어발달에 관련된 학계의 연구와 임상 실재에 발맞추어 광범위한 내용을 포괄적으로 제공하고 있다.

수용언어척도의 문항은 총 49개로서 소리 재인하기와 같은 전 언어적 행동뿐 아니라 수용어휘(예 : 사물이나 그림 인식하기) 형태소 발달(예 : 대명사 및 위치부사어) 및 문법형태소 발달(예 : 복수, 시제, 소유격) 등을 측정한다. 아동의 사회적 참조와 언어 이해(예 : 지시문을 얼마나 잘 이해하는지) 또한 측정한다.

표현언어척도의 문항은 총 48개로서 전 언어적 의사소통(예 : 옹알이하기, 몸짓하기, 공동주의하기, 주고받기), 어휘 사용(예 : 사물, 그림, 관련 속성 명명하기―색깔과 크기), 형태론적 통사발달(예 : 두 단어 문장 말하기, 복수어 사용하기, 시제 사용하기) 등을 측정한다.

운동척도

운동척도는 소근육운동기술과 대근육운동기술을 각각 측정한다. 전 연령 범위에 걸쳐서 측정 범위를 확장하고, 움직임의 질에 대한 초점을 증가시키고, 운동발달과 관련된 학계 연구 및 임상 실재에 맞추어 더 다양한 내용을 제공하고자 새로운 문항들이 추가되었다.

소근육운동척도의 문항은 총 66개로서, 아동이 눈, 손가락, 손을 사용하여 주위 환경에 얼마나 잘 참여하는지를 측정한다. 소근육운동기술에는 눈 움직임의 조절, 쥐기(예 : 잡기, 블록 쌓기), 지각운동 통합(예 : 단순 구조 만들기), 운동 계획 및 속도(예 : 선 사이로 긋기), 시각적 추적(예 : 사물 따라가기), 팔뻗기(예 : 탁자 위에 있는 블록 가져오기), 기능적인 손 기술(예 : 가위로 종이 자르기), 그리고 촉각정보에 반응하기(예 : 촉각으로 모양 알아맞히기) 등이 포함된다.

대근육운동척도의 문항은 총 72개로서, 아동이 자신의 몸을 얼마나 잘 움직이고 통제할 수 있는지를 측정한다. 영아는 목 가누기, 걸음마기 유아는 걷는 동작하기, 일어서기, 걷기, 계단오르기, 뛰기 등을 측정한다. 또한 사지와 몸통의 움직임, 고정된 자세(예 : 앉아 있기, 서 있기), 역동적 움직임(예 : 이동성 및 협응), 균형, 그리고 운동 계획 등을 측정한다.

사회정서척도

사회정서척도는 35개 문항으로 구성되어 있으며, 영아, 걸음마기, 학령 전기 아동의 정상적인 사회 및 정서발달 이정표를 측정한다. 이 검사는 질문지 형식으로 아동의 양육자에 의해 작성되어 정보가 수집된다. 이 검사는 Greenspan 사회정서 성장 차트(Greenspan, 2004)에서 가져왔다. 사회정서척도는 다음과 같은 아동의 기능적 정서기술을 측정하는데, 자기조절 및 세상에 대한 관심, 요구를 전달하고 다른 사람을 관여시키고 관계 맺기, 정서를 사용하여 목적 달성하기, 정서적 신호를 사용하여 문제 해결하기 등을 측정한다.

적응행동척도

적응행동척도는 총 241개 문항으로, 일상생활에서 요구되는 기술을 독립적으로 수행하는 것을 측정한다. 적응행동척도는 질문지 형식으로 되어 있어서 부모 혹은 주양육자가 작성하여 정보를 수집한다. 이 척도는 적응행동평가체계, 제2판Adaptive Behavior Assessment System-Second Edition, ABAS-II (Harrison & Oaklan, 2003)의 부모/주양육자형(0~5세)에서 가져왔다.

적응행동 총점General Adaptive Composite, GAC은 다음과 같은 10가지 기술을 토대로 전반적인 적응발달 측정치를 제공한다. 의사소통(아동의 말,

언어, 비언어적 기술), 지역사회 이용(옥외 활동에 대한 아동의 흥미, 지역사회의 다양한 시설의 위치를 인식하는 능력), 건강과 안전(아동이 얼마나 조심을 하는지, 신체적 위험을 피하는 능력), 여가활동(놀이 유형과 규칙을 따르는 능력), 자조기술(먹기, 대소변 가리기, 목욕하기 등), 자기주도(자기 통제, 지시 따르기, 선택하기 등), 학령 전 학업기능(글자 알아보기, 수세기, 간단한 도형 그리기), 가정 생활(가정일을 돕고 개인 물건을 챙기는 것), 사회성(예의에 맞게 행동하기, 다른 사람 돕기, 정서 상태파악하기 등 다른 사람들과 잘 지내는 것), 그리고 운동성(아동의 이동기술 및 환경 조작하기).

🗒 Bayley-III 한계와 관련 연구

Bayley-III는 실시방식에 있어서 상당한 융통성을 제공하며 다양한 범위에 적용될 수 있지만 모든 아동에게 적절한 것은 아니다. 규준 샘플에는 정상행동을 보이는 상당한 수의 아동들뿐 아니라 다양한 임상 조건의 아동들도 포함되었다. 규준 샘플은 모든 장애를 포함하고 있지 않다. 비록 규준집단에 유사한 특수문제를 지닌 아동들이 모두 포함되어 있지 않더라도 이러한 아동들에게도 이 척도를 사용할 수 있다. 유의미한 감각적 손상(시각장애, 청각장애, 혹은 청력의 어려움), 중증 척추 손상(뇌성마비와는 구분됨), 기타 심각한 신체 조건을 지닌 아동들은 장애로 인해 Bayley-III를 표준화 방식으로 실시하지 못할 수 있다.

Bayley-III 실시 지침서의 부록 C에는 특별한 요구를 지닌 아동들에게 Bayley-III를 실시할 때 조정되거나 수정되어야 하는 것들을 기술하고 있으며, 이런 경우 표준점수 해석은 제한될 수 있다. 더욱이 심각한 발달지연으로 인해 42개월 이상의 아동들에게 Bayley-III를 적용하는 것과 관련해서는 좀 더 많은 연구가 필요하다.

비전형적 발달

Bayley-III 실시 지침서와 해석 지침서에는 아동이 보이는 비전형적인 행동이 발달지연인지 아닌지를 판단하는 데 도움을 주는 정보가 포함되어 있으며, 이들의 점수를 해석할 수 있는 가이드라인을 포함하고 있다. 또한 검사 실시 과정에서 조정되거나 수정된 것들이 검사결과에 유효한지 아닌지를 결정하는 데 도움을 주는 정보들도 있다. 그리고 시작점과 중지점을 넘어서서 한계를 검증하기 위해 문항을 실시될 때 도움을 줄 수 있는 실시 가이드라인도 포함되어 있다.

요약

Bayley-III는 영아와 걸음마기를 대상으로 검사를 하는 임상학자들에게 유용한 몇 가지 특징을 포함하고 있다. Bayley-III는 다양한 연령대의 아동을 평가할 때 준수해야 하는 주정부, 연방의회, 전문가를 위한 최신의 가이드라인를 따르고 있다. 1개월에서 42개월의 영유아들에게 사용할 수 있는 검사도구가 거의 없는 실정이다. Bayley-III는 최근의 통계청 자료를 토대로 규준을 제작하였으며, 다양한 인종집단과 부모의 교육수준에 따라 상당히 많은 아이들의 자료를 수집하였다. 여기에는 다양한 임상집단, 즉 태내기 알코올 노출, 전반적 발달장애 등이 포함되어 있어서 조기 개입하는 전문가들에게 도움을 줄 수 있다. Bayley-III는 놀이 형식으로 참여하도록 하고 검사에 대해 융통성 있는 접근을 취하고 있다. 또한 평가할 때 부모의 참여를 권장한다.

검사자는 다양한 유형의 점수를 통해 아동의 정보처리 능력의 강점 및 약점을 이해하는 데 도움을 받을 수 있다. 척도점수, 발달지수, 성장점수, 백분위점수, 발달연령 등이 산출될 수 있다.

보고서를 통해 부모들은 검사에서 아동이 보여주었던 다양한 기술들을 더 잘 이해할 수 있게 될 것이다. 또한 보고서는 아동의 장점과 단점 패턴을 보여주며, 진보를 표시하는 데 사용될 수 있다. 이러한 정보는 아동의 약점 영역에 대한 개입을 계획할 때 유용한 정보가 되며, 아동의 보다 나은 수행을 이끄는 데 도움이 될 것이다.

Q 참고문헌

Adolph, K., & Berger, S. (2006). Motor development. *Handbook of Child Psychology, Vol. 2, Cognition, Perception, and Language* (6th ed.), (pp. 161–213). Hoboken, NJ: John Wiley & Sons.

American Association on Intellectual and Developmental Disabilities. (1992). *Mental Retardation: Definition, Classification, and Systems of Support.* Washington, DC: Author.

American Association on Intellectual and Developmental Disabilities. (2002). *Mental Retardation: Definition, Classification, and Systems of Support.* Washington, DC: Author.

American Educational Research Association, American Psychological Association, & National Council on Measurement in Education. (1999). *Standards for Educational and Psychological Testing.* Washington, DC: Author.

American Psychiatric Association. (2000). *Diagnostic and Statistical Manual of Mental Disorders* (4th ed.) text revision. Washington, DC: Author.

Aylward, G. P. (1988). Infant and early childhood assessment. In M. G. Tramontana, & S. R. Hooper (Eds.), *Assessment Issues in Child Neuropsychology* (pp. 225–248). New York, NY: Plenum Press.

Baroody, A., Li, X., & Lai, M. (2008). Toddlers' spontaneous attention to number. *Mathematical Thinking and Learning, 10*(3), 240–270.

Bayley, N. (1993). *Bayley Scales of Infant Development* (2nd ed.). San Antonio, TX: The Psychological Corporation.

Bayley, N. (2006). *Bayley Scales of Infant and Toddler Development* (3rd ed.). San Antonio, TX: Pearson.

Belsky, J., & Most, R. K. (1981). From exploration to play: A cross-sectional study of infant free play behavior. *Developmental Psychology, 17*(5), 630–639.

Berger, S., Theuring, C., & Adolph, K. (2007, February). How and when infants learn to climb stairs. *Infant Behavior & Development*, 30(1), 36–49.

Bishop, D. V. (1997). Cognitive neuropsychology and developmental disorders: Uncomfortable bed fellows. *Quarterly Journal of Experimental Psychology: Human Experimental Psychology*, 50(4), 899–923.

Bradley, R. H. (1985). Social–cognitive development and toys. *Topics in Early Childhood Special Education*, 5(3), 11–30.

Bruner, J. S. (1972). Nature and uses of immaturity. *American Psychologist*, 27(8), 687–708.

Bruner, J. S. (1974–1975). From communication to language: A psychological perspective. *Cognition*, 3, 255–287.

Carr, J. (2005). Stability and change in cognitive ability over the life span: A comparison of populations with and without Down's syndrome. *Journal of Intellectual Disability Research*, 49(2), 915–928.

Colombo, J., & Cheatham, C. L. (2006). The emergency and basis of endogenous attention in infancy and early childhood. In R. Kail (Ed.), *Advances in Child Development and Behavior* (pp. 283–322). New York, NY: Academic Press.

Colombo, J., & Frick, J. (1999). Recent advances and issues in the study of preverbal intelligence. In M. Anderson (Ed.), *The Development of Intelligence* (pp. 43–71). Hove, UK: Psychology Press.

Colombo, J., & Mitchell, D. W. (2009). Infant visual habituation. *Neurobiology of Learning and Memory*, 92, 225–234.

Colombo, J., McCardle, P., & Freund, L. (2009). *Infant Pathways to Language: Methods, Models, and Research Disorders*. New York, NY: Psychology Press.

Cone-Wesson, B. (2005). Prenatal alcohol and cocaine exposure: Influences on cognition, speech, language, and hearing. *Journal of Communication Disorders*, 38, 279–302.

Davis, A. S. (2008). Children with Down syndrome: Implications for assessment and intervention in the school. *School Psychology Quarterly*, 23(2), 271–281.

Ditterline, J., & Oakland, T. (2010). Adaptive behavior. In E. Mpofu, & T. Oakland (Eds.), *Assessment in Rehabilitation and Health* (pp. 242–261). Boston, MA: Allyn & Bacon.

Ditterline, J., Banner, D., Oakland, T., & Becton, D. (2008). Adaptive behavior profiles of students with disabilities. *Journal of Applied School Psychology*, 24 (2), 191–208.

Eisenhower, A. S., Baker, B. L., & Blacher, J. (2005). Preschool children with intellectual disability: Syndrome specificity, behaviour problems, and maternal well-being. *Journal of Intellectual Disability Research*, 49(9), 657–671.

Ernhart, C. B., Greene, T., Sokol, R. J., Martier, S., Boyd, T. A., & Ager, J. (1995). Neonatal diagnosis of fetal alcohol syndrome: Not necessarily a hopeless prognosis. *Alcoholism: Clinical and Experimental Research*, 19(6), 1550–1557.

Gelman, S., Goetz, P., Sarnecka, B., & Flukes, J. (2008). Generic language in parent–child conversations. *Language Learning and Development*, 4(1), 1–31.

Gesell, A. (1946). The ontogenesis of infant behavior. In L. Carmichael (Ed.), *Manual of Child Psychology* (pp. 295–331). New York, NY: John Wiley.

Goldin-Meadow, S., Gelman, S. A., & Mylander, C. (2005). Expressing generic concepts with and without a language model. *Cognition*, 96, 109–126.

Goorhuis-Brouwer, S. M., & Knijff, W. A. (2002). Efficacy of speech therapy in children with language disorders: Specific language impairment compared with language impairment in comorbidity with cognitive delay. *International Journal of Pediatric Otorhinolaryngology, 63*, 129–136.

Greenspan, S., & Shanker, S. (2007). The developmental pathways leading to pattern recognition, joint attention, language and cognition. *New Ideas in Psychology, 25*, 128–142.

Greenspan, S. I. (2004). *Greenspan Social–Emotional Growth Chart: A Screening Questionnaire for Infants and Young Children.* San Antonio, TX: Pearson.

Greenspan, S. I., DeGangi, G. A., & Wieder, S. (2001). *The Functional Emotional Assessment Scale (FEAS) for Infancy and Early Childhood: Clinical and Research Applications.* Bethesda, MD: Interdisciplinary Council on Developmental and Learning Disorders.

Hack, M., Klein, N. K., & Taylor, H. G. (1995). Long-term developmental outcomes of low birth weight infants. *The Future of Children, 5*(1), 176–196.

Halle, T., Forry, N., Hair, E., Perper, K., Wandner, L., Wessel, J., & Vick, J. (2009). *Disparities in Early Learning and Development: Lessons from the Early Childhood Longitudinal Study – Birth Cohort (ECLS-B).* Washington, DC: Child Trends.

Harrison, P. L., & Oakland, T. (2003). *Adaptive Behavior Assessment System* (2nd ed.). San Antonio, TX: Pearson.

Individuals With Disabilities Education Improvement Act of 2004, Pub. L. No 108–446, 118 stat. 2647 (2004). [Amending 20 U.S.C. §§ 1400 et seq.].

Kahn-D'Angelo, L. (1987). Is the small for gestional age, term infant at risk for developmental delay? *Physical & Occupational Therapy in Pediatrics, 7*(3), 69–73.

Kelly, Y., Sacker, A., Schoon, I., & Nazroo, J. (2006). Ethnic difference in achievement of developmental milestones by 9 months of age: The Millennium Cohort Study. *Developmental Medicine and Child Neurology, 48*, 825–830.

Koman, L. A., Smith, B. P., & Shilt, J. S. (2004). Cerebral palsy. *Lancet, 363*, 1619–1631.

Luria, A. R. (1976). *Cognitive Development: Its Cultural and Social Foundations.* Cambridge, MA: Harvard University Press.

Msall, M. (2005). Measuring functional skills in preschool children at risk for neurodevelopmental disabilities. *Mental Retardation and Developmental Disabilities Research Reviews, 11*(3), 263–273.

National Association of School Psychologists. (2009). *NASP Position Statement: Early Childhood Assessment.* Bethesda, MD: Author. Retrieved from http://www.nasponline.org/about_nasp/positionpapers/EarlyChildhoodAssessment.pdf.

National Research Council. (2008). Early Childhood Assessment: Why, What, and How. Committee on Developmental Outcomes and Assessments for Young Children. In C. E. Snow, & S. B. Van Hemel (Eds.), *Board on Children, Youth, and Families, Board on Testing and Assessment, Division of Behavioral and Social Sciences and Education.* Washington, DC: The National Academies Press. Retrieved from The National Academies Press website: http://www.nap.edu/openbook.php?record_id=12446&page=R2.

National Research Council and Institute of Medicine. (2000). From Neurons to Neighborhoods. The Science of Early Childhood Development. Committee on Integrating the Science of Early Childhood Development. In J. P. Shonkoff, & D. A. Phillips (Eds.), *Board on Children, Youth, and Families, Commission on Behavioral and Social Sciences and Education.* Washington, D.C:

National Academy Press. Retrieved from The National Academies Press website: http://books.nap.edu/openbook.php?record_id=9824&page=R1.

No Child Left Behind Act, 20 U.S.C. § 6301 *et seq.* (2001).

Ounsted, M. K., Moar, V. A., & Scott, A. (1983). Small-for-dates babies at the age of four years: Health, handicap and developmental status. *Early Human Development, 8,* 243–258.

Patel, J., & Edwards, A. D. (1997). Prediction of outcome after perinatal asphyxia. *Current Opinion in Pediatrics, 9*(2), 128–132.

Pearson Education. (2008). *Factors Contributing to Differences Between Bayley-III and BSID-II Scores.* (Bayley-III Technical Report No. 2). San Antonio: Pearson Education. Retrieved from http://pearsonassess.com/NR/rdonlyres/85553691-1039-4964-8C1C-6F1E9506BE31/0/BayleyIII_TechRep2_postpubRX.pdf.

Pellegrini, A. D., & Boyd, B. (1993). The role of play in early childhood development and education: Issues in definition and function. In B. Spodek (Ed.), *Handbook of Research on the Education of Young Children* (pp. 105–121). New York, NY: Macmillan.

Pellegrini, A. D., & Perlmutter, J. C. (1989). Classroom contextual effects on children's play. *Developmental Psychology, 25*(2), 289–296.

Phelps, L. (2005). Fetal alcohol syndrome: Neuropsychological outcomes, psychoeducational implications, and prevention models. In R. C. D'Amato, E. Fletcher-Janzen, & C. R. Reynolds (Eds.), *Handbook of School Neuropsychology* (pp. 561–573). Hoboken, NJ: John Wiley & Sons.

Piaget, J. (1952). *The Origins of Intelligence in Children.* New York, NY: International University Press.

Piaget, J., & Inhelder, B. (1969). *The Psychology of the Child.* New York, NY: Basic Books.

Porter-Stevens, C., Raz, S., & Sander, C. J. (1999). Peripartum hypoxic risk and cognitive outcome: A study of term and preterm birth children at early school age. *Neuropsychology, 13*(4), 598–608.

Provost, B., Heimerl, S., & Lopez, B. (2007). Levels of gross and fine motor development in young children with autism spectrum disorder. *Physical & Occupational Therapy in Pediatrics, 27*(3), 21–36.

Provost, B., Lopez, B., & Heimerl, S. (2007). A comparison of motor delays in young children: autism spectrum disorder, developmental delay, and developmental concerns. *Journal of Autism & Developmental Disorders, 37*(2), 321–328.

Rose, S., Feldman, J., & Jankowski, J. (2009). A cognitive approach to the development of early language. *Child Development, 80*(1), 134–150.

Singer, D., Golinkoff, R., & Hirsh-Pasek, K. (Eds.). (2006). *Play = Learning: How Play Motivates and Enhances Children's Cognitive and Social–emotional Growth.* New York, NY: Oxford University Press.

Thelen, E. (1995). Motor development: A new synthesis. *American Psychologist, 50,* 79–95.

Toy Play in Infancy and Early Childhood: Normal Development and Special Considerations for Children with Disabilities (1994, June 6). (ERIC Document Reproduction Service No. ED386900) Retrieved July 25, 2009, from ERIC database.

Trawick-Smith, J. (1990). The effects of realistic versus non-realistic play materials on young children's symbolic transformations of objects. *Journal of*

Research in Childhood Education, 5(1), 27–36.

Vargha-Khadem, F., Isaacs, E., van der Werf, S., Robb, S., & Wilson, J. (1992). Development of intelligence and memory in children with hemiplegic cerebral palsy. The deleterious consequences of early seizures. *Brain, 115,* 315–329.

Ventola, P., Kleimnam, J., Pandey, J., Wilson, L., Esser, E., Boorstein, H., & Fein, D. (2007). Differentiating between autism spectrum disorders and other developmental disabilities in children who failed a screening instrument for ASD. *Journal of Autism Developmental Disorders, 37,* 425–436.

Vygotsky, L. S. (1962). *Thought and Language.* Cambridge, MA: MIT Press.

Vygotsky, L. S. (1978). *Mind in Society: The Development of Higher Psychological Processes.* Cambridge, MA: Harvard University Press.

Wechsler, D. (2002). *Wechsler Preschool and Primary Scale of Intelligence* (3rd ed.). San Antonio, TX: Pearson.

Xu, Y., & Filler, J. W. (2005). Linking assessment and intervention for developmental/functional outcomes of premature, low-birth-weight children. *Early Childhood Education Journal, 32*(6), 383–389. doi: 10.1007/s10643-005-008-4.

Zimmerman, I. L., Steiner, V. G., & Pond, R. E. (2002). *Preschool Language Scale* (4th ed., English ed.). San Antonio, TX: Pearson.

2장

Bayley-III 인지척도

Kathleen H. Armstrong and Heather C. Agazzi

Collage of Medicine, University of South Florida, Tampa, FL

서론

베일리 영유아 발달검사 제3판(Bayley-III, 1993, 2006)은 1~42개월의 영아, 걸음마기 유아, 그리고 어린아이들의 발달기능을 개별적으로 평가하기 위해 제작된 도구이다. Bayley-III는 인지, 언어, 운동, 사회정서, 적응행동의 다섯 가지 발달 영역을 포괄적으로 측정한다. 2004년 미국의 장애인교육법(IDEA 2004)에 따르면 위의 다섯 가지 발달 영역은 어린아이들을 포괄적으로 평가할 때 반드시 포함되어야 하는 영역이며, 발달지연을 입증하는 서류에 반드시 기재되어야 하는 핵심 영역이며, 개입에 따른 효과를 보고해야 하는 영역이다(United States Department of Education, 2004).

역사적으로 베일리 검사는 영유아 평가와 연구에 있어 최적의 평가도구로 간주되어 왔다. 개정판도 유아들의 발달 상태에 대한 유용한 정보를 지속적으로 제공한다(Bradley-Johnson & Johnson, 2007; Sattler, 2008). 이 장은 Bayley-III 인지척도를 실시하고 해석하는 방법, 검사도구의 장점 및 단점을 살펴보고, 발달지연 유아에게 적용한 사례연구를 제시한다.

내용

인지척도의 문항은 총 91문항이다. 이 중 72개 문항은 Bayley-II의 문항을 그대로 사용하거나 수정해서 사용하였다. 새롭게 추가된 문항은 총 19개 문항으로, 가장 최신의 인지발달 연구를 반영할 뿐 아니라 42개월 유아의 천정기능을 검사하기 위해서 고안되었다. Bayley-III 인지척도는 초기 인지발달과 관련된 정보처리, 처리 속도, 문제 해결, 그리고 놀이에 대한 연구결과 반영되었다. 신기성novelty 선호, 주의, 습관화, 개념적 추론, 그리고 기억기능을 평가하는 문항들이 추가되어 초기 인지발달에서 정보처리의 역할 및 향후 지능과의 연관성을 다루었다(Colombo & Frick, 1999; Dougherty & Haith, 1997; Kail, 2000; Schatz, Kramer, Ablin, & Matthay, 2000). 예를 들면, 어린 영아들의 주의와 습관화를 측정하기 위하여 문항 12와 문항 13이 추가되었으며, 더 높은 연령 유아들의 주의와 기억능력을 평가하기 위해 문항 84와 90이 추가되었으며, 초기 학습에서 중요한 개념들(색깔별로 사물 분류하기, 크기 및 무게에 따라 사물을 분류하는 능력)을 평가하기 위하여 문항 72부터 뒷번호 문항이 새롭게 추가되었다.

검사 실시를 더욱 단순화하기 위하여 Bayley-III의 일부 문항들은 수정되었다. 예를 들어 Bayley-II에서의 뒤집힌 컵에서 장난감 찾기는 Bayley-III에서는 문항 45, 숨겨진 사물 찾기로 대체되었다. 또한 일부 문항들은 유아들의 참여를 더 이끌기 위하여 개정되었다. 예를 들어 일부 문항들은 과제 자체가 요구하는 능력을 더 정확히 반영하기 위해 채점 기준이 수정되었는데, 문항 49, 분홍색 조각판 시리즈에서 아동이 아무 조각이든 조각판에 끼워 넣으면 점수를 받도록 수정되었다. 한편, Bayley-II의 문항 중에서 검사 실시 및 채점에 문제가 있거나 유아의 흥미를 끌지 못하거나 특정 집단에 대한 편견을 유발하거나 인지척도에 기여하는 정도가 낮은 문항으로 판명된 45개의 문항은 삭제되었다.

처리 속도와 문제 해결은 유아들의 인지능력에 있어 매우 중요하다고 여겨져 왔지만, 발달검사와 관련해서는 충분히 연구되지 못하였다(Rose, Feldman & Jankowski, 2009). 처리 속도는 새로운 과제를 정확하게 수행할 수 있는 속도를 일컫는다. Bayley-III는 처리 속도를 측정하는 몇 개의 문항이 있는데, 영아가 주의를 기울이고 습관화하는 능력을 평가하는 문항들을 시작으로 퍼즐을 맞추고 막대꽂이판을 완성하는 과제도 여기에 속한다. 이 중 다수의 문항은 시리즈 문항으로 이루어져 있고 난이도에 따라 배치되어 있다. 이들 문항은 유아가 관심을 보이면서 집중하고 있을 때 연이어서 시행할 수 있다. 이러한 시리즈 문항이나 관련 문항에서의 성공은 아이의 관심과 동기를 유지시키는 데에 도움을 주며 흥미로운 장난감을 치울 때 저항 행동이 일어날 수 있는 가능성도 감소시킨다. 문제 해결은 추론, 기억, 그리고 정보의 통합을 요구한다. 예를 들어 문항 43, 투명상자 과제는 투명상자 아래에 흥미 있는 사물을 놓고서 측정한다.

인지발달에서 놀이가 중요한 역할을 한다는 것은 유아 연구자들에 의해 오랫동안 지지되어 왔다(Bruner 1972; Piaget, 1952; Vygotsky, 1978).

따라서 인지발달을 평가하기 위해 놀이를 기반으로 하는 많은 문항들이 포함되었다. 예를 들면, 초기 놀이기술(사물 탐색하기, 두드리기, 꺼내고 넣기)은 4개월의 시작점에서부터 평가된다. 이후의 기능적 놀이기술(컵 안에 숟가락 넣기 혹은 냄비에 뚜껑 덮기)은 문항 48부터 관련짓기 놀이 시리즈를 통해 평가된다. 상징놀이와 가상놀이(인형을 먹이고 씻기는 것)는 문항 48번부터 시작하는데, 아이에게 아기 인형이나 다른 흥미로운 시물들을 제시하고 관찰한다. 우선 검사자는 컵을 포함한 여러 가지 사물을 아이 앞에 놓아 두고 다음과 같이 언어적 촉발 자극을 제시한다. "목이 말라. 물을 마셔야겠어." 그리고는 컵으로 마시는 시늉을 한다. 그 후 검사자는 아이가 사물을 사용하여 어떻게 반응하는지 기다리며 관찰한다. 관련짓기 놀이의 초기단계는 숟가락을 입으로 가지고 오는 행동과 같은 것이 포함되고, 더 숙련된 관련짓기 놀이에는, 아기 인형에게 먹이는 시늉을 하는 것처럼 여러 가지 사물을 함께 사용하는 것이 포함된다. 놀이를 더 확장시키지 않고 단순히 검사자를 모방하기만 한다면(컵으로 마시는 시늉만 따라함) 점수를 주지 않는다.

인지능력을 평가하기 위해 사용되는 장난감은 밝고 색깔이 다채로워 영아, 걸음마기 유아, 어린아이들의 흥미를 끌 만한 것들이다. 인지능력을 평가하는 활동들은 미국 유아교육협회National Association of Education for Young Children, NAEYC와 조기교육분과DEC에서 오랫동안 강조해 온 발달적 접근을 반영하는 활동들이다(Ostrosky & Horn, 2002). 또한, 검사도구들은 돈이 많이 들지 않고 경제적이고, 손쉽게 구할 수 있으며, 가정이나 학교 환경에서 양육자가 아이의 발달을 촉진하기 위해 사용할 수 있는 도구나 활동들이다. 이를테면, 대부분의 어린 아기들은 반짝이는 팔찌에 쉽게 매료된다. 개월 수가 조금 더 지나면, 아기들은 용기에 물건을 넣고 빼는 일에 흥미를 느끼고, 숨겨진 사물을 찾는 것을 즐거워한다. 이런 활동들은 양육자들에게 자녀와 놀이할 수 있는 추가적인 아이디어를 제공한다. 걸음마기 유아들과 학령전기 아동들은 흔히 놀이를 통해 상상력을 키울 수 있는 사물에 끌린다. 더 높은 연령대의 아이들은 개념, 숫자, 또는 패턴을 포함하여 초기 학습 게임들을 즐긴다. 검사를 실시하는 동안 부모나 양육자가 아동의 수행을 관찰한다면, 검사자는 학령전기 환경에 아동이 성공적으로 적응하기 위하여 발달시켜야 하는 중요한 기술들을 알려줄 수 있다.

검사 실시

Bayley-III는 검사 실시 절차를 간소화하여, 검사자가 검사문항의 실시보다는 아이에게 더 초점을 둘 수 있도록 하였다. 실시 지침에 따르면, 모든 척도에서 시작 규칙과 중지 규칙을 동일하게 적용하며, 시리즈 문항의 경우 기록지 좌측에 특별히 음영으로 표시하여 문항 번호가 떨어져 있더라도 연속적으로 시행할 수 있다. 인지 영역의 문항들은 아이의 언어적 반응을 요구하지 않는데, 이는 표현언어 발달지연을 보이는 아이들의 인지 발달을 평가할 때에 중요하게 고려된다. 다학제적 평가 과정에 양육자를 포함시켜야 한다는 IDEA(2004)의 요구에 따라(United States Department of Education, 2004), 검사하는 동안 주양육자와 검사자가 아이와 함께 동실하는 것이 최적의 환경이 된다. Bayley-III에서는 검사자가 아이에게서 반응을 이끌어 내지 못하고 양육자가 끌어내더라도 점수를 준다. 그러나 검사 상황에서 관찰되지 않는 아동의 행동에 대해서 양육자의 보고만으로는 점수를 주지 않는다.

유아교육 및 특수교육 연구자들은 어린아이들, 특히 장애를 지닌 아이들을 검사하는 것의 적절성에 대해 의문을 제기해 왔다(Bagnato & Neisworth, 1994; Bracken & Walker, 1997; Nagle, 2007). 이들은 어린 아동을 평가할 때 여덟 가지 요소인 활용성, 수용성, 사실성, 협력성, 수렴성, 형평성, 민감성, 일치성을 강조하였다(Neisworth & Bagnato, 2000). 이러한 우려를 감안하여 Bayley-III는 표준화된 평가이지만 신체 혹은 감각장애로 인해 표준화된 방식으로서의 검사가 어려운 아동들에게 어느 정도의 융통성을 허용하고 있다. 더 나아가 검사지는 이 도구가 의뢰 사유에 적합한 도구인지를 결정한다. 검사를 실시하는 과정에서 표준화된 실시방식에서 변화된 점이 있다면 기록지에 적어 두어야 하고, 결과를 해석할 때도 이 점을 보고해야 한다. 게다가 검사 과정에서 신경장애를 나타내는 행동 지표를 관찰하게 된다면 검사자는 신중하게 결과를 해석해야 하고, 필요에 따라 아이를 전문가에게 의뢰해야 한다.

Bayley-III 실시 지침서에서는 검사자의 자격 기준을 명시하고 있다. 검사자들은 평가 절차의 기본원칙에 따라 종합적 발달평가를 실시하고 해석하는 훈련을 받은 경험이 있어야 한다. 또한 검사자들은 다양한 특성을 지닌 어린아이들을 검사하는 데 유능해야 하며, 서로 다른 문화와 서로 다른 임상적 특성을 지닌 아이들을 검사할 수 있어야 하며, 학령전 아이들을 검사한 경험이 있어야 한다. 검사의 해석은 교육 및 심리검사 표준Standards for Educational and Psychological Testing의 해석과 일치해야 한다(American Educational Research Association, 1999).

평가에 대한 정규적인 훈련을 받지 않은 검사자들은 경험이나 지식이 풍부한 전문가의 감독을 받아야 한다. 또한, 중앙정부와 지방정부의 법과 정책에 따라 전문적인 훈련이나 대학원 교육을 이수해야 하고, 다학제적 팀 내에서 일할 수 있는 능력뿐만 아니라 결과를 의미 있는 방법으로 해석할 수 있는 능력을 구비해야 한다.

채점

인지검사의 각 문항들은 명확한 실시방법과 채점 기준이 있으며, 검사자들은 검사 실시 전 이들을 최대한 실습하고 연습해야 한다. 검사자는 평가 중에 지침서를 읽지 않아도 될 만큼 검사 방법에 능숙해질 것을 제안한다. Bayley-III의 하위검사들은 어떤 순서로든 실시될 수 있지만, 검사자들은 인지검사를 먼저 실시하곤 하는데, 왜냐하면 인지과제는 언어반응을 요구하지 않기 때문이다. 검사의 시작점은 아동의 연령에 따라 달라지는데, 이는 아동이 초기 시작 문항에서 성공할 수 있도록 도와준다.

재태 주수 37주 전에 태어난 영아의 경우, 지침서에 따라 생활연령 24개월까지 연령을 교정할 수 있다. 의학 문헌에서 '교정연령'이라고도 알려진 연령 교정의 목적은 조산아들의 신경인지발달, 성장, 그리고 의학적 결과를 평가할 때 조산을 고려하는 것이다(American Academy of Pediatrics, AAP, 2009). 연령을 교정하기 위해서 조산한 개월 수와 주수로 환산하여 생활연령에서 뺀다. 그런 다음 '교정연령'이라고 표시된 열에 교정된 개월 수와 일수를 기록한다. 연령 교정을 위한 계산기는 온라인에서 찾을 수 있으며(March of Dimes, 2009), 아이폰 애플리케이션을 다운받을 수도 있다. 가장 좋은 방법은 교정연령과 생활연령 두 가지 모두에 대한 환산점수를 얻는 것이다.

시작 문항에서 시작해서 연속해서 3개의 문항에서 1점을 얻으면 그 단계가 기저선이 된다. 이후 문항을 계속 검사하다가 5개의 문항에서 연속으로 0점을 받으면 중지점에 도달하게 된다. 이때 질적 정보(예 : 아이의 언어와 검사행동에 대한 정보)를 기록하는데, 이는 후에 결과를 채점하고 해석하는 데에 도움을 줄 수 있기 때문이다.

시리즈로 구성된 문항들은 편리하게 한 번에 검사하고 채점할 수 있다. 예를 들면, 파란색 조각판 시리즈는 문항 51번(150초 내에 1조각), 문항 58번(150초에 내에 4조각), 문항 66번(75초 내에 9조각)으로 되어 있다. 시리즈 문항으로 검사하지 않을 경우 문항 번호 순서에 따라 실시해야 하는데, 왜냐하면 난이도에 따라 문항 순서가 배열되어 있기 때문이다. 여러 가지 반응을 채점하는 규칙도 지침서에 명시되어 있다. 대체적으로 아동이 수행한 반응 중에서 가장 잘한 수행에 대해 점수를 주지만, 이에 대하여 검사자는 항상 지침서를 확인해야 한다. 기록지에 시계 표시와 함께 구체적인 제한 시간이 명시되어 있는 문항들은 시간이 제한된 문항임을 의미한다.

인지검사 지침서에는 자세와 관련하여 자세히 명시되어 있지 않다. 매우 어린 아기 혹은 안정감을 더 필요로 하는 아이들에게는 탁자를 두고 마주 보며 기대어 앉은 자세가 가장 좋다. 걸음마기 유아들은 검사자나 부모와 바닥에 앉는 것을 좋아하고, 더 높은 연령의 아이들은 편한 높이의 튼튼한 책상과 의자에 앉아 있을 때 가장 집중을 잘한다. 만약 놀이방에서 평가한다면 검사자는 아동이 검사에 참여하는 데 방해가 될 수 있는 장난감 같은 것을 치워 두어야 한다. 검사자는 아동이 힘들어하는 신호를 보이는지 관심을 갖고, 필요에 따라 휴식을 고려해야 한다.

Bayley-III의 다른 척도와 마찬가지로, 인지척도도 통과한 문항의 수와 기저선 아래의 문항의 수를 합하여 원점수를 구한다. 그다음 원점수를 척도점수로 환산하는데, 이는 지침서의 표 A.1을 참조하라. 척도점수의 평균은 10이고 표준편차는 3이다. 인지척도와 사회정서척도의 발달지수는 표 A.5를 통해 알 수 있다. 발달지수의 평균은 100점이고 표준편차는 15점이다.

모든 점수는 Bayley-III 기록지의 첫 장에 기록된다. 프로파일은 기록지의 두 번째 장에 기록할 수 있다. 양육자에게 점수의 의미를 설명할 때 점수의 기록과 프로파일이 유용한 시각적 자료가 될 수 있다. 척도점수 간의 차이는 표 B.2를 이용하여 찾은 후, 두 번째 장에 기록한다. 성장점수는 Bayley-III에 포함된 새로운 개념으로, 이는 성과에 따른 성장을 기록하는 데에 쓰일 수 있다. 소아과 의사들이 키와 몸무게 차트를 이용하여 아이의 성장 속도를 기록하는 것처럼, 그리고 교육 평가도구를 이용하여 향상된 정도를 모니터링하는 것처럼 Bayley-III의 인지 성장점수는 시간의 흐름에 따라 인지 성장을 기록하고 관찰할 수 있도록 해준다Centers for Disease Control and Prevention(CDC, 2000; Ostrosky & Horn, 2002). Bayley-III의 성장점수를 도표화하려면 표 B.6을 참조하면 된다. 그다음 이 점수들은 부록 H의 성장 차트에 표시된다. 1~18개월, 18~36개월, 그리고 24~42개월의 연령을 위한 성장 차트들이 있다. 그림 2.1은 Bayley-III 성장 차트의 예로써, 다음 사례로 제시된 케이티의 성장 차트이다.

마지막으로 발달연령은 표준점수보다 구하기 쉽고, 양육자들이 더 이해하기 쉬울 수 있지만, 적용과 해석을 할 때는 신중하게 해야 한다. 발달연령 점수는 특정 원점수를 획득한 평균 개월 수에 근거한다. 예를 들어, 2세 아이들의 평균 원점수가 62점라면, 62점을 얻은 아이의 발달연령은 2세로 한다. 그러므로 발달월령 점수로는 아이의 수행을 또래집단과 비교할 수는 없다. 더 나아가 발달연령 점수의 분포는 등간격으로 이루어져 있지 않기에 원점수의 작은 변화가 발달연령 결과에서는 큰 변화를 초래할 수 있다. 오히려 백분위점수는 양육자에게 자녀의 점수를 표

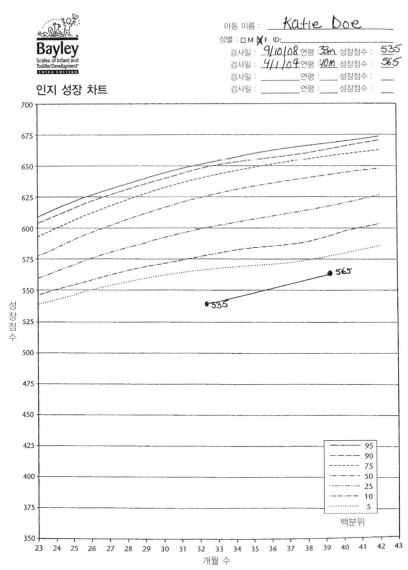

인지 성장 차트

아동 이름 : _Katie Doe_
성별 : □ M ☒ F ID:_____
검사일 : _9/10/08_ 연령 _33m_ 성장점수 : _535_
검사일 : _4/1/09_ 연령 _40m_ 성장점수 : _565_
검사일 : _____ 연령 : ___ 성장점수 : __
검사일 : _____ 연령 : ___ 성장점수 : __

그림 2.1 | 사례연구 : 케이티의 인지척도 성장 차트

준화 샘플과 대응하여 어느 정도 수준에 있는지에 대한 보다 직접적인 설명을 제공한다. 예컨대 백분위점수가 50에 해당하는 아이라면 표준화 샘플의 동일 연령 아이들의 50%보다 수행을 더 잘하였다는 것을 의미한다(Sattler, 2008). 다만, 발달연령 점수는 Bayley-III의 적용 연령 범위를 넘어서지만 매우 지연된 아이들에게 발달적 맥락에서 수행을 기술하려고 할 때에 가장 유용하게 사용될 수 있다.

해석

어린 아동의 검사결과를 해석할 때, 인지발달과 향후 지능을 동일하게 여기지 않는 것이 중요하다. Bayley-III는 아동의 현재 발달 상태에 대한 정보를 제공하는 진단도구로 설계되었다. 그러나 아동이 성장하면서 발달 상태는 급격하게 변할 수 있다. 지능검사는 아동의 나이와 능력수준 사이의 곡선 함수curvilinear function를 가정한다. 이 시기의 어린 아동들은 발달에서의 가변성variability이 상당히 큰 편이다.

검사자들은 Bayley-III 평균값을 해석할 때 다음과 같은 네 단계를 따를 것이 권장된다.

1. 아동의 발달지수(M=100, SD=15)는 지침서의 분류 기준에 따라서 해석한다. 분류의 범위는 최우수(130점 이상)부터 발달지연(69점 이하)까지 있다.
2. 인지척도의 점수를 다른 척도의 점수들과 비교하여 점수 차이를 확인한다. 예를 들어, 인지척도의 점수는 수용언어, 표현언어, 소근육운동과 대근육운동, 사회정서척도의 점수들과 비교한다.

3. 발달지수를 활용하여 다섯 가지 영역의 전반적인 발달을 기술한다.

4. 적응행동 영역의 점수를 분석한다. 채점 도우미scoring assistant를 이용하면 도표화하는 데 큰 도움을 받을 수 있다.

장점과 단점

Bayley III의 장점은 생후 16일부터 42개월 15일 된 아이들을 대상으로 상당히 큰 규모(n=1,700)의 대표성을 띤 표본에서 수집된 자료를 토대로 최근 규준을 마련했다는 것이다. 문항 개발과 선정은 아동발달의 최신 연구를 반영하고 있다. 지시문의 설계와 검사 지침이 명료하여, 검사의 시행이 비교적 수월하다. 베일리 검사의 이전 판들이 인지 영역에 인지와 언어능력을 합쳤던 것과 달리, Bayley-III는 각 영역을 분리했다는 장점이 있다. 임상적 활용을 위한 신뢰도와 타당도도 적절하다. 앞서 지적한 바와 같이 인지 영역을 수행할 때 아이의 표현언어 반응을 요구하지 않기 때문에 표현언어 지연으로 인해 이 영역에서의 수행에 영향을 미치지 않는다. Bayley-III 실시 지침서에 따라 검사자는 생후 24개월까지는 조산에 따른 연령 교정을 할 수 있다. 이는 미국 소아과학회AAP, 소아마비 구제운동 등의 지침에 따른 것이다(AAP, 2009; March of Dimes, 2009). 다른 영유아 평가도구 지침서에는 이러한 연령 교정을 명시하고 있지 않기에 검사자들에게 윤리적 딜레마가 될 수 있다.

더 나아가 Bayley-III는 IDEA(2004)의 규정에 따라서 다섯 가지 영역을 다학제적으로 팀을 이루어 평가하도록 개발되었으며, 인지척도는 그중의 한 영역이다. 또한 부모나 주양육자의 참여를 권장하고 있어서 검사를 용이하게 할 수 있으며, 자녀를 학습에 참여시키는 방식에 대하여 부모나 양육자에게 통찰을 줄 수 있다. Bayley-III에서 얻은 정보들은 발달지연을 진단하고 개입 방안을 개발하는 데에 도움을 줄 수 있다. 성장점수는 개입에 대한 반응을 기록하는 데에 사용될 수 있다. 마지막으로 검사자들이 검사가 자주 이루어지는 지역사회로 검사도구를 이동할 때 운반이 용이하다.

Bayley-III의 주요 약점은 검사의 임상적 유용성을 지지할 수 있는 연구가 부족하다는 것이다. 인지척도 문항은 개입을 하거나 교육을 할 때 활용될 수 있다고는 하지만 일반적인 정보만을 제공하고 있다. 왜냐하면 "문항 샘플이 제한되어 있고, 문항의 22%는 시간이 제한되어 있고, 몇몇은 교육적 관련성이 의심"되기 때문이다(Bradley-Johnson & Johnson, 2007, pp. 339-340). 이들 저자는 Bayley-III가 지능을 측정하거나 학업성취를 예측하는 용도로 설계되어 있지 않기 때문에 인지의 어떠한 측면들이 평가되는지 여전히 명확하지 않다고 결론을 내리고 있다. 지침서에 보고된 결과 보고들은 검사 발행인에 의해 수행된 연구들이기에, 이들 결과들은 매우 흥미롭기는 하지만 충분하지는 않다. 연구자, 임상가, 그리고 그 외 사람들은 이러한 형태의 연구를 실시하고 보고할 것을 제안한다. 베일리 검사도구를 사용하여 발행된 연구들은 대부분 Bayley-II 또는 더 이전 버전을 사용했고, 이전 버전과 현재 버전 간의 차이로 인해 이전 버전을 사용하여 이루어진 연구결과를 현재 버전과 관련시키는 데 제한이 있다. 이로 인해 종단적 자료를 비교할 때도 연구자는 이전 버전을 선택할 수 있다.

검사의 규준은 42개월까지만 적용된다. 이 또한 본 검사도구의 한계인데, 왜냐하면 더 높은 연령 범위까지 측정하는 유사한 평가도구들이 있기 때문이다. 따라서 Bayley-III는 걸음마기 유아들을 평가할 수 있지만 취학전 유아를 측정하려고 한다면 다른 검사도구를 선택해야 한다. IDEA(2004) 적격성 기준을 따르기 위해 검사를 해야 할 때 평가자들은 3세 이하의 아이들Part C과 3세 이상의 아이들Part B을 측정하기 위해 별개의 평가도구를 사용해야 한다. 따라서 몇몇 지역에서는 적격성에 부합하기 위하여 더 넓은 연령대를 측정할 수 있는 평가도구를 사용하도록 규정하고 있는데, 왜냐하면 더 넓은 연령대를 측정하는 평가도구를 사용하면 프로그램을 평가할 수 있을 뿐 아니라 시간에 걸쳐 프로그램의 성과를 지속적으로 평가할 수 있기 때문이다. 그러나 베일리 검사는 전통적으로 영유아의 발달기능을 이해하려고 노력해 왔기에 Bayley-III도 더 높은 연령 아이들의 인지기능과 학업 성취도를 평가하기보다는 기존의 목적을 그대로 유지하여 어린아이들에게 지속적으로 초점을 맞추고 있다.

임상집단에서의 적용

이상발달을 보이는 아이들을 대표하는 비율(10%)만큼이 규준 표본에 포함되어 표본의 대표성을 높이려고 하였다. 그러나 다양하게 진단된 아이들의 비율은 제공되지 않았다. 특수집단 연구에 포함된 장애는 자폐 스펙트럼 장애, 다운증후군, 언어장애, 부당경량아, 태내기 알코올 노출, 뇌성마비, 분만질식 등이다. 이들은 규준 표본의 대응집단에 비해 낮은 점수를 받았다(Bayley, 2006; Bradley-Johnson & Johnson, 2007). 중증 미숙아very preterm, VP (<28주) 혹은 초극소저체중아extremely low birth weight, ELBW(<1,000g) 201명과 통제집단 196명의 인지능력을 비교하는 호주 빅토리아 연구에 따르면, 인지척도의 평균값이 규준 평균보다 높다는 것을 지적해 주었다. 이는 Bayley-III의 인지점수가 과대 추정될 수 있다는

것을 나타낸다(Anderson et al., 2009). 다른 주요 유아 평가도구들과의 비교연구는 지침서에 제시되어 있지만, 자료가 제한적이다(Bayley, 2006). 이 평가도구의 목적이 발달기능을 평가하고 발달지연 아동을 발견하는 데에 도움을 주기 위함인데도, 임상집단을 위한 별개의 규준이 제공되지 않는다. Bayley-III는 스페인어로 번역된 적이 없으며 비영어권 아이들에 대한 규준도 없다. 따라서 Bayley-III를 사용하는 더 많은 연구들이 완료될 때까지 이 검사의 예측력은 신중하게 고려되어야 할 것이다.

사례연구 : 케이티

케이티는 여러 가지 점이 우려되어 부모의 관리에서 가정위탁보호서비스로 배치된 후, 아동발달 평가를 위해 클리닉에 의뢰된 아동이다. 2세 5개월인 케이티는 걷지도 못하고, 스스로 먹지도 못하고, 주변 환경에 거의 관심을 보이지 않았다. 아이는 유아용 의자에서 대부분의 시간을 보냈고, 젖병으로 섭취하는 유아용 유동식이 유일한 영양 공급원이었다. 케이티는 한 번도 제대로 된 건강검진이나 예방접종을 받지 못했다. 가정위탁센터에 들어갈 때 케이티의 키와 몸무게는 평균 이하(백분위점수 20)였으며 머리둘레는 백분위점수 5 미만에 속하였다. 눈과 눈 사이가 좁았고, 짙은 눈썹, 그리고 왼쪽 귀가 기형으로 되어 있는 이형적 이목구비dysmorphic features를 가지고 있었다. 케이티는 이전에 어떠한 조기 개입도 받지 않았다.

초기 평가를 받으러 왔을 때 케이티는 3개월 동안 가정위탁보호를 받고 있었다. 아이는 팔을 위로 올리고 벋정다리로 걸었으며, 검사자들과 다른 성인들에게 금세 다정하게 다가오는 성격을 지니고 있었다. 놀이

표 2.1 | Bayley-III 초기 평가결과

영역/하위척도	척도점수	발달지수	백분위	발달연령
인지	–	65	1	–
인지	3	–	–	16개월
언어	–	56	0.1	–
수용언어	3	–	–	13개월
표현언어	2	–	–	9개월
운동	–	61	1	–
소근육운동	4	–	–	17개월
대근육운동	3	–	–	15개월
사회정서	–	55	0.1	–
적응행동 총합	–	47	0.1	–

출처 : 29개월의 케이티 점수

방에 있는 장난감에 관심을 보였고, 그중에서도 통에 넣었다가 쏟아내는 놀잇감을 고르는 경향이 있었다. 인형, 장난감 부엌, 또는 인형집과 같이 상상력을 요하는 놀잇감에는 관심이 없었다. 케이티는 하고 싶은 것을 하도록 허락 받았을 때는 즐거워하고 좋아했지만, 자기 뜻대로 되지 않을 때는 바닥에 주저앉았다. 손가락으로 가리키기나 단어나 몸짓을 사용하지 않았고, 단지 짜증내는 소리만 내었다. 간단한 지시도 따르기 어려워했고, 이름을 불러도 반응하지 않았다. 케이티의 Bayley-III 결과는 표 2.1에 제시되어 있다. 표의 점수에서 알 수 있듯이, 케이티의 발달은 또래에 비해 상당히 지연되어 있어서, 유아원에 갈 준비가 되어 있는 다른 걸음마기 유아들과 상당한 차이를 보였다.

Bayley-III 점수와 또 다른 정보원의 결과를 토대로, 케이트는 조기 개입 서비스에 적합한 것으로 판정되었다. 매주 조기 개입 치료사와 언어 치료사 들이 가정방문치료를 시작하였다. 그들은 위탁모와 함께 의사소통을 중점으로 그녀의 발달을 도울 수 있는 기술을 개발시키기 위해 노력했다. 케이티는 의료 프로그램에 등록되어 소아과 의사가 아이의 건강에 필요한 것을 관리하고 다른 의료검사에 의뢰할 수 있게 되었다. 가벼운 이형적 이목구비를 동반한 심각한 발달지연으로 인해, 케이티는 취약 X$_{fragile X}$를 포함하는 염색체 이상이 있는지 알아보기 위해 유전자 검사를 받게 되었고, 심도 깊은 청력검사를 위하여 청각학자에게도 의뢰되었으며, 신경외과에도 의뢰되어 뇌 MRI 검사를 받았다. 모든 검사결과는 정상이었다. 결과적으로 아이의 발달지연은 방임에 의한 것으로 보였다. 이후 친권이 상실되었고, 케이티는 결국 입양 가족에게 보내졌다.

8개월이 흐른 후, 케이티가 37개월이 되었을 때 입양 과정의 일환으로 다시 평가를 받게 되었다. 케이티는 그 당시 경미한 발달지연 아동들을 위한 특수교육 유아원에 다니고 있었다. 그녀의 부모는 케이티의 6개월 된 여동생을 위탁 보호하고 있었고, 그 아이도 입양하길 원했다. 케이티는 활달하고, 행복하고, 주변 환경과 사람들에게 관심이 많은 매력적인 아이의 모습을 보였다. 때때로 엄마와 공유하기 위해 물건을 가져오기도 했을 뿐 아니라, 가끔은 포옹을 위해 엄마에게 가기도 했다. 마지막 방문 이후, 아동은 더 자기주도적이 되었다. 경미한 떼쓰기를 보이기도 했지만, 무시하면 금방 사라졌고, 하던 일을 다시 할 수 있었다. 칭찬과 관심에 긍정적으로 반응했고, 자기가 한 것에 대해 자랑스러워했다. 아이의 의사소통 기술이 나타나기 시작하였다. 이제 자신의 바람과 욕구를 표현하기 위해 단어나 (알아들을 수 없는) 말을 하기도 하였고, 놀이 중에 소리를 내기도 하였다. 머리둘레는 여전히 백분위점수 5%ile에 머물러 있

표 2.2 | Bayley-III 추후 평가결과

영역/하위척도	척도점수	발달지수	백분위점수	발달연령
인지	–	70	2	–
인지	4	–	–	21개월
언어	–	65	1	–
수용언어	5	–	–	16개월
표현언어	5	–	–	21개월
운동	–	55	1	–
소근육운동	4	–	–	22개월
대근육운동	1	–	–	16개월
사회정서	–	80	9	–
적응행동 총합	–	74	4	–

출처 : 37개월의 케이티의 점수

었지만, 마지막 방문에 비해 키와 몸무게는 많이 성장해 있었다. Bayley-III의 결과들은 표 2.2에 요약되어 있으며, 케이티의 성장점수는 그림 2.1에서 볼 수 있다.

케이티는 친구들에 비해서는 여전히 지연되어 있지만, 모든 발달 영역에서 개선된 모습을 보였다. 사회정서와 적응능력이 가장 크게 진보되었는데, 이는 적절한 영양 공급, 의학적 케어, 일상생활에 대한 지침과 자극 등 안정적인 양육 환경의 긍정적인 효과로 인해 나타난 것으로 보인다. 아이는 양어머니에게 안정적인 애착을 보였고, 주변 세상에 흥미를 보였으며, 연령에 비해 훨씬 더 적절한 방법으로 장난감을 가지고 놀 수 있었다. 양어머니는 케이티의 의사소통 능력이 꾸준히 발전하고 있다고 보고하였다. 전반적인 발달을 위해 케이티는 당분간 특수교육 서비스를 지속적으로 받을 필요가 있다.

🔍 참고문헌

AAP Policy Statement. (January 1, 2009). *Age terminology during the perinatal period*. Retrieved October 20, 2009 from http://aappolicy.aappublications. org.

American Educational Research Association. (1999). *Standards for Educational and Psychological Testing*. Washington, DC: American Educational Research Association.

Anderson, P., Kelly, E., Charlton, M., Williamson, A., de Luca, C., Hutchinson, E., & Doyle, L. (2009). *Cognitive Outcome at 2 years in Very Preterm or Extremely Low Birthweight Infants born in Victoria in 2005*. Retrieved October 20, 2009 from http://www.abstracts2view.com/pas/view.php?nu=PASL1_2540.

Baby age calculator. Retrieved October 20, 2009 from www.appolicious.com/.../baby-age-calculator-big-blue-apps-::39380.

Bagnato, S. J., & Neisworth, J. T. (1994). A national study of the social and treatment "invalidity" of intelligence testing for early intervention. *School Psychology Quarterly, 9*, 81–102.

Bayley, N. (1993). *Bayley Scales of Infant Development* (2nd ed.). San Antonio, TX: Harcourt Assessment, Inc.

Bayley, N. (2006). *Bayley Scales of Infant and Toddler Development* (3rd ed.). San Antonio, TX: Harcourt Assessment, Inc.

Bracken, B. A., & Walker, I. K. C. (1997). The utility of intelligence tests for preschool children. In D. P. Flanagan, J. L. Genshaft, & P. C. Harrison (Eds.), *Contemporary Intellectual Assessment: Theories, Tests, and Issues* (pp. 484–502). New York, NY: Guilford Press.

Bradley-Johnson, S., & Johnson, M. (2007). Infant and toddler assessment. In B. Bracken, & R. Nagle (Eds.), *Psychoeducational Assessment of Preschool Children* (4th ed.) (pp. 325–357). Mahwah, NJ: Lawrence Erlbaum Associates.

Bruner, J. S. (1972). Nature and uses of immaturity. *American Psychologist, 27*(8), 687–708.

Centers for Disease Control and Prevention, National Center for Health Statistics. (2000). *CDC Growth Charts: United States*. Atlanta, GA: Author.

Colombo, J., & Frick, J. (1999). Recent advances and issues in the study of preverbal intelligence. In M. Anderson (Ed.), *The Development of Intelligence* (pp. 43–71). Hove, UK: Psychology Press.

Corrected Newborn Age Calculator. Retrieved October 20, 2009 from www.adhb.govt.nz/newborn/guidelines/admission/gacalc.htm.

Dougherty, T. M., & Haith, M. M. (1997). Infant expectations and reactions as predictors of childhood speed of processing and IQ. *Developmental Psychology, 33*(1), 146–155.

Kail, R. (2000). Speed of information processing: Developmental change and links to intelligence. *Journal of School Psychology, 38*(1), 51–61.

March of Dimes. (2009). Pregnancy and Newborn Health Education Center. Retrieved October 20, 2009 from http://www.marchofdimes.com.

Nagle, R. (2007). Issues in preschool assessment. In B. Bracken, & R. Nagle (Eds.),

Psychoeducational Assessment of Preschool Children (4th ed.) (pp. 29–48). Mahwah, NJ: Lawrence Erlbaum Associates.

Neisworth, J. T., & Bagnato, S. J. (2000). Recommended practices in assessment. In S. S. Sandall, M. McLean, & B. Smith (Eds.), *DEC Recommended Practices* (pp. 17–27). Longmont, CO: Sopris West.

Ostrosky, M. M., & Horn, E. (2002). *Assessment: Gathering Meaningful Assessment Information*. Longmont, CO: Sopris West.

Piaget, J. (1952). *The Origins of Intelligence in Children*. New York, NY: International Universities Press.

Rose, S., Feldman, J., & Jankowski, J. (2009). Information processing in toddlers: Continuity from infancy and persistence of preterm deficits. *Intelligence, 37* (3), 311–320.

Sattler, J. M. (2008). *Assessment of Children: Cognitive Foundations* (5th ed.). San Diego, CA: Jerome M. Sattler, Publisher, Inc.

Schatz, J., Kramer, J. H., Ablin, A., & Matthay, K. K. (2000). Processing speed, working memory and IQ: A developmental model of cognitive deficits following cranial radiation therapy. *Neuropsychology, 14*(2), 189.

United States Department of Education. (2004). The Individuals with Disabilities Education Improvement Act of 2004. Retrieved August 12, 2009. from http://www.ed.gov/about/offices/list/osers/osep/index.html.

Vygotsky, L. S. (1978). *Mind in Society: The Development of Higher Psychological Processes*. Cambridge, MA: Harvard Press.

3장

Bayley-III 언어척도

Elizabeth R. Crais

Division of Speech & Hearing Sciences, The University of North,
Carolina at Chapel Hill, Chapel Hill, NC

서론

Bayley-III(Bayley, 2006)는 미국의 장애인교육법(IDEA, 2004)의 조기 중
재 분야의 지침(Sandall, Hemmeter, Smith, & McLean, 2005)과 최신의
연구결과에 맞추어 개정되었다. 예를 들어, Bayley-III는 IDEA(2004)의
요구에 맞추어 다섯 가지 영역의 기술인 인지, 언어, 운동, 적응행동, 사
회정서를 측정하고 있으며, 상호 학문적으로interdisciplinary 실시, 진단, 중
재 계획을 세울 수 있도록 각 영역을 별도의 검사로 측정하고 있다. 또
한 Bayley-III(Bayley, 2006)는 아동의 능력을 이해하기 위해서는 다양
한 영역에서 살펴볼 필요가 있다는 각성의 소리와 더불어 다학제적 접
근을 요구하는 IDEA(2004)의 요청에 따라 개발되었다(Crais, Watson, &
Baranek, 2009). 이 검사를 통해 다양한 분야의 전문가들(예 : 심리학자,

언어치료사, 작업치료사, 물리치료사, 특수교육 교사)이 팀을 이루어 평가를 할 수 있으며, 각각의 학문적 지식을 공유하며 아동에 대한 통합적 분석을 할 수 있다. Bayley-III는 대부분의 평가 모델에 쉽게 적용할 수 있어서 다학제적multi, 상호학문적inter, 초학문적trans-disciplinary 모델뿐 아니라, 영역 중심arena-based 모델에도 적합하다.

아동의 사회정서발달과 적응행동기술에 대한 정보는 부모에 의해 제공하므로 Bayley-III는 가족과 전문가 간에 협력할 수 있는 기회를 제공한다. 특히 이들 척도들은 부모 보고용 검사로서, 부모 및 가족 일원이 능동적으로 아동평가에 직접 참여할 수 있는 기회를 제공한다. 이와 같이, Bayley-III는 전문가의 지혜와 경험, 소비자의 가치와 경험, 그리고 최신의 연구 기반을 통합하는 증거 기반 실재에 맞추어 설계되었다.

한편, Bayley-III는 정상발달 아동집단과 비전형발달 아동집단(예 : 미숙아, 다운증후군 아동)의 검사결과를 모두 제공하는데, 이를 통해 전문가들은 각 임상집단의 아동들이 해당 척도에서 어떻게 수행하는지 비교하고 확인할 수 있다. 이 과정에서 전문가들은 검사 규준과 아동의 수행을 비교함으로써 아동의 수행이 임상 표본의 대표성을 지니는지에 대한 통찰을 얻을 수 있다.

Bayley-III 언어 문항은 상당한 변화가 있었다. 언어 문항 내용이 확장되었고(예 : 전 언어적, 사회적, 복잡한 언어 구성요소), 검사의 활용성이 증가되었으며, 아동 친화적인 특징들이 추가되었다. 이전 버전인 Bayley-II에서는 정신척도 안에 언어 문항이 포함되어 있어서 다른 영역을 측정하는 문항들(예 : 인지적, 지각적, 문제 해결, 그리고 개인/사회 능력)과 함께 평가되었다.

Bayley-III는 언어척도를 따로 분리하여 수용언어receptive communication

와 표현언어expressive communication[1] 2개의 하위검사로 세분화시켰다. 여기서 '의사소통communication'이라는 용어를 의도적으로 사용하였는데, 이는 Bayley-III 언어척도가 발달행동의 모든 측면, 특히 상위수준의 언어가 출현하기 이전의 전 언어적 의사소통 수준에 해당하는 행동들을 측정하고 있다는 것을 반영하는 것이다. 또한 수용언어와 표현언어 두 영역이 모두 중요하며, 이 두 영역의 발달 차이를 인식하는 것이 중요하므로, Bayley-III는 이들을 별개의 하위척도로 나누어서 측정한다. 이를 위해 Bayley-III의 수용언어와 표현언어 안에는 여러 문항이 추가되었는데, 특별히 소리 내기와 발음 같은 준언어적paralinguistic 기술을 측정하는 문항들과 높은 월령의 유아들을 위한 문항들이 추가되었다.

이 장에서는 우선 어린 아동들의 초기 의사소통과 언어발달 평가의 중요성에 대해 간략하게 살펴보고, 이러한 초기 언어능력이 이후의 발달 및 학업능력과의 관련성에 대해 중점적으로 살펴본다. 그다음으로 이후 발달을 예측할 수 있는 행동들을 하나씩 짚어 보면서 이러한 행동들 기저의 이론적 근거와 증거 기반 연구, 그리고 전문가들의 합의된 의견들이 Bayley-III에 어떻게 반영되어 있는지를 기술한다. 그런 다음에 Bayley-III의 검사 실시 과정에서 어떻게 아동과 양육자의 참여를 증진시킬 수 있으며 수월하게 실시할 수 있는지를 간략하게 다루고 있다. 그 후 검사의 채점 및 해석에 대해 다룬 후에, Bayley-III의 강점과 약점, 임상집단의 적용에 대해서 다룬다. 마지막으로 언어 지연으로 의뢰된 어린 아동에게

---

1) 원어에서는 communication을 사용하였으나 한국형 베일리 영유아 발달검사(Korean Bayley Scales of Infant and Toddler Development, 3rd Edition, K-Bayley-III)의 지침서에서 '수용언어', '표현언어'라고 번역하고 있어서 본서에서도 해당 용어를 '의사소통'이 아닌 '언어'라고 번역하였다.

Bayley-III 언어검사를 실시한 사례를 보여준다.

내용

이 장에서 '언어language'라는 용어는 아동이 상호작용하기 위해 사용하는 관습적인 상징체계(예 : 단어, 신호, 사진 상징들)로서 사람들에게 일관성 있게 인식되는 상징체계를 말한다. 반면에, '의사소통communication'이라는 용어는 아동이 다른 사람들과 상호작용하기 위해 사용하는 모든 형태(예 : 눈의 응시, 제스처, 얼굴 표정, 목소리, 단어 등)를 지칭하는 것으로, 이때 둘 혹은 그 이상의 의사소통 형태가 혼합되어 나타날 수도 있다. 따라서 언어는 의사소통의 한 형태이며, 의사소통은 언어가 아닌 다른 형태로도 이루어질 수 있다. 의사소통의 초기 형태는 대체로 전 언어단계(상징을 사용하기 이전)나 초기 언어단계에서 나타나며, 메시지를 효과적으로 전달하기 위해서 언어가 함께 사용되기도 한다(예 : "저기 봐."라는 말을 하면서 가리키기).

언어와 의사소통 능력은 아동의 전반적인 학습에 중요한 역할을 한다. 언어 습득은 다른 많은 영역의 학습을 가능하게 하고 촉진시킨다. 또한 언어는 다른 영역(예 : 사회정서, 운동, 인지, 적응행동)의 발달에 의해서도 증진된다. 장애아동(예 : 청각손실, 시각손실, 자폐, 심각한 신체적 장애)의 발달을 살펴보면, 언어 및 의사소통 기술이 다른 발달 영역들과 끊임없이 상호작용한다는 것을 알 수 있다. 한편, 아동발달 이론에 따르면, 언어는 다른 영역의 발달과 유사하게 여러 생태학적 요인(예 : 문화와 가정 환경, 아동의 특성, 양육자의 특성 등)의 영향을 받으며 이들과의 교류 과정에서 습득된다.

아동의 초기 의사소통과 언어능력을 평가하는 것은 아동의 강점과 약점을 인식하는 데에 필수적이고, 이후 아동의 능력을 예측하는 데 도움이 된다. 아동의 현재 의사소통 수행능력은 아동의 향후 언어능력에 대한 가장 정확한 지표가 된다. 또한 아동의 초기 언어능력은 후기 언어능력이나 읽고 쓰기능력의 발달과 정적인 관계를 맺고 있다. 마지막으로 어린 아동이 보이는 상징놀이 수준은 이후의 언어능력을 예측한다. 예를 들어, Lyytinen과 동료들(1999)은 14개월 아동의 상징놀이 능력이 24개월과 42개월 아동의 수용 및 표현언어를 예측한다는 것을 관찰하였다. 따라서 어린 아동의 초기 의사소통과 언어능력을 측정하는 것은 조기 개입이 필요한 장애아동을 식별하는 데 도움을 주며, 조기 개입을 통한 의사소통과 언어능력의 향상에 따라 궁극적으로 예후를 밝게 해줄 것이다.

Bayley-III의 언어척도에서 몇 가지 내용들은 특별히 관심을 끈다. 먼저 사회정서기술, 전 언어적 의사소통 능력, 그리고 이해능력 측면에서 최신의 임상 및 연구결과를 반영하는 문항들이 추가되었다. 또한, 높은 월령대 아이들에게 검사의 유용성을 증가시키기 위해서 상위 월령 범위 해당하는 문항들이 추가되었다. 이러한 문항들을 아래에서 임상 및 이론적 배경과 함께 중점적으로 다룰 것이다.

사회정서기술

조기 개입에 참여하는 전문가들은 초기 아동기의 정서 및 사회성 발달의 중요성에 대해 더욱 크게 인식하게 되었다. 애착 혹은 정서조절에 상당한 어려움이 있는 아동들은 이차적으로 혹은 동시적으로 의사소통의 지연을 동반할 수 있다. 초기 사회 및 정서발달을 위해서 주의와 자기조절,

상호 참여 및 애착을 통해 관계 형성하기, 의도성을 전달하는 양방향 의사소통과 상호성, 제스처 · 눈짓 · 음성을 포함하는 전 언어적 의사소통, 그리고 상징을 사용하여 생각과 감정 표현하기와 같은 기술들이 요구된다. Bayley-III 사회정서 발달척도에는 각 기술을 포괄적으로 측정하는 문항들이 있다.

언어의 하위척도에도 사회적 발달을 반영하는 문항들이 상당히 포함되어 있다. 예컨대 이동이 사람을 주시히는지, 아동이 자신의 이름 호명에 어떻게 반응하는지, 놀이를 방해 받았을 때 어떻게 반응하는지, 그리고 금지된 단어들을 이해하는지에 대해서 평가한다. 생의 초기에 자신의 이름 호명에 쳐다보지 않거나 아동에게 말했는데 반응하지 않는다면 이후 자폐 진단의 지표가 된다. 그러므로 말에 반응하는 능력을 확인하는 것은 모든 아동, 특히 자폐 위험에 있는 아동의 평가에서 매우 중요한 요소라 할 수 있다.

Bayley-III는 초기 상호 참여mutual engagement와 상호성reciprocity을 측정하는 문항들이 포함되어 있다. 이는 사회적 반응성이 중요하며 이를 자연스러운 환경에서 측정하고 개입하는 것이 중요하다는 인식을 반영하고 있다. 전문가는 자연스러운 환경에서 아동 학습의 모델이 되어 주고 지지해 주며 서비스를 제공하기 위하여 양육자와 긴밀하게 협력해야 한다. 또한 이러한 환경에서 행동이 평가되어야 행동 개입 계획을 용이하게 할 수 있다. 이 외에도 아동이 사회적 상호작용 요구에 어떻게 반응하고 주의를 기울이고, 참여하는지, 그리고 어떻게 상호작용을 시도하는지에 대한 이해를 제공할 뿐만 아니라 성인에 의해 모델링이 된 행동을 어떻게 모방하는지에 대한 이해를 제공한다. 이렇게 자연스럽게 나타나는 활동들 속에서 아동은 친숙한 재료, 물건, 사람들을 통해 하루 종일 학습할 수 있는 기회를 제공받는다(Dunst, Hamby, Trivette, Raab, & Bruder, 2000; Bernheimer & Weismer, 2007). 아동 및 가족에게 자연스러운 환경에 들어가게 되면, 전문가는 아동과 가족이 선호하는 일상의 활동 및 관심사를 알 수 있기에 평가와 중재 과정을 향상시켜 주며, 일상의 재료와 장난감의 사용을 용이하게 하며, 의사소통을 촉진하기 위하여 친숙하고 기능적인 활동들을 효과적으로 환경에 배치하고 활용하는 법에 대해 도움을 줄 수 있다(ASHA, 2008).

☑ 전 언어적 의사소통 능력

연구자와 임상학자들은 전 언어적 의사소통을 평가 및 개입 과정에 포함시키게 되면 얻게 되는 이점에 대하여 주의를 기울여 왔다. 발달지연이나 자폐 스펙트럼 장애 아동의 경우, 초기 의사소통 수단(예 : 눈맞춤, 제스처, 소리 내기, 단어)의 사용과 이후 언어능력 간의 상관관계가 매우 높다. 또한 '말이 늦은 아동'이라도 결국에는 또래와 유사한 수준으로 '따라잡기' 하는 아동이 있는데, 이러한 예측을 돕는 것이 제스처의 사용이다. 또한 초기 음성의 산출, 특히 자음의 산출은 이후 언어능력과 밀접하게 관련되어 있다. 한 발화 내에서 하나 이상의 자음을 사용할 수 있는 능력은 중요한 발달적 성취로서 언어 지연을 보이는 많은 24개월 아동들이 이러한 성취를 보이지 않는다. 그리고 음운발달이 지연된 2세의 아동들은 3세에 말 지연(언어 지연)이 나타날 위험성이 높다. 그러므로 음운론 정보는 이 아동이 '말이 늦은 아동'인지를 판단하며, 3~4세에 정상적인 언어능력을 보여줄 가능성이 있는지를 예측하는 데에 유용할 수 있다. 의사소통 능력을 평가하는 것은 어린 아동 혹은 의사소통 결함의 위험이 높은 아동, 특히 전 언어적 발달단계에 있는 아동을 대상으로 할 때 필수적인 요소이다.

또한 자신의 의도를 신호로 보내는 능력이 전 언어수준에서, 그리고 더 높은 수준의 의사소통 능력의 발달에서 매우 중요하다. 12개월 된 아동은 분당 약 1번, 18개월 아동은 분당 약 2번, 24개월 된 아동은 분당 약 5번 정도의 의도적인 의사소통을 한다. 그러므로 의도적인 의사소통 횟수가 적게 나타나는 것은 결함을 암시할 수 있다. 의도적 의사소통의 비율은 어린 아동의 언어발달에서 발달지연을 예측한다. 비언어적이라도 의도적인 의사소통의 높은 비율은 언어 성취 향상과 관련된다.

의사소통의 기능, 또는 아동이 의사소통을 하려는 이유는 전 언어적 발달과 미래의 발달수준 모두에 영향을 미친다. 의사소통의 기능을 측정하는 일반적인 범주로 브루너의 분류를 사용하는데, 여기에는 행동조절(예 : 물건 요구하기 또는 행위 요구하기, 거절하기), 사회적 상호작용(예 : 인사하기, 자랑하기), 공동주의(예 : 보여주기, 말하기) 등이 포함된다. 특정 유형의 의사소통 기능을 사용하는 것은 이후의 언어능력을 예측하고, 아동의 장애 유형을 변별하는 데 도움을 준다. 예를 들어, 공동주의 능력은 정상발달 아동과 자폐 스펙트럼 장애ASD 아동의 언어 이해와 발화능력을 예측한다. 또한 사회적 상호작용은 정상발달 아동과 ASD 아동의 표현 어휘력을 예측한다. 그리고 9~12개월 아동의 제스처 사용의 제한은 이후의 ASD 진단과 관련되어 있다. 그러므로 아동이 의사소통을 하는 이유를 이해하고 평가하는 것은 아동의 현재 그리고 이후에 있을 수 있는 의사소통 결함을 발견하는 데 있어 매우 중요하다.

베일리 검사의 이전 버전에도 전 언어 문항들이 몇 개 있었지만, 어린 연령의 아동과 발달적으로 매우 초기단계에 있는 아동의 언어적 특성을 보다 풍성하게 그리기 위하여 새로운 문항들이 추가되었다. Bayley-III

문항은 전 언어적(그리고 언어적) 의사소통 능력, 특히 아동의 의도 혹은 의사소통의 기능을 평가하는 전문가의 능력을 고양시킬 수 있다. 이러한 능력을 측정하는 문항으로 주의 얻기(사회적 상호작용), 자음 소리 내기, 제스처 사용하기(행동조절), 다른 사람의 주의 끌기(공동주의), 그리고 단어 혹은 단어와 제스처를 함께 사용하며 자신이 원하는 것 표현하기 등이 포함된다.

✓ 이해능력

이해능력은 아동의 현재와 미래 언어능력의 핵심이다. 이해능력의 결함은 언어발달의 장벽이 되고, 미래의 언어 결함과 연관된다. 2세의 이해 능력은 정상발달 아동과 비전형적인 발달 아동 모두의 이후의 이해 및 언어표현 능력을 예측한다. 또한 이해능력이 높은 아동은 조기에 표현언어가 지연을 보이더라도 나중에 정상 또래 아동과 유사한 사회적인 행동 및 기타 행동을 보일 가능성이 높다는 것을 예측한다.

✓ 더 복잡한 수준의 언어

마지막으로 상위 수준의 언어능력을 평가하기 위하여 조금 더 복잡한 수용 및 표현언어 문항들이 추가되었다. 수용언어 문항에는 묘사하는 단어, 위치부사어, '더 적은' 혹은 '가장 적은'과 같은 단어들, 과거시제, 그리고 부정어 이해하기 문항들이 포함되었다. 표현언어 문항에는 미래시제 사용하기, 4~5개 단어로 된 문장 말하기, 묘사하는 문장 말하기, 문법 형태소와 위치부사어 사용하기 등이 포함되었다. 이러한 상위수준의 문항들은 취학전 언어검사Preschool Language Scale-IV, PLS-4에서 가져왔는데, 이 검사도구는 언어장애 아동을 포함하여 아동의 언어발달을 측정하기 위해 널리 사용되는 도구이다.

검사 실시 및 채점

Bayley-III 언어척도는 아동과 가족에게 친화적이면서 실시하기가 수월
하다. 지침서에 따르면 검사자는 검사 과정에서 부모 혹은 친숙한 양육
자(예 : 부육교사나 유치원 교사, 베이비시터)와 함께하여 아동이 좀 더
편안함을 느끼도록 하고 몇몇 문항에서는 검사 실시의 도움 받을 것을
권한다. Bayley-III 실시 초반에 아동이 수행을 거부한다면 표준화된 절
차에서 벗어나지 않는 한에서 검사자 혹은 양육자는 아동의 반응을 격려
할 수 있다. 특히 의사소통장애가 있는 아동들은 부끄러워하거나 망설일
지도 모른다. 이러한 경우에 전문가는 아동과 친밀감을 형성하기 위해
먼저 아동과 짧게 놀이를 하는 것이 좋다. 라포를 형성하고, 의사소통하
며, 협력적인 관계를 형성하는 것을 우선적으로 한 이후에 검사를 시작
할 것을 권한다. 비장애 학령전기 아동은 검사자가 친숙하거나 낯설거나
상관없이 동일하게 수행을 잘할 수 있지만, 의사소통장애를 가진 아동들
은 낯선 검사자와 함께할 때는 수행을 잘 못할 수 있다. 그러므로 검사자
들은 낯선 아동과 검사할 때 처음에 어떻게 실시할 것인지 그리고 검사
결과를 어떻게 해석할 것인지에 대해 특별히 주의를 기울여야 한다. 이
때 검사자들은 아동의 검사 수행 정도가 다른 환경 혹은 다른 과제에서
의 수행과 비교하여 전형적인지 그렇지 않은지를 확인하기 위하여 부모
혹은 주양육자에게 물어보아야 한다.

시작점을 확인하는 것으로 언어척도를 시작할 것을 권한다. 기록지
에 표시된 것처럼 시작점은 일련의 연령 범위에서 결정된다. 연령 범위

는 16일을 시작으로 하여 처음에는 1개월씩 증가하다가 나중에는 3~4개월씩 증가하는 패턴을 보인다. 검사자는 먼저 아동의 생활연령을 계산하고, 기록지에 표시되어 있는 해당 연령 범위에서 시작점을 찾아 검사를 시작한다. 정확한 시작점을 사용하는 것은 아동의 언어발달 수준에 적절한 문항들을 실시하도록 하며, 과도하게 어려울 것 같은 언어 문항들을 제시하지 않고, 너무 쉬울 것 같은 문항들을 피하게 함으로써 효율성을 증가시킬 수 있다. 시작 규칙 역시 도움이 된다. 검사자는 아동에게 실시하는 문항이 너무 어렵다는 것을 발견하면 이전 연령단계의 시작점으로 되돌아가 더 쉬운 문항에서 다시 시작한다. 이 과정은 특히 언어척도에서 더 중요한데, 왜냐하면 너무 어려운 문항에서 시작하면 아동을 좌절시킬 수도 있고, 의사소통을 덜 하게 할 수 있기 때문이다. 이러한 방식으로 계속해서 이전 연령단계 문항으로 되돌아가다가 아동이 연속으로 세 문항을 통과하는 지점에 이르면 거기서 기초선이 정해지고, 검사자는 그 문항 이후부터는 문항 순서에 따라서 검사를 실시하여 완성한다. 이와 유사하게 중지 규칙, 즉 아동이 연속해서 5개의 문항에서 실패하는 경우도 아동이 자신의 발달수준 안에서 최대한 많은 문항들을 시도해 볼 수 있는 기회를 갖게 해준다. 아동이 몇몇 문항은 통과하고 몇몇 문항은 통과하지 못하는 불규칙한 수행을 하는 경우가 있기 때문에, 이러한 특징은 특히 언어척도에서 유용하다.

조산(<재태 기간 36주)으로 태어난 아동을 평가할 때, 검사자는 조산 정도를 계산하여 교정연령을 확인한다. Bayley-III는 영유아 평가의 관례에 따라서 24개월 월령까지만 조산을 조정한다. 먼저 검사자는 예정된 출생일에서 아동의 실제 출생일을 뺀다. 그리고 기록지의 조산아 연령 환산 칸에 조산으로 태어난 개월과 일수를 적는다. 검사자는 검사일에서

실제 출생일을 빼고 아동의 연령을 개월과 일로 계산하여 아동의 생활연령을 구한다. 그런 다음 검사자는 생활연령의 개월/일에서 조산한 개월/일의 수를 뺌으로써 교정연령을 구한다.

비록 Bayley-III 언어척도의 실시가 비교적 수월하기는 하지만, 다음의 몇 가지 조언을 염두에 두는 것이 검사 실시에 도움이 될 것이다. 수용언어 척도를 먼저 실시하는 것이 중요하다. 특히 낯선 사람과 함께하는 것을 부끄러워하거나 망설이는 아동에게는 이 척도를 먼저 실시하는 것이 매우 효과적이다. 아동은 처음부터 말을 하지 않아도 되며, 검사자와 좀 더 라포가 형성된 이후에 말을 해도 된다.

언어척도에서 기록지는 검사 실시를 더 수월하게 해주며 검사 수행의 정확한 기록을 도와준다. 기록지에는 시작점, 문항 설명, 검사도구, 그리고 시행 횟수, 채점 기준에 대한 짧은 설명 등이 제시되어 있다. 또한 기록지는 결과를 해석하고 보고서를 쓰는 데 사용될 뿐 아니라, 검사활동 중에 염두에 두어야 할 추가적인 정보를 기록할 수 있도록 별도의 공간이 있다. 검사 중에 아동이 보이는 의사소통 시도들(예 : 제스처, 단어, 구)은 이 공간에 기록해 두었다가 검사문항들을 채점할 때 도움을 받을 수 있다.

언어척도를 처음 배우는 검사자라면 원활한 검사를 위해 Bayley-III 실시 지침서에 키워드나 명심해야 할 실시 지침을 특별히 표시해 두는 것도 좋다. 가령 수용언어 문항 14번(사회적 상호작용 요구에 반응하기)의 경우 사회적 상호작용에 해당하는 활동 이름들을 특별히 표시해 두면 검사자가 신속히 확인하는 데 도움을 받을 수 있다. 또한 기록지에 메모해 두는 것도 도움이 될 수 있다. 예를 들어, 수용언어 기록의 문항 14번 옆에 E10 & E17을 적어 놓을 수 있는데, 이는 검사자가 문항 14번에서의 수행은 표현언어척도 문항 10번(일상놀이에 참여하기)과 문항 17번(놀이 상호작용 시작하기)이 함께 연결되어 있음을 기억하고, 이 두 문항을 동시에 채점할 수 있다는 것을 기억하는 데 도움을 준다. 이 외에도 수용언어 문항 8번(사물을 가지고 놀이 지속하기)은 문항 9번(활동 방해하기)과 연결된다. 기억하기 쉽게 검사자는 문항 8번과 9번을 연결하는 화살표를 표시해 둘 수 있다. 또한 기록지에 검사도구를 특별히 표시해 두는 것도 유용할 수 있다. 예를 들어, 검사자는 수용언어 문항 18번(금지어 이해하기)의 검사도구인 블록 6개(아동과 함께 놀이할 수 있는 활동 중 하나)를 특별히 표시해 둘 수 있다. 수용언어와 표현언어 문항들에 대한 철저한 사전 확인은 새로운 검사자라도 한 하위검사 내에서 그리고 두 하위검사 사이에서 서로 연결된 문항들을 확인하는 데 도움을 주며, 특히 한 문항의 채점이 다른 문항의 채점에도 영향을 미칠 수 있다는 것을 이해하는 데 도움을 준다.

언어척도를 다 실시하고 나서 아동의 전체 원점수$_{raw\ score}$를 계산하는 것은 비교적 쉬운 일이다. 각 하위 언어척도에서 아동이 통과한 문항 수를 세어서 기저선 이전의 문항 수와 더한다. 척도점수는 지침서에서 아동의 월령(혹은 환산연령)에 해당하는 표를 찾아서 아동의 원점수에 상응하는 수용언어$_{RC}$와 표현언어$_{EC}$ 척도점수를 찾으면 된다. 그다음에 수용언어와 표현언어 척도점수를 더해서, 언어척도 발달지수표에서 척도점수의 합에 상응하는 발달지수를 찾으면 된다. 이 표에서 백분위점수와 신뢰구간도 알 수 있다.

척도점수와 발달지수 모두 기록지 2쪽의 프로파일 그래프에 기록하여 해석하는 데 도움을 받을 수 있다. 이 그래프는 아동의 강점과 약점을 한눈에 보여주므로 전문가와 부모에게 도움을 준다. 검사자는 이런 차이가 통계적으로 유의미한지, 그리고 표준 샘플의 자료와 비교했을 때 그 차이와 얼마나 드문 것인지를 확인해야 한다. 점수차이 비교는 적응행동척도를 제외한 모든 척도점수 사이에서 가능하다. 점수차이 비교표를 사용하여 검사자는 두 척도점수를 입력하고 그 점수의 차이를 계산한다. 두 척도 간의 임계치를 찾아서 기록하고 나서, 점수차이가 임계치에서 제시하는 차이와 동일한지 아니면 임계치보다 더 큰지를 결정한다. 만약 임계치에서 제시하는 것보다 더 크다면 두 척도 간의 점수치이는 유의미한 것이 된다. 검사자는 부록의 표를 확인하여 표준화 샘플에서 이러한 점수 차이가 나타나는 빈도를 확인한다.

또한 성장 차트를 사용하여 각 하위검사마다 아동 연령에 따른 상대적인 성장수준을 계산할 수 있다. 성장점수의 평균은 500점이고 표준편차는 100점이며, 200점에서 800점까지의 범위를 갖는다. 각 하위검사의 성장 차트를 찾아서 아동의 현재 연령에 맞추어 전체 원점수에 해당하는 지점에 X 표시를 한다. 각 성장 차트의 곡선은 백분위점수 5에서 백분위점수 95에서의 또래의 성장을 나타낸다. 이는 특별히 또래와 비교하여 아동의 언어수준을 보여주며, 시간 경과에 따른 언어능력의 성장률을 추적하는 데 도움을 준다.

해석

언어척도 결과를 해석하는 것은 검사를 시작하는 순간부터 채점하는 순간까지 계속되는 과정이다. 검사자는 부모 혹은 양육자에게 물어보아 아동의 행동이 평소와 유사했는지를 확인해야 하고, 아동 및 아동 가족에 대해 알려진 정보들을 모두 고려해야 한다. 경험이 많은 전문가들은 아동의 언어점수 해석이 수많은 속성에 의해 영향을 받는다는 것을 알고 있다. 예를 들어, 검사 중 통과한 문항의 수, 각 문항에서 어떻게 수행했는지, 아동의 수행 대표성에 대한 부모 혹은 양육자의 의견, 검사 시 고려되어야 하는 아동의 특성(예 : 질병, 피로, 주의 정도, 본 검사 전에 수행된 검사의 분량, 검사자의 수용성), 그리고 검사 환경에서 아동의 의사소통 및 언어능력에 대한 검사자 자신의 지각 등이 포함된다. 두 명의 아동이 동일한 점수를 받았더라도, 이러한 요인에 따라서 결과 해석은 다소 달라질 수 있다.

이런 정보를 얻기 위해 Bayley-III 기록지의 행동관찰지를 사용할 수 있다. 행동관찰지는 아동 행동에 대한 검사자의 평가와 부모 혹은 양육자의 평가를 기록하는 용지로서, 이때 관찰해야 하는 것은 검사 수행능력에 영향을 미칠 수 있는 아동의 행동(예 : 긍정적 혹은 부정적 정서, 관계 맺기의 수월함, 각성, 불안수준)이다. 검사 경험이 있는 전문가라면 누구나 이런 요인 중 하나 혹은 이들 요인들이 결합하여 아동의 언어 수행에 영향을 미쳤던 사례들을 잘 알고 있을 것이다. 따라서 이러한 요인들을 확인한 후, 아동에 대한 보고서를 작성하는 것이 중요하다.

언어검사에서 아동의 행동을 관찰하는 것은 그 아동에게서 얻은 점수를 더 잘 묘사하고 설명하는 데 필요하다. 예를 들어, 검사결과 보고서를 읽는 사람은 기록된 아동의 행동을 염두에 두고 언어점수를 이해해야 한다. 대부분의 아동의 언어점수는 그 아동을 대표하는 점수로서, 앞으로 계속되는 개입 계획과 향상에 대한 모니터링의 토대가 될 수 있다. 하지만 언어검사에서 자신의 원래 능력만큼 수행하지 못한 아동들이 있으며, 이들의 점수는 실제 잠재능력을 반영하지 못할 수 있다. 이런 아동을 위하여 전문가와 부모는 추가적인 정보를 얻기 위한 전략을 세워야 한다.

예를 들어, 언어검사 결과를 보조하기 위한 자료로 교실 내에서의 관찰, 의사소통 및 언어 샘플, 혹은 부모와 교사의 보고가 필요할 수 있다. 장애인교육법의 기준에 따라서 프로그램에 대한 참여 적격성은 하나의 검사 혹은 측정 자료만을 참조해서는 안 된다. 그러므로 Bayley-III(척도별로 따로 사용한다면 언어척도)는 다른 평가도구들과 함께 사용할 수 있는 핵심적인 평가도구로서 아동의 참여 적격성을 결정하는 데 확증 정보로 사용하거나 추가 정보로 사용할 수 있다.

수용언어와 표현언어 검사점수의 비교는 아동의 점수를 해석하는 데 필수적인 부분이다. 예를 들어 수용언어의 점수가 표현언어의 점수보다 더 낮고 그 차이가 4점이라면, 규준 표본에서 이러한 점수차이가 발생할 수 있는 비율은 7.9%이다. 반대로 수용언어 점수가 표현언어 점수보다 더 높고 그 점수차이가 4점이라고 한다면, 규준 표본에서 이러한 점수차이가 발생할 수 있는 비율은 10.2%이다. Sattler(2001)에 따르면, 표본에서 10% 미만으로 발생하는 점수차이는 드물게 나타나는 것들이다. 특히 표현언어 능력이 더 우수한 방향으로 하위검사 간의 유의미한 차이를 보이는 아동들은 특정 장애(예 : 청각처리장애, 자폐증, 윌리엄스 증후군)를 암시할 수 있는데, 왜냐하면 이들 장애는 수용언어 능력보다 표현언어 능력이 더 높은 특징을 보이기 때문이다. 그리고 이러한 차이를 설명할 수 있는 모든 가능한 영향력, 가령 아동의 언어적, 문화적, 의학적, 신체적, 그리고 환경적 배경 등이 조사되어야 한다.

수용언어와 표현언어 하위검사 간의 공통 요인을 살펴보는 것이 개입계획 과정에서 도움이 될 수 있다. 일례로 사회적 상호작용에서 상호성을 보이지 않는 아동은 제스처와 다른 사람의 주의를 끄는 방법 역시 제한되어 있는 것 같다. 그러므로 전 언어적 능력과 사회적 상호작용 능력

(예 : 사회적 상호성, 제스처 사용, 소리 내기, 그리고 눈맞춤)의 강화에 집중된 개입은 타인의 주의를 이끄는 능력을 촉진시키는 데 도움이 될 것이고, 점차 단어 사용 능력과 단어 조합 능력에도 도움을 줄 것이다. 또한 일반적으로는 수용언어 능력이 표현언어 능력보다 더 높다는 것을 고려했을 때, 수용언어 능력이 낮은 아동은 수용언어 능력을 강화시키면서 동시에 표현언어 능력을 촉진시키는 것에 초점을 맞추어야 한다.

지연되거나 비전형적인 행동발달의 위험 지표를 살펴보는 것은 의사소통 능력에 초점을 맞춘 해석과 개입 계획을 할 때 도움이 될 수 있다. 여기에는 비전형적인 사회적 행동(특히 자폐 스펙트럼 장애로 특징화되는 행동들), 그리고 주의의 어려움, 운동과 움직임의 어려움, 청각 및 시각적 어려움 등 광범위한 범주들이 포함된다. 이러한 행동들을 인지하는 것은 검사자가 추가적인 검사의 필요성을 파악하는 데 도움이 될 수 있으며, 특히 의사소통 촉진에 초점을 맞춘 개입을 계획할 때 유용하다.

언어 결과를 해석하기 위한 추가적인 정보로서 아동의 발달지수에 대한 질적 분류를 사용할 수 있다. 질적 분류의 범위는 '최우수'에서부터 '발달지연'까지 있다. 해석 지침서의 표를 보면, 언어발달지수 점수에 해당하는 아동의 질적 분류를 확인할 수 있으며, 해당 분류에 속하는 표준 샘플의 백분율을 확인할 수 있다. 1,700개의 표본 점수에서 '최우수'와 '발달지연'에 속하는 아동은 각각 상위 2%와 하위 2.4%에 해당한다. 발달지수가 10% 미만에 속하는 아동들은 경계선으로 분류될 것이고 개입이 필요할 수 있다. 이러한 질적 분류를 사용하는 것은 아동이 얼마나 잘 수행했는지에 대해 기술적으로 묘사할 수 있게 해줄 뿐 아니라 아동의 강점 영역과 약점 영역을 확인하고 비교할 수 있게 해준다.

장점과 단점

Bayley-III는 장점이 많다. Bayley-III는 16일에서 42개월 15일의 연령 범위에 있는 아동을 대상으로 다양한 상황과 장소에서 사용될 수 있다. 미국 장애인교육법에 구체적으로 명시된 대로, Bayley-III는 다섯 가지 발달 영역에 대한 점수와 다양한 정보를 제공한다. 또한 Bayley-III의 주목적 중 하나는 다학제적으로 검사를 실시하는 것이다. 따라서 조기 중재팀들은 본 검사도구에 관심을 가져주길 바란다. 예를 들어, 언어병리학자는 지금까지 언어 영역만을 평가하는 검사도구를 사용하였다면, 타당하고 신뢰도가 높은 평가도구인 Bayley-III를 통해 다른 영역의 전문가들과 동일한 검사 프레임 안에서 언어능력을 측정할 수 있는 기회를 얻게 되는 장점이 있다. 게다가 Bayley-III는 여러 발달 영역을 한눈에 파악할 수 있는 프로파일을 보여주며, 성장 차트를 활용하여 검사 시점에 따라 점수를 비교할 수 있다는 점(예 : 개입 이전과 이후, 매년 리뷰) 역시 검사의 가치를 높여준다. 또한 대부분의 검사 모델(예 : 상호학문적, 다학제적, 초학문적)에서 사용 가능하다. 그리고 아동의 특성에 따라 최대한 능력이 발현될 수 있도록 수용언어와 표현언어 검사의 순서를 융통성 있게 실시할 수 있는 것 역시 강점이다. 검사 실시 장소 역시 융통성 있게 진행할 수 있다. 아동이 가장 편안하게 느끼는 장소에서 검사를 받을 수 있는데, 이는 아동의 언어능력을 더 쉽게 이끌어 낼 수 있다(예 : 가정, 어린이집 환경).

채점 과정과 기록지는 Bayley-III의 장점을 더해 준다. 한 문항의 시행에서 얻은 정보를 가지고 다른 문항을 채점할 수 있다. 특히 언어척도는 이러한 채점 과정이 매우 유용한데, 왜냐하면 어떤 아동들은 검사자가 요구한 것에 매번 언어로 '표현'하지 않을 수 있고, 검사 중 다른 시점에서 자발적으로 표현하기도 하기 때문이다. 또한 기록지에는 언어척도를 실시하는 데 필요한 모든 정보가 포함되어 있기에 아동을 참여시키고, 의사소통을 이끌어 내며, 검사 지시에 따르도록 하는 데 도움을 준다.

한 가지 유의사항이 있다면 언어척도 결과만으로 중요한 결정을 내리는 것은 피해야 한다. 이 결과들은 기타 다른 정보원, 예를 들어 인터뷰, 관찰, 다른 검사의 자료, 그리고 의학적 또는 기타 기록에서 얻은 정보로 보충되어야 한다. 검사자는 비공식적으로 아동과 상호작용을 하면서 의사소통 및 언어능력에 대한 추가적인 정보를 얻을 수 있다. 이는 특별히 맥락에 따라 다르게 나타날 수 있는 아동 행동의 차이를 고려하는 데 유용한 자료가 된다.

임상집단에서의 적용

언어척도는 다양한 유형의 의사소통과 언어장애 아동에게 사용할 수 있다. 또한 이 척도는 '경증'에서 '중증'의 장애를 보이는 아동에게 수정하여 실시될 수도 있다. 지침서에는 수정하여 실시하는 방법과 이러한 방법이 표준화된 실시방법과 본질적으로 다른지 아닌지에 대한 가이드라인을 제공해 주고 있다. 이 검사는 언어 지연 혹은 언어장애 때문에 의뢰되는 모든 아동에게 적절하며, 이때 언어문제가 주문제일 수도 있고 여러 문제 중 하나일 수도 있다. 하지만 심각한 신체적 혹은 감각적 장애를 지닌 아동에게 언어척도를 실시하는 것은 피해야 하는데, 왜냐하면 신체적 한계로 인해 그들의 능력을 정확하게 측정하는 것이 어려울 수 있기 때문이다.

Bayley-III 지침서에는 9개의 임상집단에서 얻은 수행 자료를 요약적으로 보고하고 있다. 이 보고를 통해 전문가들은 다양한 진단을 받은 아동들이 Bayley-III에서 어떻게 수행하는지를 알 수 있다. 또한 해당 아동의 언어 수행이 동일한 진단을 받은 아동들을 대표하는 수행인지를 고려할 때 전문가와 부모에게 유용한 정보를 제공한다.

아동의 언어능력을 평가하는 가장 인기 있는 도구 중 하나는 학령전기 언어검사PLS-4이다. 예상했던 대로 Bayley III 언어척도 점수와 PLS-4의 점수는 서로 상관관계가 높고, 두 검사 모두 유사한 구인을 측정하고 있다. Bayley-III 언어척도는 상호학문적 환경에서 근무하는 언어병리학자들에게 특별히 더 권장되는데, 왜냐하면 다른 영역의 전문가들과 함께 Bayley-III의 하위척도를 사용하여 검사함으로써 아동에 대해 더 통일된 평가를 할 수 있기 때문이다. 또한 Bayley-III는 다른 하위척도와의 비교를 쉽게 할 수 있게 하고, 추가 정보도 제공해 주기 때문이다(예 : 성장곡선, 비전형적인 전집의 점수, 하위척도 간의 통계적 차이의 비교). 그러므로 상호학문적 팀에 속해 있다면, Bayley-III 언어척도의 사용을 권한다.

사례연구 : 잭

30개월 남자 아동인 잭은 말이 늦고 부주의한 행동으로 인해 부모에 의해 의뢰되었다. 부모 보고에 따르면, 잭은 유아원에서도 지시를 잘 따르지 못하고 아이들과 잘 어울리지 못하며 선생님과 상호작용하는 능력 역시 부족하였다. 잭의 부모는 잭이 '적절한' 유아원 환경에 있는 건지 아닌지를 결정하는 과정에서 도움 받기를 원하였다.

📋 평가 전 계획

평가 일주일 전에 평가 팀원이 잭의 부모를 만났다. 미팅에서 잭에 대한 배경 정보를 얻고, 아동의 현재 능력과 관심사에 대해 확인하고, 부모의 걱정에 대해 이야기를 나누고, 부모가 평가로부터 얻길 바라는 것이 무엇인지 확인하였으며, 곧 실시될 평가에 대한 계획을 세웠다. 부모에 의해 제공된 배경 정보는 다음과 같다.

배경 정보

잭은 임신 및 출생 시 자궁 내 발육지연과 황달이라는 주목할 만한 과거력을 가지고 있었다. 그는 또한 여러 번의 축농증과 중이염, 고열, 폐렴 등의 병력이 있었다. 그는 18개월경에 만성부비동염 수술을 받았고, 24개월경에 편도/인두편도를 제거하고 중이염 환기관ventilation tube 삽입술을 받았다. 관이 삽입된 이후에 아동은 부모에 대한 반응이 더 좋아졌으며, 말과 소리를 더 많이 내기 시작하였다. 현재 음장검사sound field test를 통해 측정된 아동의 청각능력은 언어학습에 적절한 것으로 나타났다. 비록 말소리에는 거의 반응을 보이지 않았지만, 다른 소리에 대한 아동의 반응은 적절했다.

12개월경에 잭은 20~30개의 단어를 말할 수 있었지만, 지금은 그보다 더 적은 수의 단어를 말한다. 또한 아동의 주의를 얻는 것이 어려웠는데, 그나마 거친 몸싸움놀이를 하거나 알파벳을 말할 때가 유일한 예외상황이었다. 부모 보고에 따르면 아동은 부모가 자신에게 말하는 것을 대부분 이해하는 것 같은데 부모의 말을 무시하고 자신이 원하는 것만을 한다. 그는 소리나 단어를 조금 모방하기도 하지만, 스스로 자발적으로 하지는 않았다. 어떤 것을 원할 때 아동은 어른의 손을 끌어 사물이 있는 곳으로 데리고 갔다. 잭은 가끔 떼를 쓰는데, 부모는 그때마다 아동이 무엇을 원하는지 알 수 없다고 보고하였다. 그는 이름을 호명하거나 사물 이름을 말하면 거기에는 반응하지 않았지만, 성인이 알파벳이나 1에서 부터 10까지의 숫자를 말하면 해당 알파벳을 말하거나 숫자를 집어 들 수 있었다.

부모 보고에 따르면 잭은 사랑스럽고, 다정하고, 순하고, 쾌활하며, 부모와의 애착도 안정적인 것 같았다. 예를 들어, 그는 부모가 자리를 떠나고 낯선 이와 함께 있는 것을 거부하지는 않지만 부모가 돌아오면 행복해했다. 잭은 오랜 시간 혼자 놀이를 하였기에, 부모가 아동과 상호작용하기 위해서는 놀이 중간에 끼어들어야 했다. 그는 퍼즐을 가지고 노는 것과 비디오 보는 것을 좋아한다. 하지만 아동은 말이 나올 때는 보지 않다가, 크레딧(제작에 참여한 모든 사람의 이름을 적은 자막)이 나올 때만 보곤 하였다. 그는 상상놀이는 못하지만, 거친 신체놀이나 간지럽히기 게임을 좋아하였다. 그는 숨은 물체 찾기 문제를 잘 풀었다. 잭은 약간의 강박적인 성향을 보였다. 그는 자신의 장난감을 다른 사람이 옮기거나 재조직화하는 것을 좋아하지 않았다. 그는 종종 장난감을 일렬로 배열하였다. 그는 페이지를 빠르게 넘기면서 책을 보고, 부모가 그에게 책을 읽어주는 것을 좋아하지 않았다.

평가 계획

베일리 영유아 발달검사 제3판Bayley-III과 MBCDI-WG MacArthur-Bates Communicative Development Inventory-Words and Gesture 부모 보고형을 실시하였다. 또한 유아원에서 행동을 관찰하여 검사 상황 이외의 맥락에서 잭의 대한 정보를 얻으려고 하였다.

📋 유아원에서의 관찰

유아원에서 1시간 동안 아동의 행동을 관찰하고 교사와 면접한 결과, 잭은 수업에 참여하는 경우가 매우 적다는 것이 명백하였다. 그는 대부분의 시간을 이 영역에서 저 영역으로 교실을 돌아다니면서 보냈다. 그는 상호작용을 거의 하지 않았으며, 혹시 하게 되더라도 대부분 교사에 의해 시작되었다(예 : 기저귀 교환, 미술활동). 잭은 의미 있는 단어는 말하지 못하였고, 이해할 수 없는 소리만을 내었다. 그는 물체 혹은 장난감 몇 개를 집었다가 곧바로 떨어뜨렸다. 그는 수업활동에 거의 관심을 보이지 않았으며, 교실을 돌아다니면서 베이글을 먹는 것이 전부였다. 교사 보고에 따르면 그날 아동의 행동은 평소와 비슷했으며, 잭의 상호작용, 및 단어 사용 능력의 제한성과 일과를 잘 따르지 못하는 것에 대하여 걱정을 표하였다.

📋 검사결과와 행동관찰(언어검사 위주)

CDI-WG

부모 보고에 의해 이루어진 CDI-WG에 따르면, 잭의 표현 및 수용언어 능력은 제한되어 있었다. 그의 점수는 백분위점수 10 미만에 해당하였다. 잭은 간단한 문장(예 : "안 돼", "그거 엄마 주세요.")과 몇 개의 단어들(예 : 엄마, 아빠, 누나, 공, 개, 안 돼, 먹어, 신발, 목욕, 침대, 밖에)에 반응하였지만 일관성 있게 반응하지는 못하였다. 그는 10개의 단어를 사용하여 사물 이름을 명명할 수 있었지만 요구하지는 못하였다. 그는 1에서 10까지의 수세기를 할 수 있으며, 알파벳 글자를 대부분 말하였다. 그는 약간의 제스처(예 : 안아달라고 팔 벌리기, 물건 밀쳐 내기)를 사용하였으며, 까꿍놀이와 잡기놀이를 하였다. 그는 사물에 대한 간단한 행동 지식(예 : 포크 사용하기, 머리빗 사용하기)을 나타내었고, 때때로 어른들의 행동을 흉내 내기도 하였다(예 : 안경 쓰기, 모자 쓰기).

Bayley-III 언어검사

부모가 옆에서 과제에 참여할 수 있도록 도와준다면, 잭은 언어 평가 활동의 대부분을 착석하여 참여할 수 있었다. 잭의 언어능력이 연령에 비해 낮다는 것을 알고 있기에, 검사자는 그의 생활연령보다 아래 문항에서 검사를 시작하였다. 시작점 문항[2](수용언어 문항 20번, 사물 인식하기 시리즈 : 3개)이 잭의 능력을 상회하는 것처럼 보여, 검사자는 문항 15번(사물 인식하기 시리즈 : 3개)에서 검사를 시작하였다. 검사자가 '책'이라고 명명하자 잭은 즉시 책을 쳐다봄으로써 적절하게 반응하였지만, 컵과 숟가락에는 반응하지 않았으며, 공은 쳐다보았지만 인형에 대해서는 그러지 못하였다. 예상대로 아동은 문항 19번(사물 인식하기 시리즈 : 3개)은 통과하지 못했다.

문항 16번(주변에 있는 사물 인식하기)에서, 잭이 좋아하는 자석그림판 magnadoodle이 주변에 있기에 검사자는 그것이 어디 있는지, 그리고 '그림 그리기' 원하는지를 물어보았다. 자석그림판이 어머니의 가방에서 불쑥 튀어나와 있었음에도 불구하고 아동은 그것을 찾지 않았다. 부모 보고에 따라 아동이 알 것이라고 생각되었던 다른 단어들(예 : 신발, 바지)을 물어보았지만, 그는 그것들에도 반응하지 않았다. 어쩔 수 없이 검사자는

---

2) 미국판 수용언어척도의 N단계 시작점 문항은 19번 '사물 인식하기 시리즈 : 3개'였으나, 한국판에서는 문항 난이도의 차이로 인해 19번에는 '한 문장 지시문 따르기'가 배치되었으며, '사물 인식하기 시리즈 : 3개'는 20번에 배치되어 있다. 이 책은 번역서이므로 미국판의 문항 순서를 따르고 있다.

문항 13번으로 시작점을 이동하였다. 검사자는 몇몇 사회적 게임들(예 : 까꿍놀이, 거미줄놀이)을 시도했지만, 아동은 쳐다보거나 혹은 반응하지 않았다. 간지럼을 태우니 아동은 그제야 웃고 미소 지었으며, 심지어 검사자의 손을 자신의 배 위에 올려놓으며 더 해달라고 요구하였다. 이후 검사자가 손가락을 위로 들어올려 '간지럼'을 피울지를 물어보았으며(문항 14번), 아동은 이 요구 및 다른 사회적 요구들('까꿍놀이')에 대해 반응하지 않았다. 그래서 검사자는 문항 10번으로 이동했다. 놀이하는 동안 자신의 이름이 호명되었는데도 잭이 반응하지 않아 검사자는 다시 문항 8번으로 이동하였다. 잭은 장난감에 쉽게 관심을 주지 않았지만, 적어도 1분 동안 연필을 가지고 낙서할 수 있었다(문항 8번). 하지만 아동은 자신의 이름이 호명되거나 사물이 명명될 때도 반응하지 않았다(문항 9번).

문항 6번으로 시작점을 내려가서 실시하니, 잭은 종소리가 나는 방향으로 고개를 돌렸고, 딸랑이 소리에 반응하였다(문항 7번). 잭은 이들 문항들과 문항 8번(사물을 가지고 놀이 지속하기)을 포함하여 문항 3개를 연속적으로 맞추며 시작 규칙을 통과할 수 있게 되어 검사자는 이 문항에서부터 이전에 시행하지 않았던 문항들을 실시하였다. 잭은 사물 혹은 사진이 제시되지 않으면 친숙한 단어라도 반응하지 않았지만(문항 11번), '안 돼'에는 반응했다(문항 12번). 아동은 문항 13번(다른 사람의 일상 놀이에 참여하기)과 문항 15번(사물 인식하기 시리즈 : 1개)은 통과했지만, 문항 14번(사회적 상호작용 요구에 반응하기)과 문항 16번(주변에 있는 사물 인식하기)은 통과하지 못했다. 그래서 검사자는 문항 17번(그림 인식하기 시리즈 : 1개)으로 이동하여 잭에게 사진책 그림을 보여주니, 아동은 '개'와 '공'을 쳐다보며 2개의 사진에는 올바르게 반응할 수 있었지만, 다른 사진을 명명할 때는 명확하게 쳐다보지 못했다(문항 21번, 그림 인식

하기 시리즈 : 3개). 잭은 문항 18번의 금지어(예 : 기다려, 멈춰, 내 차례야)에 반응하지 않았고, 문항 19번(사물 인식하기 시리즈 : 3개)도 통과하지 못했으며, 한 문장 지시문을 따르거나(문항 20번) 옷 종류를 인식하는 것 역시 하지 못했다(문항 22번). 아동은 5개의 문항에서 연속해서 실패하여 수용언어 하위검사 실시를 여기서 중지하였다.

　표현언어 하위검사는 짧은 휴식 후에 실시되었다. 잭은 검사 동안 몇 개의 단어(예 : 개, 안 돼, 공)를 사용하였으니 문항 23번에서 요구하는 단어의 수인 8개에는 미치지 못하였다. 그래서 검사자는 문항 20번(사물 명명하기 시리즈 : 1개)으로 시작점을 이동하였다. 잭은 이미 그전에 '공'이라고 명명하였으며, 책을 보자고 하자 밀어내는 제스처와 함께 '아니'라는 말을 하였다. 그러므로 아동은 문항 20번과 문항 21번(단어와 제스처 함께 사용하기)에서 점수를 받았다. 아동은 사진책을 이용한 어떤 문항에도 명명하는 반응을 보이지 않았으며(문항 22번), 책으로 주의를 끄는 것이 쉽지 않았다. 검사자는 적절한 시작점을 찾기 위해 문항 17번(놀이 상호작용 시작하기)으로 내려갔고, 배를 간지럽힐 때 아동이 검사자의 손을 가져가서 또 해달라고 요청했던 이전의 행동으로 인해 점수를 받았다. 또한 잭은 검사 동안 2개의 단어(싫어, 공)를 사용했기에 문항 18번(단어 적절하게 사용하기 시리즈 : 2개)을 통과했다. 아동은 문항 23번(단어 적절하게 사용하기 : 8개)에서 점수를 받지 못했지만, 그의 욕구를 명확하게 표시하기 위해서 '아니'라는 단어를 사용했기 때문에 문항 19번은 통과했다. 아동은 3개의 문항(문항 17~19번)에서 연속적으로 통과하여 시작 규칙을 통과하였다. 검사자는 문항 24~26번으로 옮겨갔으나, 잭은 통과하지 못했다. 부모 보고에 따르면, 질문을 했을 때 아동은 '예' 혹은 '아니요'를 사용하여 반응하지 않으며(문항 24번), 모방도 하지 않으며(문항 25번), 두 단어 문장을 사용하지 않는다(문항 26번)고 하였다. 결국 잭은 5개의 문항을 연속적으로 실패하여 여기서 검사 실시를 중지하였다.

검사자는 검사의 끝부분으로 갈수록 잭과 그의 부모를 위하여 성공 경험의 필요성을 인식하여, 몇몇 검사도구들을 꺼내어 잭과 함께 숨바꼭질 놀이를 하였다. 이러한 놀이를 통해 어떻게 아동과 관계를 맺고 사물을 명명하는지를 부모들에게 모델링해 주며 교육할 수 있다. 검사자가 각각의 사물을 짧은 간격을 두고 여러 번 명명하자, 잭은 잠시나마 컵이나 숟가락을 찾는 행동을 보였다. 자석그림판을 꺼내어 어머니가 거기에 여러 알파벳을 적으니, 잭이 알파벳 소리와 유사한 소리를 내었다. 검사 후에 검사자는 잭의 부모와 함께 아동의 행동관찰지를 완성했다. 그들은 아동의 검사 행동들이 거의 평소와 비슷했으며, 그들이 기대했던 것보다 더욱 협조적이었다고 말했다. 이는 신속하게 진행되는 Bayley-III의 활동과 언어척도에 사용되는 흥미로운 검사도구 때문일 것이다.

Bayley-III 결과

잭은 수용언어 척도문항 중에서 12개 문항에서 통과하였고(척도점수 2점), 표현언어 척도문항 중에서는 21개 문항에서 통과하여(척도점수 5점), 언어척도 척도점수 합계는 7점이었다. 아동의 언어발달지수는 62점이었으며, 백분위점수 1에 해당하였다. 아동의 의사소통 능력은 자신의 나이에 일반적으로 기대되는 것보다 훨씬 더 아래에 있었다. 아동은 수용언어와 표현언어 사이에 통계적으로 유의미할 정도로 상당히 큰 차이가 있었으며, 특히 표현언어가 더 발달되어 있었는데, 이러한 차이는 흔히 나타나는 형태가 아니다. 잭은 환경 안의 소리에는 반응할 수 있었지만, 자신의 이름이나 단어에 대해서는 일관성 있게 반응하지 못했다.

이러한 반응은 청각손실이 있지 않는 이상 매우 드문 경우이다. 그는 알파벳 글자들에 가장 잘 반응했는데, 이러한 특성 역시 그의 발달단계에 있는 아이들에게서 흔히 나타나는 특성이 아니다. 잭은 검사자와 그의 부모에게 짧게 주의집중을 할 수 있다. 그러나 아동의 주의집중은 일관성이 없었으며, 30개월 아이에게 기대되는 것보다 훨씬 덜 반응적이었다. 그의 주의집중은 교실에서 관찰될 때보다 1:1로 구조화된 상황 속에서 더욱 좋았다.

잭의 표현언어 역시 제한적이었는데, 의미 있는 단어를 거의 사용하지 않았으며(자석그림판에 알파벳 글자를 명명하는 것이 전부), 눈맞춤도 제한적이었으며(간지럽히기 활동을 하는 동안만 제외), 제스처도 제한적이었으며, 발성도 드물고(원하는 것을 얻지 못했을 때 소리 내기), 그리고 성인을 향한 의사소통 시도도 드물었다(예 : 약간의 저항하기, 간지럽혀 달라고 손 위에 손을 올려놓는 방식으로 요구하기). 아동이 의사소통하려는 주요한 이유는 다른 사람들의 행동을 조절하고(예 : 자신이 원하는 것 얻기, 사물 밀어내기), 간지럽히기 게임과 같이 간헐적으로 사회적 상호작용을 위해서였다. 잭은 사물을 가지고 하는 기능놀이도 매우 드물었으며(공과 자석그림판을 제외하고), 상징놀이 역시 보이지 않았다.

사례 결론

Bayley-III 검사결과 잭은 언어(발달지수 62점, 백분위점수 1), 인지(발달지수 75점, 5%), 사회정서(발달지수 55점, 0.1%), 그리고 적응능력(발달지수 45점, <0.1%)에서 상당한 지연을 보이고 있다. 이러한 영역에서 잭의 발달은 자신의 생활연령보다 한참 아래에 있다. 반면 잭의 운동능력은 정상 범위(발달지수 88점, 백분위점수 16) 내에 있어서 아동의 강점

이라고 할 수 있다. 모든 검사자는 잭의 수행이 주의 및 상호작용 능력의 제한성에 의해 영향을 받는다고 언급했고, 검사결과가 아동의 전반적인 능력보다 평가절하되었을지도 모른다고 조심스럽게 말하였다.

언어검사 결과 잭은 전 언어적 의사소통 및 놀이기술이 제한되어 있었다. 아동은 제스처 사용이 제한되어 있고, 알 수 없는 발성을 이따금씩 하였으며, 눈맞춤도 제한되어 있어서 자신이 필요로 하는 것을 일관성 있게 얻을 수 없었다. 게다가 다른 사람과의 관계에서도 주어진 과제/내용에 따라 매우 다른 모습을 보였다. 표현언어는 수용언어보다 높았지만, 비전형적인 패턴을 나타냈다. 더욱이 잭이 보이는 행동은 대부분 ASD 아이들이 보이는 비전형적인 사회적 기술에 해당하며 발달적 위험 지표로 분류되었다.

더 나아가 잭은 DSM-IV-TR(American Psychiatric Association, 2000)의 가이드라인에서 제시하고 있는 자폐 진단 기준을 충족시키는 행동들을 보였다. '사회적 상호작용의 질적 손상' 영역에서 잭은 다른 사람들과의 상호작용이 제한되어 있어서, 즐거움과 흥미를 공유하기 위해 다른 사람들의 주의를 구하지 않았으며, 간지럽히기 게임과 글자와 숫자들을 제외하곤 거의 사회정서적 상호작용을 보이지 않았다. 아동은 수용언어와 표현언어를 모두에서 의사소통 능력의 상당한 손상을 보였으며(예 : 의미 있는 단어를 거의 사용하지 않고, 구어에 거의 반응하지 않음), 놀이기술 역시 매우 제한되어 있었다(예 : 제한된 기능놀이와 상징놀이의 부재). 잭은 글자 및 숫자에 대한 강한 관심, 음식이나 장난감의 위치에 대한 강박관념, 그리고 사물의 부분에 대한 선점을 포함하여, 매우 제한된 범위의 흥미를 보여주었다. 이상과 같이 잭은 자폐 진단에 필요한 각각의 세 부분을 포함하는 다중의 행동을 보여주었다.

연구진은 잭의 부모에게 검사결과에 대해 보고하면서 아동의 운동 및 시공간적 능력, 숫자와 글자에 대한 관심, 더 구조화된 상황에서 집중하는 능력, 독립적 문제 해결 능력, 그의 부모와 함께하는 놀이를 즐기는 것, 그리고 몇몇 활동(예 : 자석그림판, 비눗방울놀이)에 대한 참여 등 잭의 강점을 짚어주었다. 자폐 진단에 대해서 의논할 때, 그의 부모는 친족 중 두 사람(아버지의 삼촌, 사촌)이 자폐를 보였고, 다른 가족들이 잭 또한 자폐 스펙트럼 장애가 아닐까 걱정했다고 말했다. 연구진은 영역별 검사결과와 행동관찰, 그리고 가정에서의 아동의 행동에 대한 부모의 보고를 토대로 진단의 기반을 삼을 수 있었다. 진단이 내려지면서 연구진은 잭을 위한 최적의 학습 환경의 잠재적 특징들을 강조했고, 언어 서비스에 대한 추천과 함께 교사 및 부모에게 집중적인 조기 개입을 제공할 것을 제안했다.

또한 아동의 부모는 그의 강점을 사용하는 방법(예 : 간지럽히기 게임, 알파벳 글자, 숫자)에서부터 다른 영역(사회적 참여)에서의 능력을 키우는 법을 포함하여, 잭의 사회적 능력과 의사소통 능력을 키우기 위한 여러 가지 방법을 제공받았다. 책에 거의 관심을 두지 않는 아동의 특성을 고려할 때, 처음에 글자 혹은 숫자가 있는 책을 사용하고, 사진과 짝을 이룬 일상사물이 담긴 책을 사용할 것이 제안되었다. 그리고 초기의 놀이는 이후 언어능력에 대한 강한 예측 변수로 작용한다는 것을 인식하면서, 부모는 아동의 기능놀이와 상징놀이를 발달시키는 데에 초점을 맞출 것을 권고 받았다. 또한 제스처와 다른 전 언어적 행동들 역시 개인의 욕구를 충족시키기 위한 초기 수단일 뿐 아니라 이후의 언어능력을 예측한다. 잭은 주로 접촉 제스처(예 : 잡아당기기, 손 밀치기)를 사용하여 타인의 행동을 조절하고자 하였다. 아동은 행동목록 및 행동조절법(예 : 주기, 소리 내며 다가가기, 눈맞춤)을 확장시킬 필요가 있다. 또한, 아동은 더 많은 사회적 제스처와 공동주의하기(예 : 보여주기, 주기, 가리키기)를 발달시킬 필요가 있다. 이러한 제스처를 향상시킬 수 있는 초기 전략으로 사회적 상호작용(예 : 가방을 집어 주고 그 안의 물건 꺼내도록 하기)과 행동 요구(예 : 비눗방울 통이나 모자 맞바꾸기)를 사용할 수 있다. 아동의 부모는 일상사물의 이름을 계속해서 부르고 그 사물을 가지고 게임(예 : 물건 숨기기, 씻기, 먹는 척하기)함으로써 이해와 산출능력에 지속적으로 초점 맞출 것을 권고 받았으며, 아동의 사회적 인식과 다른 사람에 대한 반응을 증진시키고 어휘발달(예 : 머리, 어깨, 무릎, 발)도 향상시킬 수 있는 사회적 놀이를 할 것을 권고 받았다.

요약

Bayley-III(Bayley, 2006)는 평가과정에서 많이 사용되고, 조기 개입 서비스가 필요한 발달장애 아이들을 파악하는 데 도움이 될 수 있다. 특히 Bayley-III는 아이의 강점과 약점에 대한 풍부한 정보를 제공하고, 특별한 개입이 필요한 영역을 집어내는 데 도움을 준다. 잭의 사례연구를 통해서 Bayley-III의 언어척도가 표현과 수용언어 능력뿐만 아니라, 전 언어적 행동, 의사소통 기능, 그리고 사회적 상호작용에 주안점을 둔다는 것을 알 수 있다. 잭의 언어능력뿐 아니라 언어능력 간의 차이를 파악하는 것이 핵심 정보이다. 언어척도의 자료는 Bayley-III의 다른 척도와 합쳐져서 잭의 능력에 대한 전반적인 그림을 그리는 데에 중요하게 사용될 수 있다. 이 정보는 임상적 관찰 및 부모 보고와 함께 잭을 진단하고 개입 계획을 세울 때 전문적인 판단과 의사결정을 내리는 데 도움을 주었다. 전문가에 의해 시행된 검사와 부모 보고, 그리고 임상적으로 관찰된 측정들을 결합함으로써 잭에 관한 가장 종합적인 설명을 할 수 있었다. 아동의 평가결과에 대해 전문가와 가족 간의 궁극적인 합의는 초기 개입 과정에서 공동의 작업을 위한 토대를 마련할 것이다. Bayley-III는 이러한 합의를 이끌어 내는 데 유용하게 사용될 수 있다.

Q 참고문헌

American Psychiatric Association. (2000). *Diagnostic and Statistical Manual-IV-TR*. Arlington, VA: American Psychiatric Association.

American Speech-Language-Hearing Association. (2008). *Roles and Responsibilities of Speech-Language Pathologists in Early Intervention: Guidelines*. Available from www.asha.org/policy.

Baranek, G. T. (1999). Autism during infancy: A retrospective video analysis of sensory-motor and social behaviors at 9–12 months of age. *Journal of Autism and Developmental Disorders, 29,* 213–224.

Barrera, I., & Corso, R. (2002). Cultural competency as skilled dialogue. *Topics in Early Childhood Special Education, 22(20),* 103–113.

Bayley, N. (1993). *Bayley Scales of Infant Development* (2nd ed.) (*Bayley-II*). San Antonio, TX: The Psychological Corporation.

Bayley, N. (2006). *Bayley Scales of Infant and Toddler Development* (3rd ed.) (*Bayley-III*). San Bloomington, MN: Pearson.

Bernheimer, L., & Weismer, T. (2007). "Let me tell you what I do all day...": The family story at the center of intervention research and practice. *Infants and Young Children, 20(3),* 192–201.

Brady, N., Marquis, J., Fleming, K., & McLean, L. (2004). Prelinguistic predictors of language growth in children with developmental disabilities. *Journal of Speech, Language, and Hearing Research, 47,* 663–677.

Bronfenbrenner, U., & Morris, P. A. (1998). The ecology of developmental processes. In W. Damon, & R. M. Lerner (Eds.), *Handbook of Child Psychology* (5th ed.), *Theoretical Models of Human Development* (pp. 993–1028). New York, NY: Wiley.

Bruner, J. (1981). The social context of language acquisition. *Language and Communication, 1,* 155–178.

Calandrella, A., & Wilcox, J. (2000). Predicting language outcomes for young prelinguistic children with developmental delay. *Journal of Speech, Language, and Hearing Research, 43,* 1061–1071.

Carson, P. C., Klee, T., Carson, D. K., & Hime, L. K. (2003). Phonological profiles of 2-year-olds with delayed language development: Predicting clinical outcomes at 3. *American Journal of Speech-Language Pathology, 12,* 28–39.

Chapman, R. S. (2000). Children's language learning: An interactionist perspective. *Journal of Child Psychology and Psychiatry, 41(1),* 33–54.

Charman, T., Baron-Cohen, S., Swettenham, J., Baird, G., Drew, A., & Cox, A. (2003). Predicting language outcome in infants with autism and pervasive developmental disorder. *International Journal of Language and Communication Disorders, 38*, 265–285.

Colgan, S., Lanter, E., McComish, C., Watson, L., Crais, E., & Baranek, G. (2006). Analysis of social interaction gestures in infants with autism. *Child Neuropsychology, 12*(4), 307–319.

Crais, E. (2010). Testing and beyond: Strategies and tools for evaluation and assessment of infants and toddlers. *Language, Speech, Hearing Services in Schools*, in press.

Crais, E., Watson, L., & Baranek, G. (2009). Use of gesture development in profiling children's prelinguistic communication skills. *American Journal of Speech-Language Pathology, 18*, 95–108.

Dunst, C. J., Hamby, D., Trivette, C. M., Raab, M., & Bruder, M. B. (2000). Everyday family and community life and children's naturally occurring learning opportunities. *Journal of Early Intervention, 23*(3), 156–169.

Fenson, L., Marchman, V. A., Thal, D., Dale, P., Reznick, J. S., & Bates, E. (2006). *The MacArthur-Bates Communicative Development Inventories* (2nd ed.). Baltimore, MD: Paul H. Brookes Publishing Company.

Filipek, P. A., Accardo, P. J., & Baranek, G. T. (1999). The screening and diagnosis of autistic spectrum disorders. *Journal of Autism Developmental Disorders, 29*, 439–484.

Fuchs, D., Fuchs, L., Power, M., & Dailey, A. (1985). Bias in the assessment of handicapped children. *American Educational Research Journal, 22*, 185–197.

Fuchs, D., Fuchs, L., Benowitz, S., & Barringer, K. (1987). Norm-referenced tests: Are they valid for use with handicapped students? *Exceptional Children, 54*, 263–271.

Greenspan, S. I., DeGangi, G. A., & Weider, S. (2001). *The Functional Emotional Assessment Scale (FEAS) for Infancy and Early Childhood: Clinical and Research Applications*. Bethesda, MD: Interdisciplinary Council for Developmental and Learning Disorders.

Guralnick, M. J. (2005). *The Developmental Systems Approach to Early Intervention*. Baltimore, MD: Brookes.

Individuals With Disabilities Education Improvement Act of 2004, 34 C.F.R. § 300.7 (2004).

Lyytinen, P., Laakso, M., Poikkeus, A., & Rita, N. (1999). The development and predictive relations of play and language across the second year. *Scandinavian Journal of Psychology, 40*, 177–186.

Lyytinen, P., Poikkeus, A., Laakso, M., Eklund, K., & Lyytinen, H. (2001). Language development and symbolic play in children with and without familial risk of dyslexia. *Journal of Speech, Language, and Hearing Research, 44*, 873–885.

McCathren, R. B., Yoder, P. J., & Warren, S. F. (2000). Testing predictive validity of the communication composite of the Communication and Symbolic Behavior Scales. *Journal of Early Intervention, 23*(3), 36–46.

McEvoy, R., Rogers, S., & Pennington, R. (1993). Executive function and social communication deficits in young autistic children. *Journal of Child Psychology and Psychiatry, 34*, 563–578.

Mundy, P., & Gomes, A. (1998). Individual differences in joint attention skill development in the second year. *Infant Behavior and Development, 21*, 469–482.

Mundy, P., Sigman, M., Ungerer, J., & Sherman, T. (1986). Defining the social deficits of autism: The contribution of non-verbal communication measures. *Journal of Child Psychology and Psychiatry, 27,* 657–699.

Mundy, P., Kasari, C., Sigman, M., & Ruskin, E. (1995). Nonverbal communication and early language acquisition in children with Down syndrome and in normally developing children. *Journal of Speech and Hearing Research, 38,* 157–167.

NICHD Early Child Care Research Network. (2005). Pathways to reading: The role of oral language in the transition to reading. *Developmental Psychology, 41*(2), 428–442.

Paul, R. (2000). Understanding the "whole" of it: Comprehension assessment. *Seminars in Speech and Language, 21*(3), 10–17.

Paul, R., & Jennings, P. (1992). Phonological behavior in toddlers with slow expressive language development. *Journal of Speech and Hearing Research, 35,* 99–107.

Paul, R., Looney, S., & Dahm, P. (1991). Communication and socialization skills at ages 2 and 3 in "late-talking" young children. *Journal of Speech and Hearing Research, 34,* 858–865.

Sackett, D. L., Straus, S. E., Richardson, S. R., Rosenberg, W., & Haynes, R. B. (2000). *Evidence-based Medicine: How to Practice and Teach EBM* (2nd ed.). London: Churchill Livingstone.

Sameroff, A. J., & MacKenzie, M. J. (2003). Research strategies for capturing transactional models of development: The limits of the possible. *Development and Psychopathology, 15,* 613–640.

Sandall, S., Hemmeter, M. L., Smith, B. J., & McLean, M. E. (2005). *DEC Recommended Practices: A Comprehensive Guide for Practical Application in Early Intervention/Early Childhood Special Education.* Longmont, CA: Sopris West Education Services.

Sattler, J. (2001). *Assessment of Children: Cognitive Applications* (4th ed.). San Diego, CA: Author.

Slaughter, V., & McConnell, D. (2003). Emergence of joint attention: Relationships between gaze following, social referencing, imitation, and naming in infancy. *Journal of Genetic Psychology, 164*(1), 54–71.

Summers, J. A., Hoffman, L., Marquis, J., Turnbull, A., & Poston, D. (2005). Relationship between parent satisfaction regarding partnerships with professionals and age of the child. *Topics in Early Childhood Special Education, 25*(1), 48–58.

Thal, D., Tobias, S., & Morrison, D. (1991). Language and gesture in late talkers: A one year follow-up. *Journal of Speech and Hearing Research, 34,* 604–612.

Wetherby, A., Cain, D., Yonclas, D., & Walker, V. (1988). Analysis of intentional communication of normal children from the prelinguistic to the multiword stage. *Journal of Speech and Hearing Research, 31,* 240–252.

Wetherby, A., Allen, L., Cleary, J., Kublin, K., & Goldstein, H. (2002). Validity and reliability of the Communication and Symbolic Behavior Scales Developmental Profile with very young children. *Journal of Speech, Language, and Hearing Research, 45,* 1202–1218.

Wetherby, A., Goldstein, H., Cleary, J., Allen, L., & Kublin, K. (2003). Early identification of children with communication disorders: Concurrent and predictive validity of the CSBS Developmental Profile. *Infants & Young Children, 16,* 161–174.

Whitehurst, G., Fischel, J., Arnold, D., & Lonigan, C. (1992). Evaluating outcomes with children with expressive language delay. In S. F. Warren, & J. Reichle (Eds.), *Causes and Effects in Communication and Language Intervention, Vol. 1* (pp. 277–313). Baltimore, MD: Brookes.

Wilson, S., & Cradock, M. (2004). Review: Accounting for prematurity in developmental assessment and the use of age-adjusted scores. *Journal of Pediatric Psychology, 29*(8), 641–649.

Zero to Three. (2005). *Diagnostic Classification of Mental Health and Developmental Disorders of Infancy and Early Childhood* (Revised ed.) (DC: 0-3R). Washington, DC: Zero to Three Press (DC: 0-3R).

Zimmerman, I., Steiner, V., & Pond, R. (2002). *Preschool Language Scale* (4th ed.). Bloomington, MN: Pearson.

Zwaigenbaum, L., Bryson, S., & Rogers, T. (2005). Behavioral manifestations of autism in the first year of life. *International Journal of Developmental Neuroscience, 23*, 143–152.

4장

Bayley-III 운동척도

Jane Case-Smith[1] and Helen Alexander[2]

[1]*Division of Occupational Therapy, School of Allied Medical Professions, The Ohio State University, Columbus, OH*
[2]*The Nisonger Center, The Ohio State University, Columbus, OH*

서론

대근육 및 소근육운동기술은 아동의 전반적인 발달에서 필수적이다. 아동은 운동기술motor skills을 통해 환경을 탐색할 수 있고 사물을 가지고 놀수 있다. 팔을 뻗거나 잡음으로써 자신의 관심을 보여주기도 하고 걷거나 뛰는 이동능력을 통해 독립성을 보여주기도 한다. 아동은 운동기술을 발달시키면서 일상생활 기술(예 : 먹기)과 이동성을 숙달한다. 아동이 움직이고 환경을 탐색하는 능력은 지각, 인지, 그리고 사회적 학습에 영향을 미친다.

내용

신경 성숙

베일리 초판(1969) 이래로 아동기의 운동기술 발달에 대한 우리의 이해는 진화되어 왔다. Bayley-III 척도들은 운동발달에 대한 이러한 확장된 관점을 반영하고 있다. 1판의 척도들은 영아발달이 신경 성숙과 유전적 자질을 반영한다고 가정하였고 이러한 가정을 기반으로 보편적인 발달을 나타내는 표준화된 일련의 절차들을 도출하였다. 발달은 획일적인 것으로 생각되었고 아동이 운동기술을 수행하는 데 있어서 개인 차이에는 큰 관심이 없었다. 발달지연은 유전적 자질 혹은 신경적 결함에서 기인하는 것으로 생각되었고 영아의 학습 기회에 대해서는 고려하지 않았다. 베일리 척도 1판이 출간된 이래로 연구자들(예 : Gibson & Walker, 1984; Thelen, 2003; Spencer et al., 2006)은, 대부분의 영아들이 전형적으로 발달하지만 발달 중인 영아가 특정한 기술을 수행하는 방식은 다양하다는 것을 입증해 왔다. 예를 들어, 초기 팔뻗기(Thelen, Corbetta, Kamm, Spencer, Schneider, & Zernicke, 1993)와 기기 패턴(Adolph, Eppler, & Gibson, 1993)은 영아마다 다르다. 이들 연구자들을 포함한 몇몇 연구자들은 영아가 기능적 목적을 가지고 운동 동작motor action을 조직화한다는 것을 입증하였다(Thelen, 1995; Newell & McDonald, 1997; Lockman,2000). 운동기술의 발달은 아동에게 어떠한 물리적 환경이 주어지느냐에 의해 영향을 받는다. 다르게 움직일 수 있는 가능성을 탐지하면 아동은 운동 패턴을 변경한다. 새로운 운동기술과 움직임을 배우는 것은 여러 가지 요인의 복잡한 상호작용이다. 영아 및 아동의 근력과 균형능력이 발달해 가면서 행동의 가능성을 탐지하는 능력이 향상된다. 아동들은 새로운 움직임을 시도해 보고 그 결과를 통해 학습해 간다(Adolph et al., 1993; Bushnell & Boudreau, 1993; Gottlieb, 1997; Lockman, 2000; Berger & Adolph, 2007).

Bayley-III 운동척도는 최근 운동발달 연구에서 떠오르고 있는 네 가지 개념을 반영하고 있다.

1. 운동기술은 신체 체계, 특히 감각, 지각, 신체역학적 체계의 상호작용을 통해 발달한다.
2. 학습과 발달은 아동의 사회적 · 물리적 맥락에 의해 큰 영향을 받는다.
3. 아동이 어떻게 운동기술을 수행하는지는 아동 개개인에 따라 다양하다.
4. 기능적 결과functional outcomes는 아동의 운동기술 발달의 원동력이 된다.

운동발달에서 신체 체계 간 상호작용의 영향

신경 성숙의 위계적 모델(Halverson,1937; Gesell & Amatruda, 1947)과는 달리 체계이론system theory(또는 역동체계이론dynamic system theory)은 유연한 신경 구조화를 제안하는 모델로서 통제와 협응기능이 단일한 위계적 수준에 귀속되어 있다기보다는 체계 내의 많은 요소에 분배되어 있다고 설명한다(Van Sant, 1990). 영아의 행동은 수많은 내외부 체계 간의 상호작용에서 나온다. 대근육운동기술의 발달에 영향을 미치는 요인에는 영아의 체격, 몸무게, 신체역학적 특성, 신경학적 성숙, 물리적 환경 등이 있다. 소근육운동기술에 영향을 미치는 요인은 신체역학적 특성, 지각능력, 감각, 인지 등이 있다(Gordon & Forssberg, 1997; Newell & MacDonald, 1997).

예를 들면, 영아가 사물을 향해 팔을 뻗는 패턴은 팔의 무게, 관절의 강직, 근력, 그리고 눈과 손의 협응과 같은 신체역학 및 운동학적 요인에 의해 결정된다. 영아의 팔뻗기 패턴은 또한 아동이 이전의 팔뻗기와 잡기 시도에서 얼마나 성공적이었는지, 사물을 획득하기 위해 얼마나 의욕이 있었는지, 그리고 아동의 일반적인 에너지 수준과 호기심, 동기의 영향을 받는다. 이러한 요인들은 시간, 요구되는 활동, 환경적 조건에 따라 한 개인 내에서도 다양해질 수 있다. 이러한 체계(예 : 운동, 감각, 지각, 지각, 근골격, 심리)들은 상호의존적이며 한 체계(예 : 시각)의 강점이 다른 체계(예 : 운동 감각)의 약점을 보완해 주면서 함께 작용한다.

활동이 얼마나 새롭냐에 따라, 그리고 발달단계에 따라 과업 수행을 위해 서로 협력하는 체계는 달라진다. 초기 운동기술은 시각 체계가 주도하며(예 : 맨 처음 팔뻗기와 머리 들어 올리기), 곧이어 운동, 체감각, 그리고 시각 체계가 통합된다(예 : 잡기, 사물 탐색하기, 기어가기는 다감각적 입력의 영향을 받음). 이후의 발달에서는 소근육운동기술이 점차적으로 인지능력의 영향을 받게 된다(예 : 그리기, 퍼즐 맞추기). 아동의 기능적 수행은 타고난 능력과 학습된 능력, 과제 또는 활동의 특성, 그리고 활동이 이루어지는 환경의 상호작용에 의해 결정된다는 점에서 역동체계이론은 생태학적 접근을 따른다.

역동체계이론에서 신체와 환경은 끊임없이 변화하며 서로에게 영향을 준다(Van Geert, 1998). 이러한 접근에서 치료자는 아동의 학습이 안정화되는 시기를 기다리면서 아동이 질적으로 더 높은 수준의 행동을 할 준비가 되어 있다는 신호에 주의를 기울인다. 한 수준으로부터 다른 수준으로의 전이transition를 이끄는 체계 변인을 확인함으로써, 치료자는 학습을 촉진하기 위해 그러한 체계들을 이용할 수 있다. 아동, 활동, 환경과 연관된 변인들이 학습을 촉진시킨다. 영아기 운동학습에서는 신체적 성장, 신체역학이 중요하지만 더 성숙한 아동에게는 경험, 연습, 동기가 운동기술 학습에 영향을 미친다(Thelen, 1995).

운동발달에서 사회 및 물리적 환경의 영향

운동발달에 대한 최근의 연구(Gibson, 1988; Lockman, 2000; Humphry, 2009)들은 물리적·사회적·문화적 환경이 운동기술 발달에 어떻게 영향을 미치는지에 대해 논의한다. 가령 천으로 덮여 있거나 경사진 표면과 같은 물리적 환경은 아동이 어떻게 움직일지에 강하게 영향을 미친다(예 : 배를 땅에 대고 기어가기, 살금살금 움직이기, 또는 곰처럼 기어가기를 선택함). 거친 지형 위로 기어가야 하는 과제에 직면했을 때, 영아는 그들의 무릎을 넓게 하고 '곰처럼 기어가기bear crawling'를 함으로써 운동행동을 변경할 것이다. 사물의 물리적 특성도 아동이 보여주는 기술에 영향을 끼칠 수 있다. 아동이 공을 향해 손을 뻗었을 때, 공의 크기는 아동의 손 모양과 접근 방식에 영향을 미치게 된다(예 : 한손 대 양손). 이러한 이론들은 시간의 흐름에 따른 아동의 발달을 설명할 뿐 아니라 구체적인 검사 맥락과도 관련이 된다. Bayley-III 운동척도 문항들은 기술 세트에 걸쳐 표준적인 지각단서와 행동 가능성을 제공한다. 도구함에 있는 사물의 특성은 특정한 기능을 이끌어 내도록 고안되었다(예 : 단단히 맞춰진 레고는 양손으로 강하게 잡기를, 동전은 정확한 잡기를, 긴 크레용은 다양한 잡기 패턴을, 길 따라 걷기는 좁은 바닥면을 밟으며 걷기를 이끌어 냄). 영아의 수행에 대한 사회적 영향도 또한 고려된다(Bayley-III 척도들은 부모의 존재가 아동의 수행에 어떻게 영향을 미칠지에 대해 고려). 검사 동안 영아의 안정감과 편안함을 촉진하기 위한 부모의 참여는 권장되지만 구체적인 단서나 촉진을 주는 것은 안 된다. 영아의 수행은 맥락 의존적이기 때문에 Bayley-III 척도는 검사자가 표준화된 맥락 내에서 영아의 반응을 평가할 수 있도록 환경을 규정하고 있다.

운동발달의 변산성

역동체계이론의 연구는 새로운 기능이 학습되는 방식을 설명하는 데 초점을 맞추어 왔다(Thelen & Spencer, 1998; Thelen, Schoner, & Smith, 2001). 이전에는 안정적이었던 움직임이 더 이상 안정적이지 않게 되면 새로운 움직임이 필요해진다. 운동행동에 기여하는 요소 중 어느 하나라도 중대한 변화가 발생하면 새로운 움직임과 기술이 출현하게 된다. 어린 아동의 운동 변화 또는 기술의 전이는 움직임의 불안정화와 안정화가 일어나다가 움직임이 안정적이고 기능적이 되는 일련의 단계를 거친다(Piper & Darrah, 1994). 운동기술을 학습하는 것은 일반적으로 세 단계를 따른다. 이러한 단계는 출현하는 기술들의 단계를 측정하는 Bayley-III 척도의 문항들에 반영되었다.

우선, 아동이 서로 다른 움직임의 패턴들을 실험하며 활동을 수행할 때에는 높은 변산성을 보여준다. 그리고 나서 아동은 다양한 움직임들 중에서 어떤 패턴이 가장 적응적이었는지를 결정한다. 그 결과 아동은 가장 적응적이며 반복적이고 효율적으로 수행될 수 있는 움직임을 선택한다(예 : 중력과 가용한 자원을 고려했을 때 어떤 패턴이 앉았다가 일어서기에 가장 쉬운지). 이러한 단계들은 Bayley-III 운동척도 문항들의 순서와 채점 기준에 반영되었다(예 : 어린 영아를 위한 문항들은 더 많은 시도와 오류를 허용하고 후반 문항들은 보다 정확성과 기술을 요구함).

발달을 이끄는 기능적 결과

운동 체계는 자기-조직적self-organizing이며(Shumway-Cook & Woolacott, 2007) 목적과 결과가 있는 기능적 과제에 적합하다. 대부분의 기능적 과제들은(예 : 걷기, 먹기, 마시기) 예측 가능한 움직임 패턴을 이끌어 낸다. 즉, 과제 자체가 움직임을 조직화할 수 있다. 영아는 사물을 다루는 것에 흥미를 보이게 되고, 사물과 환경에 대한 탐색기가 지나면 기능적 목적을 위한 신체놀이에 관심을 보이게 된다(예 : 지각학습). 영아는 그들이 환경에 영향을 미칠 수 있다는 것을 알게 되고 그들의 행동이 사물과 환경 탐색을 통해 기능적 결과를 만들어 낼 수 있다는 것도 알게 된다. 영아를 움직이게 하는 것은 사회적 행동(예 : 어머니의 미소)일 수도 있고 물리적 행동(예 : 장난감을 움직여서 소리를 내는 것)일 수도 있다. 기능적 과제와 결과는 영아의 행동을 조직하기 시작하고(Gibson, 1988; Humphry, 2009), 행동은 목표 지향적이 된다(Connolly & Dalgleish, 1989; Thelen et al., 2001). 1세 끝 무렵이 되면 영아는 그들의 목적에 따라 사물을 다루거나 조작하고(예 : 먹기 위해 숟가락을 이용하고, 마시기 위해 컵을 이용), 사물을 얻기 위해 움직이게 된다(Mccarty, Clifton, & Collard, 2001). 2세 무렵, 걸음마기 유아들은 서툴지만 그리기에는 적당하게 연필을 잡는다(Lockman, 2000). 베일리 소근육운동척도는 2세에서 4세경에 출현하는 이러한 목표 지향적 기술을 측정하기 위한 기능적 문항(예 : 그리기, 식기를 이용하여 먹기)을 포함하고 있다. 이러한 초기 운동기술은 자기-조직화와 사회적 학습 모두를 보여준다.

　다음 절에서는 이러한 상호 연결된 운동발달의 개념들이 어떻게 베일리 운동척도 문항들에 적용되어 있는지를 설명한다. 또한 이러한 개념들이 운동척도 문항에서 아동이 보여주는 수행을 해석하기 위해 어떻게 사용되는지에 대해서도 논의될 것이다.

✅ 소근육운동척도

소근육운동척도는 1개월에서 42개월에 걸쳐 나타나는 소근육운동기술을 평가하기 위한 일련의 문항들로 구성되어 있다. 소근육운동척도는 1개월에서 42개월에 걸쳐 나타나는 소근육운동기술을 평가하기 위해서 관련된 문항들의 세트를 사용한다. 이것을 기술 세트_{skill sets}라고 하는데, 이러한 구성은 검사자가 아동의 수행을 기술 세트 내에서 그리고 기술 세트 간에 비교할 수 있게 해주기 때문에 아동 수행에 대한 평가에 도움이 된다. 각 기술 세트를 통해 검사자는 아동이 장난감을 가지고 놀고, 사물을 조작하고, 도구를 이용하기 위해서 자신의 손을 효과적으로 사용하는 능력을 관찰하고 평가할 수 있다. 다음에서 일련의 문항들이 어떻게 특정한 기술 세트의 발달을 측정하는지, 측정되는 기술은 무엇인지, 문항에 대한 수행을 통해 아동의 능력을 어떻게 해석할 것인지에 대해 설명할 것이다.

안구운동 조절

안구운동은 아동의 눈-손의 협응발달에 기본적이다. 안구운동 조절은 초기(1~4개월)에 발달하는데, 영아가 머리를 들어 올리고, 지속적으로 주위 환경을 시각화하기 위해 머리를 똑바로 세우는 데 중요한 역할을 한다(Jouen, Lepecq, Gapenne, & Berten-thal, 2000). 시선 응시_{eye gaze}와 시선 추적_{eye tracking}은 영아가 사물과 타인에게 관심을 보이는 최초의 방법 중 하나이다. 베일리 척도의 시선 추적 문항은 중간선을 가로지르는 능력에 초점을 둔다. 이 능력은 전형적으로 발달하는 영아와 한쪽 뇌 반구에 병소가 있거나 양반구 통합이 미숙한 영아를 구분해 준다. 중간선을 가로지르는 시선 추적은 좌우 반신을 통합하기 위한 기본적인 기능이다(예 : 사물을 한 손에서 다른 손으로 옮기기, 두 사물을 함께 쾅 치기, 놀이를 하기 위해 양손을 함께 사용하기). 그러므로 중간선을 가로지르는 추적은 잠재적인 발달문제와 향후 소근육운동기술 수행에 관한 중요

표 4.1 | 안구운동 기술

문항	측정되는 기술	구체적 관찰 내용
2. 눈으로 움직이는 사람 따라가기	시선 추적	눈이 중간선을 지나가는가?
3. 눈으로 고리 따라가기 (수평)	수평축을 따라 부드럽게 시선을 추적함	눈이 중간선을 지나 왼쪽에서 오른쪽으로 완전하게 고리의 움직임을 따라가는가? 반대 방향으로는?
4. 눈으로 고리 따라가기 (수직)	영아의 중간선에서 세로축을 따라 부드럽게 시선을 추적함	영아가 양쪽 눈으로 추적하는가? 절반만 추적하는가? 수직 추적이 부드러운가?
7. 눈으로 고리 따라가기 (원)	원을 그리는 협응된 시선 추적	눈이 고리를 따라서 협응된 움직임을 보이는가? 시선 응시는 원으로부터 한 번 혹은 두 번 벗어나는가?
8. 머리로 고리 따라가기	머리 통제 및 눈과 머리 움직임 협응 증가와 함께 영아가 고리를 따라 머리를 돌림	영아가 머리와 눈 모두를 움직이는가? 시선 응시가 한두 번 벗어나는 것은 전형적임
9. 눈으로 굴러가는 공 따라가기	눈으로 빠르게 움직이며 예측할 수 없는 경로로 움직이는 굴러가는 공을 추적함	눈이 공의 움직임을 놓치지 않고 따라가면서 중간선을 지나가는가?

'Bayley-III'는 미국 그리고/혹은 다른 국가에서 피어슨 교육출판사(Pearson Education, Inc) 및 제휴사의 등록상표임

한 지표이다. 표 4.1에 안구운동 기술을 평가하는 문항들과 이러한 문항들이 실시될 때 관찰해야 할 내용을 기록하였다.

초기의 손과 손가락 움직임

영아의 초기 손과 손가락 움직임은 반사적이다. 2~3개월까지 지속되며 잡기 반사grasp reflex를 보이는데, 이것은 4개월까지는 자발적인 잡기로 완전히 통합되지 못한다(Charles, 2008). 비록 몇몇 저자들은 초기 손가락 운동을 주먹 쥔 상태fisted로 특징짓고 있지만(Gesell & Amatruda, 1947), 영유아는(1~2개월) 종종 손가락을 움직이는데 일반적으로 손가락을 완전히 펴거나 완전히 굽히면서 움직인다. 베일리 소근육운동척도는 목적이 없는 것처럼 보이지만 근긴장도, 활동수준, 그리고 비대칭의 초기 지표가 될 수 있는 이러한 초기 움직임들을 평가한다. 표 4.2에 초기 손과 손가락 움직임을 측정하는 문항을 기록하였다.

팔뻗기/공간에서 손 움직임

눈과 손 간의 연결성은 발달 초기에 관찰될 수 있다. 5일 된 어린 영아들도 흥미로운 사물을 보면 팔을 더 휘젓는다(Von Hofsten, 1984). 1개월경, 이 시기의 팔뻗기가 비록 부정확하긴 하지만 영아는 모빌을 향해 팔을 뻗는다. Gesell과 Amatruda(1947)는 성공적인 팔뻗기가 4~5개월쯤에 달성된다는 것을 알아냈다. 처음에 팔뻗기를 할 때는 일반적으로 팔꿈치는 고정되어 있고 몸통이 팔을 따라 움직인다(Berthier, Clifton, Gullapalli, Mccall, & Robin, 1996). 5~6개월이 되면 영아는 양팔을 뻗으려는 경향이 있다. 7~8개월이 되면 한팔을 뻗을 수 있고 몸통은 거의 움직이지 않는다(Rochat, 1992). 4~7개월 영아들은 정확하게 팔뻗기를 하기 위해 자

표 4.2 | 초기의 손과 손가락 움직임

문항	측정되는 기술	구체적 관찰 내용
1. 주먹 쥐기	근긴장도 및 반사 운동	손과 손가락이 얼마나 움직이는가? 손과 팔의 근긴장도는 어떻게 특징지을 수 있는가?
6. 고리 잡고 있기	잡기 반사. 잡기 반사를 2초 이상 유지하는 능력	근긴장도는 어떠한가? 고리를 잡고 놓는 데 있어서 우세한 움직임의 패턴은 무엇인가?(굽히기 혹은 펴기)
10. 손을 펴고 있기	잡기 반사의 억제. 손을 펴기 위해 능동적으로 손가락 펴기	잡기 반사가 자발적 운동 패턴으로 통합되는가? 근긴장도는 어떠하며 근육을 얼마나 움직이는가?
11. 손목 돌리기	아래쪽 팔의 능동적인 뒤침	움직임이 굽히기 및 뒤침에 부합하는가? 능동적인 뒤침은 능동적인 엎침보다 성숙한 움직임의 패턴이며 뇌성마비가 있는 영아에게는 어려운 동작임. 아동이 중력을 이용하여 수동적으로 손을 회전하기보다는 능동적으로 회전할 때 관찰됨

'Bayley-III'는 미국 그리고/혹은 다른 국가에서 피어슨 교육출판사(Pearson Education, Inc) 및 제휴사의 등록상표임

세 지지postural support가 필요하다. 앉기 균형이 향상되는 8~9개월이면 영아는 자세 지지 없이 팔을 뻗을 수 있게 된다(Levin & Sveistrup, 2008). 자세 안정성postural stability은 정확한 팔뻗기를 위해 중요하다. 영아는 팔을 움직이기 전에 몸통 근육을 활성화시킨다(Von Hofsten and Woollacott, 1989). 베일리 소근육운동척도는 정확한 팔뻗기를 위한 영아의 정교성을 측정한다(표 4.3).

표 4.3 | 팔뻗기, 공간에서의 손 움직임

문항	측정되는 기술	구체적 관찰 내용
5. 손을 입으로 가져오려 하기	손을 입으로 가져가기, 초기 중간선 지향, 팔 굽히기	동작에 목적이 있는가? 일반적으로 손을 입으로 가져가는 것은 처음에 자기 위안을 위해서임
12. 매달린 고리 잡기	팔뻗기와 쥐기의 결합, 팔뻗기의 정확성	팔뻗기가 얼마나 정확한가? 잡기까지 시도 횟수. 과대 또는 과소 팔뻗기. 한팔 혹은 양 팔뻗기
13. 블록 시리즈 : 블록을 향해 팔뻗기	팔뻗기의 정확성, 한팔 뻗기	어떤 유형의 팔뻗기가 사용되었나? 몸통 움직임이 있었나? 한 손 혹은 양손 뻗기 중 어느 것을 사용하였나?
14. 블록 시리즈 : 블록에 손 닿기	팔뻗기의 정확성, 한팔 뻗기	어떤 유형의 팔뻗기가 사용되었나? 팔이 움직이면서 몸통이 함께 움직였나?
16. 한 손 뻗기	한 손 접근. 뻗기의 정확성	사물을 잡기 위해 한 손 혹은 양손을 사용하였나? 최소한의 몸통 움직임으로 독립된 팔 움직임을 보여주었나?

'Bayley-III'는 미국 그리고/혹은 다른 국가에서 피어슨 교육출판사(Pearson Education, Inc) 및 제휴사의 등록상표임

잡기 패턴

신생아의 잡기는 처음에는 접촉에 의해 반사적으로 유발된다. 예를 들어 영아는 부모의 손가락이 닿으면 자동적으로 부모의 손가락을 감싼다. 2개월까지는 잡기 반사가 접촉을 통해 유도된다. 3~4개월이 되면 자발적인 잡기가 발달하기 시작하며, 따라서 영아는 관심 있는 사물을 잡고 계속 쥐고 있을 수 있게 된다(Twitchell, 1970). 손 전체로 잡기[1]가 이 시기에 시작

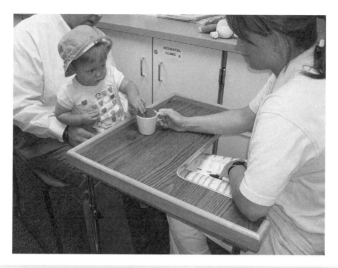

그림 4.1 ㅣ 아동이 엄지와 손끝으로 마주잡기(문항 22)를 보여주고 있다.

되며(Castner, 1932) 24주까지 지속된다. 손 전체로 잡기는 엎친 손[2]pronated hand과 사물을 둘러싼 모든 손가락이 구부러지는 특징이 있다. 28주가 되면 엄지손가락과 노쪽 손가락[3]radial fingers을 서로 반대편에서 누르며 손바닥 안의 사물을 잡는 엄지 일부를 사용하여 마주잡기[4]가 가능해진다(Gesell & Amatruda, 1947). 이러한 초기의 패턴은 손의 기능 측면에서 볼 때 엄지와 검지손가락이 먼저 발달한다는 것을 보여준다. 32~36주 사이의 영아는 손바닥보다는 손가락으로 사물을 잡는 것이 관찰되며, 36주가 되면 엄지와 손끝으로 마주잡기[5]가 가능해진다(Gesell & Amatruda, 1947)(그림 4.1).

---

1) 원문에서는 손바닥으로 잡기palmar grasp로 표현됨
2) 손을 앞으로 뻗고 손바닥이 바닥으로 향한 상태, 내전
3) 엄지와 검지쪽 손가락
4) 원문에서는 노쪽 손바닥 잡기radial palmar grasp로 표현됨
5) 원문에서는 노쪽 손가락 잡기radial digital grasp로 표현됨

이때가 되면 영아는 엄지손가락과 검지손가락으로 작은 사물을 잡을 수 있게 된다. 손가락 끝으로 사물을 잡을 수 있게 되면서 영아는 손안에 있는 사물에 맞게 조정할 수 있게 되고, 사물을 잡고 있는 동안 다양한 목적으로 사물을 사용할 수 있게 된다.

영아가 처음으로 아주 작은 사물(과자 조각 크기)을 잡을 때는 긁어모으기[6]를 보여준다(Castner, 1932; Newell & Mcdonald, 1997). 긁어모으기는 일반적으로 8~9개월에 관찰되는데, 손가락을 갈퀴처럼 움직이면서 검지손가락의 옆면과 엄지손가락으로 작은 사물을 잡는다. 10개월이 되면 영아는 엄지 일부를 사용하여 마주잡기[7]를 보이는데(Gesell & Amatruda, 1947; Exner, 2005) 검지손가락 끝마디의 옆면과 엄지손가락으로 작은 사물을 잡고 있는 동안에 팔뚝은 탁자 위에 올려놓고 안정되게 해야 한다. 1세가 되면(52~56주) 영아는 엄지손가락과 검지손가락 손끝을 사용해서 사물을 잡는다. 엄지와 손끝으로 마주잡기[8]가 가능해지면 탁자 위에 팔뚝을 안정시키지 않고도 사물을 잡을 수 있게 된다(Hulverson, 1937; Illingworth, 1991).

아동의 자세와 자세 지지는 잡기 패턴에 영향을 미칠 수 있다. Bayley-III 실시 지침서는 특히 잡기와 관련된 문항을 실시할 때에는 아동의 앉은 자세가 잘 지지되어야 한다고 명시하고 있다. 사물의 크기와 모양 또한 잡기 패턴에 많은 영향을 미치기 때문에 표준화된 단순한 사물(정육면체와 과자 조각)을 사용하여야 한다. 잡기 패턴의 진전은 블록 시리즈와 과자 조각 시리즈에서 측정된다(표 4.4, 그림 4.2 참조).

---

6) 원문에서는 가위처럼 벌려서 잡기scissor grasp로 표현됨

7) 원문에서는 서툰 마주잡기inferior pincer grasp로 표현됨

8) 원문에서는 능숙한 마주잡기superior pincer grasp로 표현됨

표 4.4 | 잡기 패턴

문항	측정되는 기술	구체적 관찰 내용
15. 블록 시리즈 : 손 전체로 잡기	손바닥으로 잡기의 사용. 자발적이고 목적이 있는 잡기 (반사적이라기보다는)	아동이 자발적 잡기를 보여주는가? 블록 주변에서 자유롭게 손가락을 펴고 구부리는가? 사물에 관심을 보이는가?
17. 과자 조각 시리즈 : 긁어모으기	손 전체로 긁어모으는 동작하기	사물 주변에서 손을 펴고 오므릴 수 있는가? 각각의 손가락 움직임이 긁어모으는 동작에 사용되는가? 과자 조각을 잡았는가?
18. 블록 시리즈 : 엄지 일부를 사용하여 마주잡기	엄지를 다른 손가락들 반대편에 놓고 잡기	엄지가 잡기에 활용되는가? 잡기 위해서 엄지가 내전 혹은 부분적으로 회전(반대쪽으로)되는가? 블록이 손바닥 혹은 손가락 안에 잡히는가?
20. 과자 조각 시리즈 : 손 전체로 잡기	과자를 잡기 위해 손 전체가 사용됨. 과자 조각은 손바닥에 붙어서 잡힘	과자 조각에 접근할 때 손가락이 펴지고 외전되며, 과자 조각을 잡을 때는 손가락이 구부러지고 내전되는가?
22. 블록 시리즈 : 엄지와 손끝으로 마주잡기	블록을 잡기 위해 엄지 바닥면과 손가락 끝을 이용함	엄지가 다른 손가락들 반대편에 있는가? 블록이 손가락 마지막 마디가 아니라 손가락 끝으로 잡히는가?
24. 과자 조각 시리즈 : 엄지 일부를 사용하여 마주잡기	검지손가락 마지막 마디의 경계와 엄지손가락 일부를 맞대어 과자 조각을 잡음	엄지가 능동적으로 반대편에 위치하는가? 과자 조각이 검지손가락 끝부분으로 잡히는가?
26. 과자 조각 시리즈 : 엄지와 손끝으로 마주잡기	엄지 바닥 면과 검지손가락의 끝을 이용하여 과자 조각을 잡음	엄지가 완전하게 손가락 끝 반대편에 위치하는가? 과자 조각이 손마디 끝부분으로 잡히는가? 아래쪽 팔을 지지하지 않고 잡을 수 있나?

그림 4.2 ┃ 엄지와 손끝으로 마주잡기(문항 26)를 유도하기 위해 작은 과자 조각이 이용된다.

양손 협응

신생아는 대칭적이거나 비대칭적인 팔다리 운동을 모두 보여준다. 최초의 양손 뻗기는 2개월경이면 관찰되지만 모빌과 같은 사물을 향해 한 팔을 뻗어 휘젓기도 한다. 3개월이 되면 휘젓기는 증가되고 가슴에서 손을 움켜쥐는 것과 같은 손과 손의 상호작용을 관찰할 수 있다. 16주가 되면 손과 팔의 대칭이 두드러지는데, 사물을 잡고 있거나 잡고 있지 않은 손을 몸 중심으로 모은다(Case-Smith, 2006). 5개월 된 영아는 사물을 잡을 때는 한 손을 사용하지만 일반적으로는 양손을 뻗으려고 한다(Fagard & Peze, 1997). 이 시기에 영아는 손에서 손으로 사물을 옮길 수 있지만 사물을 내려놓는 것은 다소 어색할 수도 있다. 6개월이 되면 영아는 양손을 동시에 사용하여 사물에 접근하는데, 사물을 향해서 또는 부모에게 안기기 위해 종종 양팔을 쭉 뻗는다. 이러한 강한 대칭적 뻗기 패턴은 7개월경부터 바뀌기 시작한다. 이 시기의 영아는 작은 사물을 잡을 때에는 한 손을 사용하고, 큰 사물을 잡을 때에는 양손을 사용할 것이다. 한 손으로는 장난감을 잡고 다른 한 손으로는 장난감을 만지면서 양손은 상호작용을 하게 된다. 7개월 된 영아는 시각적으로 그리고 촉각적으로 탐색하면서 손에서 손으로 활발하게 장난감을 옮긴다. 이 나이쯤에 활발한 뒤침[9]supination과 분리된 손목의 움직임은 영아로 하여금 시각적 탐색을 위해 사물을 회전시키고 뒤집는 것을 가능하게 한다. 8개월 된 영아는 허공에서 장난감을 가지고 흔들고, 테이블 위에 내리치기도 하고, 그것들을 함께 부딪치기도 하면서 사물을 결합시킬 수도 있다. 양손 협응의 초기 발달은 세 문항에서 평가된다(표 4.5).

표 4.5 | 양손 협응

문항	측정되는 기술	구체적 관찰 내용
19. 고리 옮기기	사물이 한 손에서 다른 손으로 옮겨짐	한 손으로 고리를 놓고 다른 손으로 고리를 잡는가?
21. 블록 옮기기	작은 사물이 한 손에서 다른 손으로 옮겨짐	한 손으로 부드럽게 블록을 놓으면서 다른 손으로 잡는가?
23. 숟가락이나 블록을 몸 중심으로 가져오기	사물을 중간선으로 함께 가져옴	두 가지 사물을 잡고 떨어뜨리지 않은 채 몸 중간선에서 함께 부딪칠 수 있는가?

---

9) 손바닥이 위를 향하고 엄지가 바깥쪽으로 오는 상태, 외전

사물과 도구의 기능적 사용/쓰기 전 기능

도구를 사용하는 능력은 많은 사람들에게 중요하다. 베일리 소근육운동 척도는 쓰기를 위해 필요한 기본적인 기술로서 어린 아동의 연필 잡기와 그리기 기술발달을 검사한다. 이러한 시리즈 문항들은 42개월에 걸쳐 있으며 아동의 쓰기 전 기술에 대한 철저하고 구체적인 정보를 제공하게 된다.

2세 영아는 일반적으로 손 전제로 잡기를 이용하여 연필을 잡는다. 대부분의 걸음마기 유아들이 뒤침 잡기supinated grasp를 선호하지만 처음에는 팔뚝이 내전된다. 팔뚝이 외전되면서 손가락을 편 채로 엄지손가락과 검지손가락 안쪽 마디 사이로 연필을 잡는 엄지 일부를 사용하여 잡기[10]transitional grasp를 보여준다. 엄지 일부를 사용하여 잡기는 아동이 연필을 손가락 말단부로 움직이고자 하는 첫 시도이고, 엄지손가락을 사용하여 조절해야 한다(그림 4.3). 3세쯤 되면, 손목이 약간 펴지고 팔뚝은 어느 정도 외전된 채로 엄지, 검지, 중지의 끝마디로 연필을 잡는 서투른 세손가락 잡기static tripod grasp가 나타난다. 아동이 손목보다는 손가락을 이용하여 연필을 움직이는 것을 배우게 되면 세손가락 잡기는 능숙해진다. 능숙한 세손가락 잡기dynamic tripod grasp는 4~5세 사이에 나타나며, 쓰기 과업에서 작은 글자를 만들어 내기 위해 중요한 기술이다.

감각 및 운동기능은 이러한 숙련된 운동 패턴의 발달에 중요하다. 능숙한 세손가락 잡기의 사용은 운동 지각과도 관련이 있으며(Schneck, 1991) 세손가락 잡기의 유능성은 관절 이완과도 관련이 있다(Summers, 2001). 위

---

10) 원문에서는 엄지 일부를 사용하여 잡기가 세손가락 잡기를 위한 과도기적 잡기 transitional grasp라고 설명하고 있음

그림 4.3 ┃ 아동이 처음으로 연필이나 크레용 사용하는 법을 배울 때는 다양한 방식으로 엄지 일부를 사용하여 잡기가 관찰된다(문항 35).

의 연구자들과 몇몇 연구자들은(예 : Manoel & Connolly, 1998) 어린 아동들이 매우 다양한 연필과 크레용 잡기를 보이며 이러한 잡기는 그리기 및 나중의 쓰기에 있어서 기능적이라고 주장한다.

어린 아동은 12개월과 24개월 사이에 종이에 끼적거리기를 시작한다. 일반적으로 그리기 위한 첫 시도는 표상 의도가 없는 낙서이다. 42개월경 아동은 비록 그것이 주어진 이름과 닮지 않았을지라도 자신이 그린 것에 이름을 붙일 수 있다. Beery, Buktenica 그리고 Beery(2006)는 그리기 기술발달의 연령 범위를 기록하기 위해 Gesell의 기존 연구를 인용했다.

이 순서들은 시각운동 통합검사와 베일리 척도를 이용한 많은 연구들에서 확인되었다(Marr & Cermak, 2002; Daly, Kelly, & Krauss, 2003). 처음에 아동은 몸의 중심에서 수직선 그리기를 배운다(18~24개월). 수평선은 몸 중심을 가로지르는 능력 혹은 양반구를 통합하는 능력을 요구하기 때문에 더 어렵다. 아동이 24~30개월쯤 되면 수평선 그리기를 할 수 있다(Beery et al., 2006). 2세 아동은 선을 따라 원을 그릴 수도 있다. 원 그리기를 위한 베일리 소근육운동 문항에서 아동은 검사자가 원 그리는 것을 보고 원 모양을 따라 그리기만 하면 된다.

동그라미와 십자가 그리기는 글자 쓰기의 기초이다. 십자가는 몇몇 글자들과 비슷하고, 수직선의 중심점을 지나면서 왼쪽에서 오른쪽으로 교차해야 하기 때문에 지각적으로 어렵다. 이러한 기술은 중심점에서 선을 가로지르는 것과 정확한 각도로 선을 교차시키는 감각을 요구한다(Kephart, 1960). 그러므로 이 기술은 수평선 그리기보다 더 진전된 것이고 4세까지는 나타나지 않는다. 베일리 소근육운동척도는 십자가 그리기의 두 단계, 즉 따라 그리기$_{imitate}$와 보고 그리기$_{copying}$를 평가한다. 이 문항을 채점할 때는 교차하는 선들의 각도를 측정한다.

정사각형은 가장 어려운 그리기 과제이다. 왜냐하면 연필을 멈추고 방향을 바꿈으로써 모서리를 형성해야 하기 때문이다. 4세가 되면 아동은 네 모서리가 있는 정사각형 그리기를 배우게 되며 이것은 소근육운동척도의 가장 마지막 문항이 된다(표 4.6).

손가락 움직임의 통제, 정교한 잡기와 놓기, 운동 지각

10개월경 영아는 매우 다양한 손과 손가락 움직임을 나타낸다. 영아는 사물을 입으로 가져오고, 흔들고, 부딪치고, 회전시키고, 옮기기도 한다.

표 4.6 | 사물과 도구의 기능적 사용/쓰기 전 기능

문항	측정되는 기술	구체적 관찰 내용
28. 연필 잡기 시리즈 : 손바닥으로 잡기	종이에 뭔가를 쓸 때 손 전체로 크레용을 잡음	아동이 크레용을 종이쪽으로 향하게 하는가? 아래쪽 팔이 엎침 혹은 뒤침 상태로 크레용을 잡는가? 자국을 남길 수 있을 만큼 단단하게 크레용을 잡는가?
35. 연필 잡기 시리즈 : 엄지를 일부 사용하여 잡기	엄지손가락을 돌려서 엄지 일부를 사용하여 크레용을 잡음. 엄지가 쓰는 부분에 가까이 위치함	손가락들은 부분적으로 펴져 있고 크레용은 손가락 아랫부분(몸쪽)으로 잡는가?
38. 연필 잡기 시리즈 : 서투른 엄지-검지-중지 잡기	서투른 세손가락 혹은 네손가락 잡기로 크레용을 잡고 자국을 남김	크레용을 손가락의 좀 더 위쪽(바깥쪽)으로 잡는가? 엄지와 검지 손가락이 크레용의 쓰는 부분에 가까이 있는가? 손가락은 고정되어 있나?
49. 연필 잡기 시리즈 : 능숙한 엄지-검지 잡기	크레용이나 연필을 능숙한 세손가락 잡기로 잡을 수 있고 정확한 자국을 만들기 위해 크레용을 통제할 수 있음	크레용이나 연필로 쓰는 동안 엄지와 손가락이 움직이는가? 잡은 상태에서 크레용을 움직여서 정확한 선을 그릴 수 있나?
30. 낙서하기	목적을 가지고 낙서함	아동이 우연적이라기보다는 목적을 갖고 종이에 자국을 남기는가?
33. 선 따라 그리기 시리즈 : 선 긋기	어떤 방향으로든 선을 그음	아동이 목적을 갖고 선을 긋는가?
40. 손으로 종이 고정시키기	한 손으로 그림을 그리는 동안 다른 손으로는 종이가 움직이지 않도록 잡음	아동이 두 손을 협응적으로 사용하는가? 한 가지 활동을 위해 두 손을 함께 사용하는가?
42. 선 따라 그리기 시리즈 : 수평선	30° 이내로 수평선을 그림	중간선을 지나는가? 책상의 가장자리와 평행하게 선을 그을 수 있는가?
43. 선 따라 그리기 시리즈 : 동그라미	거의 곡선 모양을 그림. 나선형일 수도 있음	아동이 원을 부드럽게 그리는가? 동그라미를 그릴 때 어깨나 손목을 회전시키는가?

(계속)

표 4.6 │ 사물과 도구의 기능적 사용/쓰기 전 기능(계속)

문항	측정되는 기술	구체적 관찰 내용
54. '+' 따라 그리기	30° 이내로 서로 교차하는 2개의 선을 그림	아동이 선을 가로질러서 분할 선을 그리는가? 끊어지지 않고 선을 그리는가? 두 선이 만드는 각도가 90° 인가?
59. 선 사이로 그리기	원, 네모, 마름모 모양으로 선을 그림(최소 2개). 따라 그리는 모양의 안쪽 혹은 바깥쪽 경계선을 넘어가지 않음	선이 끊어지지 않게 연속해서 그리는가?
60. 네모 따라 그리기	4개의 구분되는 모서리가 있는 4면체를 그림. 각 모서리는 0.5cm 이상 떨어지지 않음	모서리에서 방향을 바꾸는가? 선이 끊어지지 않게 연속해서 그리는가?
61. '+' 보고 그리기	2개의 교차하는 선을 그리며, 수평선과 수직선은 각각 30° 이내임. 선은 교차점을 지나서 더 길게 이어져야 함	선을 똑바로 그리는가 아니면 울퉁불퉁하게 그리는가? 수직선과 수평선이 어떻게 교차해야 되는지 이해하는가?
65. 네모 보고 그리기	4개의 구분되는 모서리가 있는 4면체를 그림. 각 모서리는 0.5cm 이상 떨어지지 않음(네모 따라 그리기와 동일한 기준)	중간쯤에서 선이 교차하는가? 선들의 길이는 비슷한가? 선이 똑바른가 아니면 울퉁불퉁한가?

'Bayley-III'는 미국 그리고/혹은 다른 국가에서 피어슨 교육출판사(Pearson Education, Inc) 및 제휴사의 등록상표임

출처 : Bayley Scales of Infant & Toddler Development, Third Edition(Bayley-III). Copyright © 2006 MCS Pearson, INC. Reproduced with permission. All rights reserved.

손가락 기술이 발달하면서 영아는 손안에서 사물을 조작하는 것이 가능해진다. 9~10개월에 사물을 조작하기 위해 배워야 하는 중요한 기능인 분리된 손가락 운동이 나타난다. 영아는 이제 검지손가락으로 찌르기를 할 수 있고, 정확한 잡기로 작은 사물을 들어올릴 수도 있다(Pehoski, 2006). 이러한 분리된 손가락 운동은 아동이 사물의 표면을 탐색하기 위해 손가락으로 사물의 표면과 주변을 만져 볼 때 사물의 질감과 형태에

의해 유발되고는 한다. 10~18개월 영아는 개개의 손가락 운동을 구분짓고 사물을 조작하는 능력이 훨씬 더 정교화된다. 그리고 사물을 놓는 것에 대한 통제가 증가된 것을 보인다. 2세 영아는 특정한 공간에 사물을 정확히 놓는 법을 배운다. 정확한 놓기는 내재근intrinsic muscle의 잘 발달된 통제력을 요구한다(Exner, 2005). 효율적인 사물 놓기는 악력grip force 조절 그리고 사물이 떨어지지 않도록 내려놓는 타이밍을 필요로 한다(Pehoski, 2006). 손가락 운동을 정교화하는 것은 영아의 촉각 지각의 향상과 관련이 있다. 즉, 능동적인 접촉을 통해 사물의 형태, 모양, 밀도, 질감을 지각한다(Bushnell & Boudreau, 1993). 영유아는(9~18개월) 그들의 손안에서 사물을 조작하는 데 향상된 기술을 보이고 사물의 질감, 밀도(즉, 경도) 그리고 모양을 구별하는 방법을 배운다.

단추 채우기 그리고 구멍이나 가느다란 틈에 사물을 넣는 것과 같은 과제들을 수행하기 위해서는 사물이 손안에서 조정되어야 한다. 2세의 어린 아동도 한 손으로 사물을 움직일 수 있다(Exner, 1990). 이들은 3세쯤에는 사물을 손바닥 안과 밖으로 옮기기도 한다(그림 4.4). 이들은 매우 꽉 잡는 경향이 있어서 한 손에서 다른 손으로 사물을 옮기기가 쉽지 않기 때문에 손안에서 조작하기in-hand manipulation가 3세에는 자주 발견되지는 않는다. 손안에서 조작하기의 다양한 패턴은 4세 아동에게서 관찰된다(표 4.7).

블록 쌓기와 블록 만들기 : 잡기, 놓기, 공간 내에서 조절된 팔 운동의 결합

아동이 블록 쌓기를 할 때, 그들은 블록을 잡기 위해서 정확한 잡기를 사용하고, 다른 블록 위에 블록을 내려놓기 위해 정확한 놓기를 사용하며, 공간에서 팔의 안정성을 사용한다. 사물을 내려놓을 때 힘의 조절과 통

그림 4.4 | 동전을 가는 구멍에 정확하게 넣으려면 정확한 잡기 및 놓기, 그리고 팔의 통제가 필요하다(문항 36).

제된 놓기는 사물 조작하기의 중요한 측면이다. 특정한 위치와 시간에 놓기는 내재근을 사용하여 부드럽고 서서히 손가락이 움직이는 것을 요구한다. 블록 쌓기는 정교한 놓기 이외에도 아동이 공중에서 그의 팔을 들고 있는 것을 요구한다. 이러한 통제력은 어깨, 팔꿈치, 그리고 손목의 동시수축coContraction을 요한다(세 관절에서 안정화된 동작의 협응). 팔을 공중에서 유지하는 것은 아동이 팔의 위치를 모니터하고 유지할 수 있도록 하는 운동 감각 그리고 자기 자극에 감응하는 피드백과 관련된다(Exner, 2010). 이러한 기술은 아동이 10개의 블록으로 탑을 쌓을 수 있

표 4.7 | 손가락 및 손 움직임의 통제

문항	측정되는 기술	구체적 관찰 내용
25. 손잡이로 컵 들기	잡기와 팔 움직임의 결합. 컵으로 마시기를 위한 초기 기술	손가락 끝으로 컵을 잡는가? 아래쪽 팔이 부분적으로 외전되는가?
27. 책장 넘기기	손가락으로 책 한 장을 잡고 책장을 넘기기 위해 팔을 내전시킴	손가락으로 책장을 분리하는가? 책장을 넘길 때 손가락을 움직이는가? 움직임은 자연스러운가?
29. 검지손가락만 펴기	분리된 손가락 움직임. 굽히기와 펴기를 결합할 수 있음	다른 손가락들은 구부린 채로 검지손가락을 완전히 펴는 것을 보여주는가?
32. 동전 넣기	정확한 잡기와 정확한 방향으로 사물 내려놓기	손가락 끝으로 동전을 잡는가? 정확한 놓기를 보여주는가? 손목과 아래쪽 팔 움직임을 이용하여 동전의 방향을 구멍에 맞추는가?
34. 병에 과자 조각 10개 넣기(60초)	정확한 잡기와 정확한 내려놓기	과자 알갱이를 손가락 바깥쪽으로 잡는가? 정확한 잡기와 놓기를 사용하는가?
50. 촉각으로 모양 알아맞히기	조작 및 소근육 움직임, 촉각 및 운동 감각	분리된 손가락 움직임으로 사물의 재질과 모양을 따라가는가?
57. 단추 채우기	조작, 정확한 내려놓기, 사물의 방향 맞추기	단추를 단춧구멍으로 움직이기 위해 손안에서 조작하기를 사용하는가? 두 손이 협응적으로 잘 움직이는가?
62. 검지손가락 두드리기	분리된, 율동적인, 통제된 손가락 움직임	손가락을 탁자 위에 놓고 빠르고, 율동적으로, 별다른 노력 없이 두드리는가?
66. 병에 과자 조각 20개 넣기(15초)	정확한 잡기와 정확한 내려놓기	과자 알갱이를 잡을 때 손가락 끝으로 마주잡기를 보이는가? 정확한 놓기를 보이는가? 빠르고 부드럽게 움직이는가?

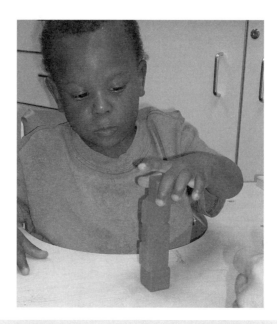

그림 4.5 | 블록 쌓기(문항 45)는 어깨 및 위쪽 팔의 안정성, 정확한 잡기와 놓기, 그리고 블록을 일렬로 놓기 위한 시지각기술을 필요로 한다.

는 시기인 1~3세 사이에 발달한다(그림 4.5).

　3세에는 또한 블록 디자인을 복제하는 능력이 발달한다. 이러한 시각 운동 통합기능은 디자인에 대한 지각적 이해와 디자인을 복제하는 방법을 계획하는 능력과 관련이 있다. 3~4세에 시각운동 통합은 아동의 그리기 기능에서도 나타난다. 블록 디자인을 시각화하는 능력은 공간 이해와 3차원에 대한 이해를 요하고, 아동의 자기 수용 감각, 시각, 그리고 움직임의 통합을 나타낸다. 그림 4.6과 4.7은 레고를 이용한 쌓기 문항을 보여주고 있고 표 4.8에는 블록 쌓기 문항이 제시되어 있다.

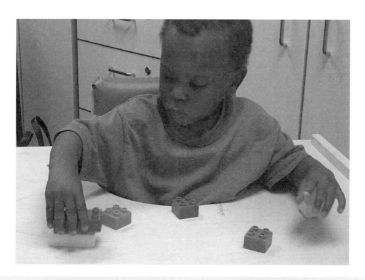

그림 4.6 | 레고 블록 : 떼기(문항 36)는 근력이 필요한데, 왜냐하면 레고 블록이 저 항력이 있기 때문이다. 점수를 받기 위해서는 모든 블록을 분리해야 한다.

그림 4.7 | 레고 블록 : 끼우기(문항 37)는 근력 그리고 블록을 맞추는 정확성이 요 구된다. 점수를 받기 위해서는 모든 블록을 끼워 맞춰야 한다.

표 4.8 | 블록 쌓기 및 블록 만들기

문항	측정되는 기술	구체적 관찰 내용
31. 블록 쌓기 시리즈 : 블록 2개	블록 1개를 다른 것 위에 올려놓음	사물을 어떻게 내려놓는가? 허공에서 팔을 통제하는 것을 보여주는가? 블록을 정확하게 일직선으로 놓을 수 있는가?
39. 블록 쌓기 시리즈 : 블록 6개	적어도 6개의 블록을 쌓음	각각의 블록을 다른 블록 위에 균형 잡히게 내려놓는가? 다른 블록과 중심을 맞추기 위해 어디에 내려놓아야 할지를 인식하는가?
44. 블록으로 기차 만들기	적어도 4개의 블록을 서로 맞닿게 일렬로 놓음	블록들이 일직선으로 놓여 있음을 인식하는가? 옆면이 일직선이 되고 가장자리가 서로 맞닿도록 블록을 놓는가?
45. 블록 쌓기 시리즈 : 블록 8개	적어도 8개의 블록을 쌓음	블록들은 중심이 맞고 일직선으로 배열되어 있는가? 블록들을 일직선으로 맞추기 위해 정확한 놓기와 조작을 사용하는가? 쌓을 때 손이 블록의 중심에 맞도록 허공에서 팔을 통제하는가?
51. 블록으로 벽 만들기	4개의 블록으로 벽을 따라 만듦. 블록 2개를 쌓아서 다른 블록 2개 쌓은 것 옆에 놓음	모양을 인식하고 그것을 따라 만들기 위해 운동을 계획하는가? 가장자리가 일직선이 되고 중심에 맞게 블록을 놓는가?
53. 블록으로 다리 만들기	2개의 블록을 간격을 두고 놓은 위에 1개의 블록을 쌓아서 다리 모양을 따라 만듦	위에 놓인 블록이 균형 잡혀 있으며 아래 놓인 블록의 가운데에 위치하는가? 아래쪽에 놓인 2개의 블록 사이에는 간격이 있어야 함
56. 블록으로 'T' 만들기	T를 따라 만듦. 블록 사이에 작은 간격이 있을 수 있으나 블록들은 일직선으로 놓여 있음	모양을 인식하고 그것을 따라 만들기 위해 운동을 계획하는가? 정확하게 배열하기 위해서 블록들을 정교하게 조작하는가?

표 4.8 | 블록 쌓기 및 블록 만들기(계속)

문항	측정되는 기술	구체적 관찰 내용
58. 블록으로 계단 만들기	3 계단을 따라 만듦	모양을 인식하고 그것을 따라 만들기 위해 운동을 계획하는가? 모양을 만드는 방법을 관찰해야 함
36. 레고 블록 : 떼기	모든 블록을 떼어 냄	블록들을 쉽게 잡아당겨 떼어 내기에 적절한 힘을 보여주는가? 블록들을 떼어 내기 위해 저항력을 사용하는가?
37. 레고 블록 : 끼우기	모든 레고를 끼움. 각 블록의 끼우는 홈에 정확히 맞아야 하고 다른 블록에 단단하게 결합되어야 함	레고를 연결하기 위해 적절한 힘을 보여주는가? 레고를 맞추기 위해 충분한 저항력을 사용하는가?

도구 이용과 운동 계획

능숙한 도구 사용은, 손으로 도구를 잡고 이것을 역동적으로 움직이는 것과 관련이 있다(손은 안정성과 이동성을 제공). 자르기 위해 가위를 사용하려면 아동은 손안에서 가위를 조정하고 가위 손잡이 고리에 손가락을 넣은 채로 가위의 날을 움직여야 한다. 사실상 식사도구, 가위, 필기도구를 포함한 모든 도구는 손안에서 조작하거나 그것들을 잡고 있는 동안에 조작하는 것이 필요하다. 도구를 조절하고 효율적으로 사용하는 것은, 무게, 크기, 도구의 모양 그리고 도구를 적절히 사용하기 위해 요구되는 힘에 따라 알맞게 도구를 부드러운 힘으로 잡고 있다는 것을 의미한다(그림을 그리기 위해 필요한 힘은 판자를 자르기 위해 필요한 힘과 비교됨).

손으로 가위를 이용하는 것과 같이 도구를 효율적으로 사용하는 것은 감각 체계(즉, 촉각, 자기감각 수용, 운동 감각)와 운동 체계(소근육, 검지손가락만 펴기)의 통합을 요구한다. 이러한 감각과 운동 체계의 통합이 발달하는 데에는 여러 해가 걸린다. 자르기 위해 가위를 능숙하게 사용하는 것은 3세~3세 6개월까지는 발달하지 않는다. 가위질하기 기술이 발달할 때, 처음에는 엎침 상태로 가위를 잡고 손가락을 폈다 구부렸다 함으로써 가윗날을 움직인다. 2~3세에는 가위의 움직임과 함께 손 전체를 쥐었다 폈다 한다. 이러한 동작을 사용하여 가위를 움직이는 것은 가위를 통제하는 데에 한계가 있고 그 결과 아동은 선에 맞춰 자를 수 없게 된다. 4세쯤에는 노쪽 손가락들radial digits fingers을 사용하여 가윗날을 움직이고 자쪽 손가락ulnar finger은 고정된 채 유지되는데, 이것은 손가락이 가윗날을 움직일 때 손가락에 안정성을 제공하게 된다. 4세가 되면 아동은 상당히 정확하게 선에 맞춰 오리거나 동그라미를 자를 수 있게 된다.

게다가 가위로 자르기는 한 손이 가위를 다루는 동안에 다른 한 손은 종이를 잡아야 하는 양손 기능이다. 양손은 역동적으로 움직이는데, 즉 한 손은 종이의 위치를 바꾸고 다른 한 손은 가위를 잡고 부분적으로만 날이 벌어지게 통제된 운동으로 가위를 움직이면서 종이가 가윗날 내에 머물도록 움직인다(즉, 아동은 종이를 자르기보다는 선을 자름). 방향을 바꿔 가며 종이를 움직이고 선에 따라 가위를 움직이기 위해서는 운동 계획이 요구된다. 가위질하기 기술은 감각과 운동 체계의 통합을 요한다. 따라서 5~6세까지 완전히 성숙되지는 못한다. 그것들은 소근육운동 척도의 맨 뒷부분 문항들에 속한다(표 4.9).

표 4.9 | 도구 사용 및 운동 계획

문항	측정되는 기술	구체적 관찰 내용
47. 손 동작 모방하기	운동 계획. 시범을 보고 움직임을 모방하는 능력. 신체 양쪽을 통합	자동적으로 움직임을 모방하는가 아니면 관찰한 후 모방하기를 주저하는가? 어떻게 움직임 패턴을 따라 하는가?
48. 싹둑 자르기	역동적인 도구를 초보적 방법으로 사용함	가위를 어떻게 잡는가? 자르는 동안 두 손을 협응적으로 사용하는가?
52. 종이 자르기	단순한 눈-손 과제에서 역동적인 도구를 정확하게 사용함	가위를 어떻게 잡고 위치시키는가? 양손을 함께 협응적으로 사용하는가?
55. 선 따라 자르기	역동적인 도구 사용. 눈-손 협응. 양손 협응	가위를 어떻게 잡는가? 팔과 손의 위치는? 양손을 함께 사용하는가?
63. 동그라미 오리기	역동적인 도구 사용. 눈-손 협응. 양손 협응. 운동 계획	가위를 어떻게 잡는가? 팔과 손의 위치는? 양손을 협응적으로 사용하는가?
64. 네모 오리기	역동적인 도구 사용. 눈-손 협응. 양손 협응. 운동 계획	가위를 어떻게 잡는가? 팔과 손의 위치는? 손과 팔의 동작을 통제하는가? 양손을 함께 협응적으로 사용하는 것을 보여주는가?

✔️ 대근육운동척도

Bayley-III 대근육운동척도는 출생부터 42개월 사이 아동의 운동과 놀이에 필수적인 대근육운동 수행능력을 검사하기 위해 고안되었다. 이 문항들은 목 가누기, 몸통 가누기, 이동능력, 운동 계획을 평가한다(Bayley,

2006). 이러한 기술들에 대해 평가하면서 검사자는 초기에 습득되는 기초적인 기술들이 어떻게 더 복잡한 움직임 패턴으로 이어지는지를 관찰할 수 있다. 아동이 환경 내에서 운동하고 탐색하는 능력은 그들의 발달에 상당한 영향력을 발휘한다. 대근육운동척도는 아동의 운동기술의 수행을 종합적으로 평가한다. 임상학자들은 대근육운동 문항들을 이용하여 아동이 어떻게 대근육운동기술과 이동기술을 수행하는지 관찰할 수 있다(표 4.10 참조). 또한 Baylcy-III의 행동관찰척도와 발달위험지표를 사용하여 아동 운동의 질을 구체적으로 평가할 수도 있다. 이러한 결합된 도구들을 이용하는 것은 아동의 대근육운동 및 이동기술 발달에 대한 포괄적 자료를 제공한다(Bayley, 2006).

초기 움직임

전형적인 운동발달에서 신생아는 환경 자극에 반사적으로 반응한다. 스스로를 달래기 위해 손을 입으로 가져가는 행동을 제외하고 초기의 운동은 임의적이며 반드시 목적을 가지고 있지는 않다. 원시적 반사는 자세반응과 좀 더 의도적인 움직임들이 나타나면서 덜 두드러지게 된다. 영아는 머리를 돌리고, 환경에 대한 시각·청각·촉각 자극에 대한 반응으로 시각적으로 추적하고, 장난감을 향해 손을 뻗고, 구르기 시작한다. 이러한 초기 운동 경험은 더 높은 수준의 운동기술 수행을 위한 토대를 만든다(Effgen, 2005)(표 4.10). 운동 조절, 균형, 자세 조절, 안정성에 관한 지속적인 발달은 더 복잡한 대근육운동기술의 습득으로 이어진다.

자세 안정성과 조절

무게 중심을 유지하고 조절하는 능력으로 정의되며, 기능적 움직임과 균형잡기의 기초가 된다. 자세 안정성postural stability과 자세 통제postal control라

표 4.10 | 초기 움직임

문항	측정되는 기술	구체적 관찰 내용
1. 놀이하면서 다리 뻗기	누운 자세에서 중력에 반하는 무작위적 움직임	움직임이 무작위적이고, 다양하며, 서로 다른 빈도와 진폭으로 보이는가?
2. 놀이하면서 팔뻗기	누운 자세에서 중력에 반하는 무작위적 움직임	움직임이 무작위적이고, 다양하며, 서로 다른 빈도와 진폭으로 보이는가?
6. 기는 움직임 보이기	엎드린 자세에서 반대 방향의, 교대로 하는 무작위적 움직임	움직임이 보다 협응적이 되어 가는가? 팔과 다리를 교대로 움직이는가?
14. 옆으로 누운 자세에서 등쪽으로 뒤집기	이동성을 산출하기 시작하는 팔다리의 움직임	팔다리의 움직임이 몸 전체 움직임을 유도하는가? 구르기는 일반적으로 영아가 이동성을 처음으로 경험하는 것이며 영아에게 공간에서 움직이는 것에 대한 초기 감각을 제공함

'Bayley-III'는 미국 그리고/혹은 다른 국가에서 피어슨 교육출판사(Pearson Education, Inc) 및 제휴사의 등록상표임

출처 : Bayley Scales of Infant & Toddler Development, Third Edition(Bayley-III). Copyright © 2006 MCS Pearson, INC. Reproduced with permission. All rights reserved.

는 용어는 종종 바꿔 가며 사용된다. 정적이고(움직이지 않는) 동적인(움직이는 동안) 균형과 자세 통제는 기능적 운동 수행에 필수적인 것으로 여겨진다. 대근육운동기술을 습득함에 따라 영아는 움직임과 기능을 뒷받침해 주는 자세 통제와 균형을 적절한 수준으로 발달시켜야 한다. 체위활동 피드백feedback postural activity은 아동이 환경으로부터의 감각적 입력에 반응하여 만들어 내는 움직임을 말한다. 반대로 예기적 자세 통제(피드포워드)는 자발적인 운동의 예측에서 만들어지는 자세 조정을 의미한다. 자세 통제의 피드백은 피드포워드보다 앞서 발달한다(Shumway-Cook & Woollacott, Lowes, & Richardson, 1997).

전형적인 발달 중에 있는 아동들은 상하방식cephalocaudal manner으로 자세 통제가 발달한다. 즉, 목 가누기, 몸통 가누기, 그리고 안정적인 서기가 발달한다. 적절한 피드백 및 피드포워드 반응은 기능적 운동에 필수적이다(Shumway-cook & Woollacott, 2007; Westcott et al., 1997). 목 가누기는 안구운동, 전정vestibular 통제와 함께 발달한다(Shumway-Cook & Woollacott, 2007). 양육자가 영아를 안고 움직일 때 머리를 똑바로 하고 안정화시키는 것을 배우면서 영아는 목 가누기 피드백을 경험한다. 환경을 둘러보기 위해 의도적으로 머리를 움직일 때는 목 가누기의 피드포워드를 배운다. 자세 통제의 피드백과 피드포워드의 또 다른 예는 대근육운동 하위문항에서 찾아볼 수 있다. 목적이 없는 임의적인 움직임들을 한 후에 영아는 보다 목적을 갖고 움직일 수 있는 운동 통제를 발달시키기 시작한다. 이는 영아가 다양한 자세에서 안정을 유지시키는 것은 물론 한 자세에서 다른 자세로 바꾸는 것을 가능하게 한다. 이러한 의도적 전신운동은 팔뻗기와 잡기기술에 필요한 몸 중심 안정화시키기와 함께 나타난다(표 4.11~4.13).

균형과 이동

여러 저자들(Dietz, Richardson, Atwarer, & Crowe, 1992; Richardson, Atwater, Croew, & Dietz, 1992)은 감각 체계가 균형에 미치는 영향을 연구해 왔다. 4~24개월 영아들은 대근육운동을 수행하는 동안 균형감을 통제하기 위해 우선적으로 시각 체계에 의존한다. 아동은 3~6세 사이에 체지각 정보를 사용하기 시작하고, 좀 더 나중에는 전정계를 능숙하게 사용할 수 있고, 7~10세 사이에는 감각 충돌을 해결하고 균형을 조절하기 위해 모든 감각기관을 사용할 수 있게 된다. 그러므로 아동은 7~10세

표 4.11 | 목 가누기

문항	측정되는 기술	구체적 관찰 내용
3, 4, 9. 세운 자세에서 목 가누기 시리즈 : 머리 들기, 3초, 15초(어깨에 기댄 자세)	중력에 반하여 목 가누기의 시작	어깨에 기댄 채로 차츰 움직임을 다르게 하며 목을 가눌 수 있는가?
5. 머리를 옆으로 돌리기 (엎드린 자세)	중력에 반하여 머리 들기 혹은 목 펴기	바닥에서 고개를 들어올린 채 양쪽으로 돌리는가?
7. 등을 받쳐준 채로 목 가누기(등을 받친 자세)	중력에 반하여 목 굽힘근육 통제	중력에 의해 머리가 뒤로 떨어지지 않고 중간선에서 머리를 유지할 수 있는가?
8. 배를 받쳐준 채로 목 가누기(엎드린 자세)	엎드린 자세에서 중력에 반하여 목 가누기	중력에 의해 머리가 앞으로 떨어지지 않고 중간선에서 머리를 유지할 수 있는가?
10. 머리를 몸 중심에 유지하기(누운 자세)	시각 및 운동 방향감 중심에 두기	시각적 초점을 유지하고 중간선에서 머리를 통제할 수 있는가?
11. 안겨서 이동하는 동안 목 가누기	움직이는 동안 선 자세로 목 가누기	다른 방향으로 그리고 다양한 속도로 움직이는 동안 중간선에 머리를 유지할 수 있는가?
13. 머리를 바로 세워 유지하기(세운 자세)	이마 면과 시상 면 모두에서 머리를 바르게 고정시킴	다양한 방향에서 머리를 중간선 쪽으로 바르게 고정시키며 움직임에 반응하는가?

'Bayley-III'는 미국 그리고/혹은 다른 국가에서 피어슨 교육출판사(Pearson Education, Inc) 및 제휴사의 등록상표임

가 될 때까지는 어른과 같은 균형능력에 도달하지 못하며 7세 미만까지는 시각이 우세한 비균형적 능력을 갖고 있다고 예상할 수 있다. Berger와 Adolph(2007)는 균형과 이동의 발달에서 경험의 역할을 연구했다. 영아는 온종일 가지각색의 질감과 표면에서 다양한 이동 활동을 하며, 이

표 4.12 | 엎드린 자세에서의 움직임

문항	측정되는 기술	구체적 관찰 내용
12, 17. 엎드린 자세에서 목 가누기 시리즈 : 45초, 90초	좀 더 몸을 세우는 자세로 발전하면서 중력에 반하여 목 가누기	움직이기 위해 목 굽힘근과 폄근을 협응적으로 통제하는 것을 보여주는가? 시선은 수평선을 향하고 있는가? 머리를 90°로 드는가?
15, 18, 21. 엎드린 자세에서 몸통 들어 올리기 시리즈 : 팔꿈치와 아래쪽 팔	상체를 펴고 팔로 무게를 지탱하면서 목 가누기 : 무게 중심을 이동하고 팔을 뻗는 능력, 엎드린 자세는 놀이와 움직임에 있어서 보다 기능적인 자세임	목과 몸통의 굽힘근 및 폄근을 협응적으로 사용하는 것을 보여주는가? 무게 중심을 이동하기 위해 배와 어깨근육에 증가된 활성회를 보여주는가? 팔을 펴는 자세에서 아래쪽 몸통 및 골반근육 사용이 증가되는가?

'Bayley-III'는 미국 그리고/혹은 다른 국가에서 피어슨 교육출판사(Pearson Education, Inc) 및 제 휴사의 등록상표임

출처 : Bayley Scales of Infant & Toddler Development, Third Edition(Bayley-III). Copyright © 2006 MCS Pearson, INC. Reproduced with permission. All rights reserved.

표 4.13 | 초기 움직임/구르기

문항	측정되는 기술	구체적 관찰 내용
20. 등쪽에서 옆으로 누운 자세로 뒤집기	바닥에서 이동하도록 하는 목적적 움직임	종종 처음에는 다리를 굽히면서 우연히 일어날 수 있음(문항 24)
24. 손으로 발 잡기	중력에 반하여 하지를 굽히는 움직임	배근육 통제를 사용하여 골반을 바닥으로부터 들어올리는가? 이 동작은 넓적다리 뒤쪽 근육이 펴지며 신체 인식을 위해 발과 다리에 대한 촉각 및 자기감각적 탐색을 제공함
25. 등에서 배로 뒤집기	탐색을 위해 바닥에서 이동하도록 하는 목적적 움직임	구르기는 전형적으로 몸통과 사지의 굽힘에 의해 유도되고 몸통과 사지의 펴짐으로 완성됨. 목과 몸통 바로잡기 반응을 만들어 내는가?

'Bayley-III'는 미국 그리고/혹은 다른 국가에서 피어슨 교육출판사(Pearson Education, Inc) 및 제 휴사의 등록상표임

출처 : Bayley Scales of Infant & Toddler Development, Third Edition(Bayley-III). Copyright © 2006 MCS Pearson, INC. Reproduced with permission. All rights reserved.

그림 4.8 | 도움 없이 쪼그려 앉기(문항 45)는 균형, 자세 통제, 근력, 그리고 운동 계획이 결합되어야 한다.

러한 활동은 더 효율적인 이동을 위한 운동 전략과 균형 조절을 학습하는 데 필요한 경험을 제공한다.

대근육운동기술 지연을 겪고 있는 영아와 아동들은 움직임을 수반하는 경험의 반복과 연습이 부족하다. 똑바로 서고 걷기 위해서는 자세 체계의 성숙함과 안정성이 필요하다. 비록 7세의 나이까지 걷기 패턴이 계속 발달한다고 할지라도 영아의 걷기 패턴에서 가장 중요한 변화는 독립적으로 걷기를 하는 첫 4개월 동안 발생한다(Shumway-Cook & Woollacott, 2007). 균형과 자세 통제 발달에 대한 이해는 영아의 대근육 운동능력을 평가할 때 중요하다. 임상적으로 치료자들은 균형 전략balance strategies을 평가하기 위해 정적이고 동적인 움직임 모두를 하는 동안 아동의 반응 시간, 정확성, 평형을 관찰할 것이다. 아동의 자세 통제와 균형에 대한 정보는 매우 가치가 있다(그림 4.8). 부진한 자세 통제와 부적절한 균형 반응 시간은 기능적 운동 과제에서의 운동 지연과 불충분한 운동 수행으로 이어지게 된다. 표 4.14~4.16은 균형에 대한 구체적인 관찰

표 4.14 | 앉기

문항	측정되는 기술	구체적 관찰 내용
16, 19. 도움 받아 앉기 시리즈 : 짧게, 30초	몸을 세운 것을 통제하고 균형을 잡는 것이 나타남	가슴과 허리 부분을 통해 몸통을 펴는 것이 보이는가?
22, 26. 도움 없이 앉기 시리즈 : 5초, 30초	앉아서 균형을 잡고 점진적인 도움 없이 앉기	중앙 안정성과 정적 균형, 중립적인 골반 위치, 그리고 두 다리로 지탱하는 것이 보이는가?
23. 끌어당겨 앉히기	목, 몸통, 그리고 팔의 굽힘근 제어	자세를 세우기 위래 턱을 밀어 넣고 굽혀진 팔을 당기는가?
27. 도움 없이 앉아 사물 갖고 있기	앉아서 균형을 잡고 점진적인 도움 없이 앉기, 자세를 바로 잡기(보정 반응) 위한 자세 조절 통제가 나타남	정적 균형을 잃지 않고 중간선 근처로 움직이는 것을 가능하게 한다. 중심 이동이 나타나고 팔을 뻗는 것이 보이는가?
28. 앉아서 몸 돌리기	동적인 앉은 자세의 균형과 선행하는 혹은 피드포워드 운동 제어, 능숙한 자세 바로잡기(보정 반응) 그리고 평형 반응	골반의 동적인 움직임과 팔을 뻗으면서 중심을 이동하는 것이 보이는가? 앉아서 다양한 자세로 자유롭게 다리를 움직이면서 몸통을 돌리는가?

'Bayley-III'는 미국 그리고/혹은 다른 국가에서 피어슨 교육출판사(Pearson Education, Inc) 및 제휴사의 등록상표임

출처 : Bayley Scales of Infant & Toddler Development, Third Edition(Bayley-III). Copyright © 2006 MCS Pearson, INC. Reproduced with permission. All rights reserved.

내용을 명시하고 있다.

두 발로 걷기 그리고 한 발로 걷기 균형과 운동기술

영아가 도움 없이 서고 걷는 능력이 나타나면서 두 다리의 안정성과 통제력이 발달한다. 표 4.16은 스스로 서고 걷는 능력으로 이끄는 발달적 사건들에 대해 설명하고 있다. 영아는 균형, 협응, 그리고 근력을 향상시키기 위해 이러한 기능들을 하루에도 수백 번씩 연습한다(Berger & Adolph, 2007). 두 다리로 서는 것이 능숙해지면서 한 다리로 서는 것을 연습하기

표 4.15 | 걷기 위한 전조

문항	측정되는 기술	구체적 관찰 내용
29. 걷는 동작하기	선 자세를 한 채, 다리로 걷는 움직임을 번갈아 함	능숙하게 자세를 제어하고 다리를 움직이고 선 자세를 유지하기 위해 골반 안정성을 보였나?
30. 기기 시리즈 : 배밀이	엎드린 자세에서 앞으로 움직임	아동이 상호 간의 사지 움직임을 보였나? 모든 영아가 엎드려서 기는 것은 아니다.
31. 기기 시리즈 : 네발 기기 자세	엎드린 자세에서 네발 기기 자세로 바꾸는 능력	뻗은 팔을 밀어 올리고 몸통을 들기 위해 배근육을 이용하고 다리를 구부릴 수 있는가? 이 자세는 굽힘근과 폄근의 균형 잡힌 활성이 요구된다.
32. 앉은 자세에서 네발 기기 자세로 바꾸기	자세 간의 바꾸기 위한 움직임	네발 기기 자세를 위해 어떻게 중심을 이동하고 몸통 돌리기를 했는가? 능숙하게 자세를 바꾸는 운동은 더 높은 수준의 운동기능이 발달하는 데 있어 중요하다.
33. 체중 지탱하기	세운 자세 지탱하고 다리로 무게 견디기	아동은 골반을 안정적으로 하고 다리 폄근의 제어를 보였는가?
34. 기기 시리즈 : 네발로 기어가기	네발 기기로 이동	처음에 네발로 기어서 이동하는 것은 보통 균형 잡혀 있지 못하다. 상호적인 다리 움직임으로 앞으로 나아갈 수 있는가?
35. 몸 일으켜 서기	서 있는 자세로 바꾸기	서기 위해 한쪽 무릎을 굽히는 발달한 이행 형태를 보였는가? 이러한 자세 바꾸기는 능숙한 서기와 걷기를 위해 중요하다.
36. 서 있는 동안 무릎 굽혔다 폈다 하기	서 있는 자세에서 다리 움직임을 통제할 수 있는 능력	굽혔다 폈다 하는 것은 다리근력이 중심에서 벗어난 것을 나타낸다. 이것은 걷기와 자세를 바꾸기 위해 필수적이다. 굽혔다 폈다 할 때 골반과 무릎을 얼마나 통제했는가?

(계속)

표 4.15 | 걷기 위한 전조(계속)

문항	측정되는 기술	구체적 관찰 내용
37. 걷기 시리즈 : 도움 받아	도움을 받아 의도적으로 앞으로 걸어가는 움직임	자세를 제어하고 안정적인 골반이 몸을 세우기 위해 충분한가? 초기 보행은 앞으로 나아가는 것이 가능할지라도 가변적인 다리의 협응으로 특징짓는다.
38. 잡고 옆으로 걷기	'cruising' 또는 잡고서 도움을 받아 걷기	아동은 능숙한 옆으로 걷기를 보였는가? Cruising은 골반근육 힘의 빌딜을 (득히 측면으로) 위한 중요한 기능이다. 이것은 서고 걷기를 위해 필수적이다.
39. 능숙하게 앉기	능숙하게 혼자서 아니면 지지해 줄 바닥을 잡고 앉는 능력(바닥에 떨어지지 않고)	몸을 낮추는 움직임의 전체에 걸쳐 다리로 신장성 근육의 통제를 보였는가(능숙한 낮추기)?
40. 혼자 서 있기	도움 없이 서 있는 능력, 자세 조절 통제	아동이 얼마나 오래 혼자 서 있을 수 있는가? 서 있는 자세가 얼마나 안정적인가? 서 있는 자세로 자세 보정 반응과 평형 반응을 보이는 것이 처음엔 균형이 맞지 않는다. 그러면서 점차 미묘한 운동성이 발달한다.
41, 46. 일어서기 시리즈 : 혼자서, 능숙하게	도움 없이 서 있는 자세를 유지하는 능력	능력은 균형, 자세 통제, 힘, 운동 계획을 갖춰야 한다.

'Bayley-III'는 미국 그리고/혹은 다른 국가에서 피어슨 교육출판사(Pearson Education, Inc) 및 제휴사의 등록상표임

출처 : Bayley Scales of Infant & Toddler Development, Third Edition(Bayley-III). Copyright © 2006 MCS Pearson, INC. Reproduced with permission. All rights reserved.

표 4.16 | 걷기

문항	측정되는 기술	구체적 관찰 내용
42. 걷기 시리즈 : 혼자서	도움 없이 3걸음 이상 걷는 능력	아동이 걸을 때 얼마나 안정적인 것처럼 보였는가? 걷는 모습은 경직된 다리 움직임을 보이고 균형감각이 감소되어 흔히 서툴게 시작한다.
43. 걷기 시리즈 : 혼자서, 능숙하게	능숙하게 균형 잡힌 걸음으로 5걸음 이상 걷는 능력	팔과 다리의 움직임이 균형 잡혀 보였는가? 모습은 더 균형 있게 협응되었다. 성숙한 걷기를 위해서는 수개월의 연습이 요구된다.
44. 공 던지기	서 있는 자세로 균형을 잃지 않고 도움 없이 공을 앞으로 던지는 능력. 피드포워드 자세 제어의 증거는 팔 말단의 움직임이 가능하도록 몸통 중앙으로 안정화시키는 것	팔의 움직임은 몸통의 움직임과 관련 없이 균형 잡히고 자유로운가? 아동은 공을 뒤로 떨어뜨리지 않고 유능하게 던질 수 있는가?
45. 도움 없이 쪼그려 앉기	서 있는 자세에서 쪼그려 앉은 자세로 바꾸는 능력	아동은 서 있는 자세로 되돌리기 전에 몸을 천천히 낮추고 짧게 쪼그려 앉은 자세를 유지할 수 있는가? 능력은 균형, 자세 통제, 근력, 그리고 운동 계획을 갖춰야 한다.
48. 뒤로 2걸음 걷기	도움 없이 뒤로 2걸음 이상 걸으면서 균형을 유지하는 능력	골반 안정성을 보였는가? 골반의 신장은 뒤로 걷기에 충분했는가? 이런 능력은 신체 인지가 나타나는 데 중요하다(공간에서의 위치).
54. 잡지 않고 옆으로 걷기	도움 없이 옆으로 2걸음 이상 걸으면서 균형을 유지하는 능력	아동은 조화롭게 옆으로 걷고 좋은 균형감으로 최소한의 흔들림을 보였는가? 골반 안정성, 구체적으로 고관절 외전, 신체 지각이 나타난다(공간에서 위치). 이 능력은 운동 계획이 필요하다.

'Bayley-III'는 미국 그리고/혹은 다른 국가에서 피어슨 교육출판사(Pearson Education, Inc) 및 제휴사의 등록상표임

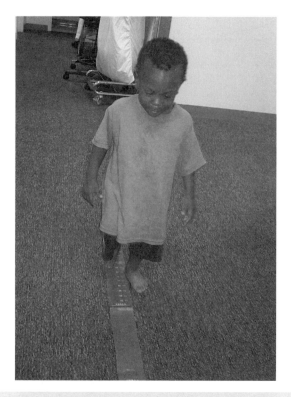

그림 4.9 | 길 따라 걷기(문항 51)는 좁은 바닥면을 걸을 때의 균형과 자세 통제를 필요로 한다.

시작한다. 양손을 잡고 걷기에서 한 발로 서기로 변화가 일어나고 더 높은 수준의 대근육운동능력 수행으로 이어진다. 두 다리에서 한 다리로 이동할 때에는 근력, 안정성, 균형에 대한 요구가 매우 증가한다. 달리고, 도약하고, 한 발로 뛰는 것 같은 더 높은 수준의 능력도 마찬가지이다(Shumway -Cook & Woollacott, 2007)(그림 4.9). 달리고, 도약하고, 한 발로 뛸 때는 신체를 앞으로 나아가게 하고 땅에서 뛰어오르게 하는 근육의 힘과 능력이 필요하다(그림 4.10). 계단 오르내리기stair negotiation(그림 4.11)는 특정한 근육의 힘과 그에 따른 다리의 움직임 그리고 한 발로 서는 안정성이 필요

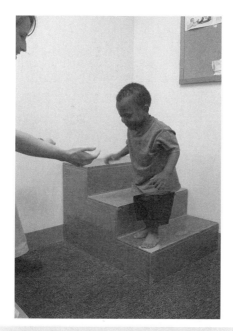

그림 4.10 │ 맨 아래 계단에서 뛰어내리기(문항 55)는 뛰기 전 자세 및 도약 시의 근력에 대한 운동 계획을 필요로 한다.

하다. 표 4.17~4.19에는 더 높은 수준의 대근육운동기술 문항을 시행할 때 관찰할 수 있는 사항들을 기록해 놓았다.

검사 실시 및 채점

베일리 척도의 시행과 채점에 대한 지시는 지침서에 잘 설명되어 있다. 다음 절에서는 지침서의 지시사항들을 상세하게 설명하고 운동척도를 시행하고 채점할 때 고려해야 하는 특수한 사항들에 대해 자세히 설명하였다.

그림 4.11 | 계단 올라가기(문항 47)는 자세 안정성, 한 발의 균형, 동심원적 근육 통제를 결합시킨다.

📋 검사 환경을 위한 준비

Bayley-III 척도의 다른 영역과 마찬가지로, 검사 환경은 재미를 느끼면서도 매우 구조화되어야 한다. 검사자는 구체적인 규칙을 설정하고, 검사 순서나 어디에 앉을지를 아동이 결정하게 함으로써 검사에 대한 기대감을 조성할 수 있다. 지침서는 검사 환경에 대한 명확한 지시를 제공하고 있는데, 즉 집중을 방해하는 것이 없어야 하고, 조용해야 하며, 적절한 조명에 편안한 분위기가 조성되어야 한다고 언급하고 있다. 검사자는 최고의 수행을 이끌기 위해 아동과 라포를 형성하기 위한 노력을 해야 한다. 어린 아동과 검사할 경우 검사자는 부모와 아동에게 부드러우면서도 명확하게 얘기해야 한다. 부모와 검사자가 편안한 관계라고 인식한 아동은

표 4.17 | 한 다리/ 도전적인 지지의 기초/운동 계획

문항	측정되는 기술	구체적 관찰 내용
50. 능숙하게 달리기	걷기에서 뛰기의 빠른 움직임 패턴으로 발전하는 능력	빠르고, 고르고, 협응된 팔다리 움직임을 보이는가?
51. 길 따라 앞으로 걷기	적어도 한 발은 길을 따라 걷는 것을 유지하며 앞으로 걷기	좁은 지지 면에서 안정적인가? 한 발을 다른 발 앞쪽에 놓으려고 시도하는가?
52. 오른발로 균형 잡기 시리즈 : 잡아 주기 53. 왼발로 균형 잡기 시리즈 : 잡아 주기	도움을 받아 한 발로 균형을 잡고 안정화하는 능력	한 발 서기의 균형 및 안정성이 나타나기 시작함. 바로잡기 반응은 미성숙하며 골반의 안정성은 아직 발달 중임
56. 공차기	도움 없이 한 다리로 공을 앞으로 차는 동안 다른 한 발로 균형을 유지하는 능력	한 발 서기의 안정성 및 균형 반응이 보다 능숙해짐. 아동이 완전한 한 발 서기를 보여주는가 아니면 찰 때 공 앞에서 걷는가?
60, 71. 오른발로 균형 잡기 시리즈 : 혼자서, 2초; 혼자서, 8초 61, 72. 왼발로 균형 잡기 시리즈 : 혼자서, 2초; 혼자서 8초	도움 없이 한 발로 균형을 잡고 안정화하는 능력	골반 안정성은 증가하고 흔들거리는 움직임은 감소하는지 관찰할 것. 오랫동안 한 발로 서는 것이 가능하도록 성숙한 균형 전략을 사용하는가?
62. 발끝으로 4걸음 걷기	뒤꿈치를 바닥에 닿지 않게 하고 도움 없이 적어도 4걸음을 걷는 능력	발끝으로 설 때 좀 더 숙련된 균형 전략을 사용하는가? 자세 안정성에 대한 요구는 바닥면이 변형되었거나 작을 때 더 증가함
63. 길 따라 뒤로 걷기	길에 가까이 유지하면서 적어도 150cm 뒤로 걷기	(공간에서의) 신체 지각에 대한 요구의 증가 및 운동 계획. 뒤로 걸을 때 균형과 자세 안정성을 보이는가?
65. 자세 모방하기	특정한 체위와 움직임을 서서 모방하는 능력	자세 안정성과 운동 계획을 관찰할 것. 문항은 검사자에게 주의를 집중하고 상호작용하는 것을 요구함

(계속)

표 4.17 | 한 다리/ 도전적인 지지의 기초/운동 계획(계속)

문항	측정되는 기술	구체적 관찰 내용
66. 완주점에서 멈추기	길 끝에서 2걸음 내에 달리기를 멈추는 능력	자세 안정성 및 통제에 대한 높은 요구, 출발할 때는 증가된 근력이 요구됨. 서는 동작을 빠르게 하기 위해 중심을 벗어나는 근육 통제와 균형을 보여주는가?
68. 뒤꿈치와 발끝을 붙여 걷기	길 전체를 따라 뒤꿈치를 다른 발의 발가락에 가깝게 하며 걷는 능력	좁은 면에서 성숙한 균형과 안정성을 보여주는가?

검사자를 신뢰하고 참여할 것이다. 긍정적 감정, 편안한 표정, 그리고 실시 구조를 갖추는 것은 모든 어린 아동들과 검사를 할 때 중요하다.

검사자는 문항들을 빠르게 제시하고 아동이 자동적으로 반응하게 해야 하며, 가능한 한 빠르게 정해진 대로 순서 바꾸기를 시도해야 한다. 검사 재료와 도구들을 한 문항에서 또 다른 것으로 바꾸는 것은 검사가 진행되는 동안 빠르게 일어난다. 아마도 아동은 왜 검사자가 장난감을 빼앗는지 이해하지 못하기 때문에 종종 예상치 못한 변화에 당혹해할 수도 있다. 이러한 혼란을 피하기 위한 한 가지 전략은 제시된 장난감을 제거하기 전에 다음 장난감을 보여주는 것이다. 이렇게 하면 아동은 새로운 장난감에 관심을 갖게 되어 이전의 장난감을 치워 버리는 것에 신경 쓰지 못한다. 이러한 흐름을 유지하면 검사는 순조롭게 진행될 것이다.

매우 어린 나이에도 대부분의 아동들은 그들이 수행에 대해 기대를 받고 있다는 것을 바로 안다. 밝고 다채로운 색상의 Bayley-III 도구들이 제시되면 그들은 점점 수월하게 잘 참여한다. 대부분 소근육운동척도의 문

표 4.18 | 계단 오르내리기

문항	측정되는 기술	구체적 관찰 내용
47. 계단 올라가기 시리 즈 : 지지 받아, 한 계단에 두 발씩 놓기	벽이나 손잡이를 잡고 적어 도 3 계단을 올라가는 능력 (검사자의 도움 없이)	어떻게 자세 안정성, 한 발 서 기 균형, 동심성 근육 통제를 결합하는지 관찰할 것
49. 계단 내려가기 시리 즈 : 지지 받아, 한 계단에 두 발씩 놓기	벽이나 손잡이를 잡고 적어 도 3 계단을 내려가는 능력 (검사자의 도움 없이)	어떻게 자세 안정성, 한 발 서 기 균형, 동심성 근육 통제를 결합하는지 관찰할 것
57. 계단 올라가기 시리 즈 : 혼자서, 한 계단 에 두 발씩 놓기	벽이나 손잡이를 잡지 않고 적어도 3 계단을 올라가는 능력(검사자의 도움 없이)	손잡이를 잡지 않을 때 안정성 및 통제된 계단 오르기를 나타 내는가? 팔의 도움을 받을 수 없기 대문에 한 발 서기의 균 형 및 안정성에 대한 요구가 증가됨
58. 계단 내려가기 시리 즈 : 혼자서, 한 계단 에 두 발씩 놓기	벽이나 손잡이를 잡지 않고 적어도 3 계단을 내려가는 능력(검사자의 도움 없이)	계단을 내려갈 때 균형 및 통 제된 동심성 근육 움직임을 나 타내는가? 팔의 도움을 받을 수 없기 대문에 한 발 서기의 균형 및 안정성에 대한 요구가 증가됨
64. 계단 올라가기 : 혼자서, 한 계단에 한 발씩 놓기	발을 교대로 하며 벽이나 손 잡이를 잡고 적어도 2 계단 을 올라가는 능력(검사자의 도움 없이)	통제된 움직임 및 교대로 다리 움직이기를 나타내는가? 동심력 및 한 발 서기 안정성에 대한 요 구가 매우 증가하는 기술임
65. 계단 내려가기 : 혼자서, 한 계단에 한 발씩 놓기	발을 교대로 하며 벽이나 손 잡이를 잡고 적어도 2 계단 을 내려가는 능력(검사자의 도움 없이)	통제된 움직임 및 교대로 다리 움직이기를 나타내는가? 동심력 및 한 발 서기 안정성에 대한 요 구가 매우 증가하는 기술임

표 4.19 | 점프하기/한 발 뛰기

문항	측정되는 기술	구체적 관찰 내용
55. 맨 아래 계단에서 뛰어내리기	발을 모아서 혹은 한 발이 앞서며 땅으로 점프하는 능력	발을 모아서 점프하기 위해 힘과 통제를 보여주는가? 점프하기 전에는 엉덩이와 다리를 굽히고 그다음에는 상당한 근력으로 바닥에서 떨어져야 함, 바닥으로 떨어질 때는 다리근육 통제가 필요
59, 69. 밀리 뛰기 시리즈 : 10cm, 60cm	땅에서 앞으로 밀리 나아가며 점프하는 능력	앞으로 점프하기 위한 힘을 나타내는가? 근력은 점프하는 거리가 늘어날수록 증가함, 두 발로 함께 바닥에서 뜨고 내려앉는 것은 보다 성숙한 패턴임
70. 한 발 뛰기 : 150cm	한 발로 균형 잡는 능력 및 연속해서 적어도 150cm를 한 발로 뛰는 능력	자세 안정성, 균형, 다리근육의 강도와 힘이 가장 많이 요구되는 기술임

항들은 적응적이다. 즉, 그것들은 다양한 놀이 상황에서 사용될 수 있다. 가령 블록들은 무언가를 만들거나, 쌓거나, 놓아두거나 혹은 두드리는 데 이용될 수 있다. 다른 도구들(예 : 크레용과 가위) 또한 다양한 방식으로 사용될 수 있다. 게다가 아동들은 이러한 물건을 가지고 노는 것을 경험한 적이 있거나 혹은 직관적으로 알아챈다. 따라서 최소한의 지시만이 필요할 것이다. 그러므로 어떤 문항들은 구체적인 지시가 주어지기 이전에 아동이 노는 것을 바탕으로 채점될 수도 있다. 아동은 그리기와 쌓아 올리는 활동을 좋아한다. 왜냐하면 거기에는 옳고 그름의 정답이 없기 때문이다. 그래서 아동은 그런 활동들을 통해 다양한 방식으로 놀 수

있다. 아동의 행동을 구조화하기 전에 일정량의 자유놀이를 허용해야 한다. 많은 대근육운동척도 문항들이 자유놀이 동안에 관찰될 수 있다. 움직임과 탐험을 유도하는 검사 환경을 조성하는 것은 대근육운동 문항의 시행을 촉진할 것이다.

검사자들은 흔히 Bayley-III 검사를 소근육척도부터 시작한다. 인지척도의 문항들과 비교했을 때 소근육운동기술을 측정하는 문항들이 아동에게 더 쉽고 재미있게 보일 수 있으며, 아동의 이전 경험의 확장처럼 보이기 때문이다(예 : 블록과 크레용). 대부분의 문항들은 검사자가 시범을 보인다. 즉, 언어적 지시는 감소한다. 베일리 운동척도 검사는 소근육 문항부터 시작하는 것을 권한다.

대근육운동척도는 유연성 있게 시행될 수 있다. 아동은 다른 영역의 검사 동안 집중이 떨어졌을 때 단지 움직이는 것으로부터도 점수를 얻을 수 있다. 어떤 검사자들은 아동이 탁자 위에서 하는 검사로 돌아갔을 때 느낄 수 있는 거부감을 피하기 위해 대근육 문항들을 검사의 마지막에 시행한다. 순서와는 상관 없이 대근육운동 문항들의 시행에 있어 융통성과 창의성은 검사를 더 성공적으로 이끌 것이다.

자세 지지

검사자는 베일리 소근육운동과 대근육운동 문항들을 시행함에 있어 안전과 편안함을 최우선으로 두어야 한다. 생후 1년 이내 영아의 자세 지지를 위한 외부 도움의 정도는 다를 수 있다. 어린 영아는 바닥이나 부모의 무릎 위 혹은 영아용 의자에서 똑바로 누운 자세를 취할 수 있다. 이러한 자세는 시선 추적과 팔뻗기에 중요한 머리 지지를 가능하게 해준다(예 : 소근육운동척도의 처음 12개 문항). 문항 13을 시작하면서부터 영아는 앉게 된다. 영아의 몸통을 완전하게 받쳐주는 것이 중요하며, 특히 영아가 미숙한 자세 안정성을 보일 때 그러하다. 5~6개월 된 영아들은 부모의 무릎에 앉아 있는 것이 최상의 지지와 편안함을 느낀다. 영아가 7~8개월이 되어 앉아 있는 것이 안정되면 검사문항들은 바닥에서 그리고 작은 테이블과 육면체의 의자에서 혹은 부모님의 무릎에서도 시행될 수 있다.

모든 소근육 문항에서 아동은 능숙한 자세 안정성을 보여줘야 한다. 이러한 안정성이 제한된다면 영아의 몸통을 지지하기 위해 외부의 도움이 필요하다. 불안정한 자세 지지는 소근육운동기술의 질에 부정적인 영향을 미친다(Exner, 2005). 아동이 불안정하다고 느끼면 그들은 자세를 지탱하기 위해 손을 사용하게 되고 손과 손가락의 정교한 움직임에 대한 통제는 줄어든다. 자세 불안정은 또한 아동이 손의 움직임을 유도하기 위해 눈을 사용하는 능력에도 영향을 미친다.

✅ 시리즈 문항과 검사 시행의 흐름

소근육과 대근육운동척도들은 연관된 능력을 평가하고 같은 검사도구를 사용하는 시리즈 문항들을 포함하고 있다. 이런 문항들은 검사도구를 바꾸지 않고 연속적으로 쉽게 시행할 수 있다. 시리즈 문항을 연속적으로 시행하는 것은 흐름을 촉진하고 검사의 구조화를 촉진한다. 시리즈 문항을 시행하는 것은 또한 검사자로 하여금 아동이 검사에 더 잘 참여할 수 있도록 하며, 아동으로 하여금 최소한의 단서로 더 높은 수준의 수행을 보여주도록 할 수 있다. 즉, 더 빠르고 더 잘 구조화된 검사 시행이 가능하도록 한다.

검사자는 블록 시리즈부터 시작할 것이다. 왜냐하면 아동은 블록을 가지고 다양한 방식으로 놀 수 있기 때문이다. 블록은 아동이 다루기 쉬운 보편적인 디자인이다. 블록에 대한 친숙함과 경험은 검사를 시작하는 데 도움이 된다. 아동이 검사 환경에 적응하고, 검사자에게 편안함을 느끼면서 수행에 대한 기대를 이해하기 때문이다. 아동이 정육면체, 크레용, 그리고 과자 조각을 다루는 동안 검사자는 잡기 패턴에 관한 문항들을 채점할 수 있을 뿐 아니라 이런 도구들을 어떻게 기능적으로 사용하는지에 대해 평가하는 문항들을 채점할 수 있다(예 : 쌓기, 그리기).

모든 시리즈 문항에 대해 아는 것은 검사자가 시리즈 문항들을 더 정확하고 효율적으로 채점할 수 있도록 한다. 또한 비슷한 재료나 소도구를 사용하는 문항들을 묶는 것도 효율성을 높일 수 있다. 기록지에 문항들을 채점하기 위해서 자주 검사를 중단했다 시작했다 하는 것은 아동의 주의를 흐트리고 집중하기 어렵게 한다. 예를 들어, 검사자는 아동이 주의를 기울이는 동안 계단을 사용하는 모든 적합한 문항들을 한 번에 시행할 수 있다. 또한 아동은 계단 오르내리기 문항을 끝낸 후에 가장 낮은 계단에서 뛰어내리기를 하도록 격려될 수 있다. 아동이 매트를 가로질러 기어가는 동안 서기 위해 몸을 일으키고 돌아다니도록 만들기 위해 흥미있는 장난감을 바닥 아래쪽에서 위쪽으로 움직일 수도 있다. 이러한 전략들은 보다 효율적인 검사 시행을 위한 지속적인 움직임과 놀이를 촉진할 것이다.

Bayley-III 소근육운동 문항은 인지와 언어 문항들에도 포함되어 있다. 여러 영역을 한꺼번에 검사한다면 검사자는 소근육, 인지, 언어검사를 번갈아 시행해야 한다. 이러한 시행 방식은 준비를 위해 지체되는 시간 없이 검사문항의 흐름을 유지함으로써 아동의 주의가 유지되도록 해준다. 소근육과 인지척도는 일부 같은 도구를 사용하므로 두 영역이 순차적으로 이뤄질 수 있다. 두 척도의 많은 문항이 유사하기 때문에 아동이 수행에 대한 기대를 이해할 수 있다(예 : 퍼즐, 블록, 레고 블록, 막대 꽂이판, 병 안에 과자 조각들을 제시했을 때). 베일리 대근육운동 문항들은 탁자 위에서 하는 검사의 쉬는 시간에 중간중간 혹은 검사 완료에 대해 보상으로 놀게 하면서 맨 마지막에 시행될 수 있다.

☑️ 아동의 수행에서 환경의 영향

위에서 인급한 깃처럼 물리적인 환경과 사회적인 환경 모두 운동 수행에 영향을 미친다. 검사자는 아동의 수행에 있어 환경의 영향에 대해 신중하게 고려해야 한다. 지침서는 검사자가 조용하고 어수선하지 않은 검사 환경을 이용할 것을 권한다. 검사가 진행되는 동안 검사자는 잘 구조화되고 주의 분산을 최소화할 수 있는 환경을 유지해야 한다. 장난감이 있는 큰 방에서 검사를 할 때는 아동의 주의를 지속하기 위해 놀고 싶게 만드는 넓은 공간과 장난감을 볼 수 없도록 벽 또는 모서리를 보고 앉게 할 수 있다. 검사도구들은 검사자 옆 바닥에 놓고 아동의 시선에서 벗어나도록 한다.

운동 수행과 검사에서 긍정적인 조건과 부정적인 조건은 모두 아동의 운동 수행 성공에 영향을 미치기 쉽다. 긍정적인 조건은 아동이 문항을 시도하거나 운동 활동에 참여하도록 검사자나 부모가 격려하는 것이 포함된다. 부정적인 조건은 아동의 문항 수행능력을 제한할 수 있는 주의를 산만하게 하는 소리나 시각적인 것들을 포함한다. 검사자는 아동이 검사에서 보여준 수행이 그들의 진짜 능력을 반영하는 것인지 아닌지를 평가하기 위해 이러한 요인들의 영향에 대해 관찰하고 감시해야 한다.

검사 환경은 운동과 탐험을 촉진할 수 있게 구성한다. 이것은 많은 대근육 문항에서, 특히 걷기 이전과 초기 걷기능력에서 자연스러운 관찰을 가능하게 한다. 초기 운동 문항의 대부분에서 흥미 있는 물건들은 영아의 주의를 끌기 위해 사용되었다. 밝은 색상과 재미있는 장난감을 사용하는 것은 대근육운동 수행을 촉진하는 효과적인 방법이다. 영아와 운동할 때 바닥에 까는 매트는 구르고, 앉고, 기는 능력을 보기 위한 단단하고 평평한 표면을 제공하는 게 좋다. 서기 자세로의 이행이 예상된다면 검사 공간에는 튼튼한 벤치나 의자, 다른 낮은 작업대가 갖춰져야 한다. 계단은 대부분 아동에게 매우 흥미로운 것이다. 그래서 계단을 오르내리는 문항의 시행은 쉽게 이루어질 것이다. 그러나 일부 아동은 계단 문항을 마치고 다른 검사문항으로 넘어가는 것에 어려움을 느낄 수 있다. 더 효과적인 검사를 위해 다른 대근육운동기능을 알아보는 데 사용되었던 넓은 공간으로 언제든 필요할 때마다 계단을 분리시킬 수 있다. 검사자는 안전을 보장하기 위해 아동이 계단에 있는 동안 주의를 기울여야 한다.

양육자가 검사를 참관하는 것은 아동의 수행에 영향을 미칠 수 있다. 대개 양육자는 검사 지시에 협조와 순응을 이끌어 낼 수 있다. 그러나 양육자가 항상 긍정적인 영향만 주는 것은 아니고 때때로 아동의 주의를 검사에서 다른 곳으로 돌릴 수 있다. 영유아를 평가할 때, 양육자는 공간에 함께 있으면서 가급적이면 아동을 잡고 있어야 한다. 걸음마기 유아는 흔히 더 독립적이어서 검사자와 상호작용하기 위해 양육자로부터 떨어질지도 모른다. 비록 그들이 보통 때는 양육자가 가까이 있는 것을 더 좋아하고, 일이 있을 때마다 지원과 안정을 추구하러 양육자에게 가게 될지라도! 3세 아동을 검사할 때 양육자의 존재는 아동의 최고 수행을 용이하게 하거나 혹은 그렇지 못할 수도 있다. 검사자는 양육자의 존재가 아동 최상의 수행을 가능하게 할지 아닐지를 신속하게 판단해야 한다. 만일 그렇지 못하다면 양육자 없이 아동을 검사하는 것을 제안해야 한다. 이상적인 검사 공간은 아동은 자신들을 지켜보는지 모르지만 양육자가 관찰할 수 있는 창이 있는 곳이다.

양육자와 떨어지는 것을 거부하는 아동은 대근육 검사에 참여하는 것이 어려울 수 있다. 부모가 검사를 시연하도록 하는 것은 아동의 참여를 증가시키는 데 도움이 된다. 그러나 문항을 시행하는 데 있어서 검사가 표준화된 지침을 따르고 있다는 것을 보장하기 위해서는 세심한 주의가 있어야 한다. 또 다른 전략은 검사 전에 다양한 장난감을 사용하여 아동이 자유롭게 놀이활동에 참여하도록 하는 것이다. 이렇게 검사 시행 전에 아동과 라포를 형성하는 것은 후에 검사 상황에서 아동의 자발적인 참여를 향상시킬 수 있다. 끝으로 많은 아동들이 낯선 상황과 환경 때문에 운다. 그러나 그들은 울고 짜증내는 것을 한차례씩 하면서 계속해서 참여하게 될 것이다. 양육자가 특별하게 검사를 끝낼 것을 요청하지 않는다면, 아동의 울음이 꼭 검사를 중단해야 한다는 것을 의미하는 것은 아니다. 예를 들어, 양육자로부터 약간 떨어져 있던 우는 아동은 양육자가 있는 방향으로 기어가거나 걸어갈 것이다. 그때 검사자는 특정한 검사문항을 관찰할 수 있게 된다.

해석

기술 세트에 근거한 해석

관련된 문항의 기술 세트는 아동 수행의 패턴을 확인함으로써 수행을 이해하는 것을 돕는다. 문항의 그룹에서 아동의 패턴을 분석하는 것은 진단에 대한 정보를 주고 개입 목표와 계획을 개발하는 데 도움을 준다. 이러한 계획과 목표 설정은 아동의 움직임과 조작, 잡기 패턴, 두 손의 협응, 힘, 시각운동 기술, 운동 계획, 그리고 도구 사용을 포함하여 아동의 소근육 및 대근육운동발달에 대한 풍부한 정보를 얻는 데 유용하다. 기술 세트 내에서 그리고 기술 세트 간 아동의 강점과 한계를 확인하는 것은 개입 계획을 가능하게 한다.

수행에서의 변화를 해석하는 것

처음에 아동은 움직이려는 시도에서 학습한다. 기술을 학습할 때 움직임은 달라질 수 있고 수행은 비일관적일 것이다. 능력발달에 있어 이러한 단계는 Bayley-III 운동척도를 시행할 때 쉽게 관찰될 수 있다. 아동이 비일관적으로 혹은 가변적으로 수행하는 문항들은 능력이 발달하는 중에 있음을 의미한다. 아동은 이러한 문항에 높은 흥미를 갖고 있어서 반복해서 시도하지만 기준을 충족시키지는 못할 것이다. 이렇게 나타나고 있는 능력은 개입의 목표와 계획이 된다. 그들은 또한 평가 보고서에 집중해야 하는데, 그것이 아동의 수준과 수행의 안정성에 대해 알려주기 때문이다.

수행에서의 변동성은 제한된 경험을 비롯한 여러 가지 이유로 발생할 수 있다. 즉, 시도를 해보면 어떤 활동이 아이가 이전에 경험해 보았고, 경험해 보지 못했는지를 알게 된다. 아동이 과제에 접근하는 것을 관찰하면 검사자는 아동의 능력에 미치는 환경의 영향을 짐작할 수 있을 것이다. 소근육운동척도 문항에서의 수행은 아동이 여러 도구와 장난감을 가지고 연습해 보았던 정도에 특히 영향을 받는다. 크레용이나 가위를 사용해 본 적이 없는 아동은 검사문항에서 그것들을 가지고 무엇을 해야할지 모를 것이다. 그는 호기심 어린 표정으로 바라보거나 도구들을 탐색하거나 어색한 방식(예 : 가위로 종이를 쿡쿡 찌르는 것)으로 사용하려는 시도를 보일 수 있다. 어떤 아동들은 특정 사물을 사용하는 방법을 모르기 때문에 흥미가 없어 보일 수도 있다. 검사자는 부모에게 아동이 이런 도구나 사물을 가지고 놀 기회가 얼마나 많이 있었는지를 확인해야 하는데, 특히 크레용이나 가위로 하는 수행이 다른 소근육 문항의 수행과 일관성이 없을 때 그렇다.

대근육운동 수행에서의 변동성이나 지연은 또한 다양한 조건 때문일 수 있으므로 신중하게 분석해야 한다. 예를 들어 특정한 손상은(예 : 근력, 자세 통제, 또는 선택적 운동 제어의 손상) 아동의 대근육운동 수행에 영향을 미칠 것이다.

역동체계이론에 따르면 검사자는 환경적인 요인들과 과거 경험이 기능발달에 얼마나 영향을 미칠 수 있는지를 고려해야 한다. 예를 들어, 엎드려 하는 놀이활동 경험이 제한된 아동은 베일리 척도의 시행을 하는 동안 엎드린 자세 문항의 수행이 저조할 것이다. 미국소아과협회 (AAP Task Force, 1992)에서 추천했던 '눕혀 재우기' 캠페인은 많은 영아들의 대근육능력 획득에 부정적인 영향을 미쳤다. 다수의 연구에서 (Davis, Moon, Sachs, & Ottolini, 1998; Liao, Zawaki, & Campbell, 2005; Majnemer & Barr, 2005; Pin, Eldridge, & Galea, 2007) 자고 노는 동안 누운 자세로 있었고, 깨 있는 동안에도 엎드린 자세에 제한되었던 영아는 발달이 지연되거나 그리고/혹은 변형된 초기 대근육운동 성취를 보인다고 보고했다. 계단 오르내리기에 노출이 많지 않았던 (전혀 없거나 혹은 접근이 제한된) 아동의 수행은 연령 기대 수준에 못 미칠 것이다. 부모는 집에서나 밖에서 안전에 대한 걱정 때문에 아동의 계단 이용을 제한했을 것이고, 따라서 계단 오르내리기 능력을 연습하고 획득할 기회가 제한됐을 것이다.

아동의 인종적인 배경 또한 대근육운동기술 발달에 영향을 미칠 수 있다. 아시아와 유럽 인종 아동들의 운동발달을 분석한 문헌은 영아와 아동의 집단에서 운동발달의 순서와 정도에 차이가 존재한다고 언급한다(Mayson, Harris, & Bachman, 2007). 예로 중국 아동들은 근긴장도가 낮지만 관절의 유연함을 지녔고, 또한 초기 월령에서 다소 낮은 자세 안정성을 보이는 경향이 있다. 비록 Bayley-III의 규준화된 사례가 미국 집단에서 나타나는 다양한 인종적 배경의 아동을 포함하고 있지만 인종적 배경은 아동의 수행과 대근육 하위척도 점수를 해석하는 데 있어서 고려되어야 한다.

운동 수행에 있어 이러한 환경과 인종적 영향의 예들은 역동체계이론의 타당성을 지지해 준다. 따라서 Bayley-III 척도에서 아동의 점수를 해석할 때, 운동발달 지연이 신경 손상 때문인지 다른 요인 때문인지를 결정할 때 이러한 것들이 고려되어야 한다. 이런 숙고에는 임상적인 판단과 소근육·대근육발달에 대한 분명한 이해가 요구된다. 그것은 또한 진단과 치료를 위해서도 중요하다.

📋 척도 간의 상호 연관성

행동은 상호 관련된 체계의 상호작용 때문에 일어난다. 예컨대 소근육운동 수행은 시각과 촉각 체계에 의해 영향을 받는다. 대근육운동 또한 시각, 자기수용proprioceptive과 전정 체계vestibular systems에 의해 영향을 받는다. 한 영역에서의 수행은 종종 다른 영역의 수행과 관련이 있기 때문에, 운동척도의 점수는 다른 베일리 척도 점수와의 맥락에서 해석되어야 한다. 소근육운동기술은 인지능력과 강한 관련성이 있다. 예를 들어, 초기 버전의 베일리 척도는(1969, 1993) 소근육운동 항목을 인지척도에 포함시켰다. 소근육운동 하위척도는 제3판에서 처음으로 분리되었다(Bayley, 2006). 기술 세트의 검사는 소근육 수행에서 인지의 영향을 이해하는 데 도움이 될 것이다. 인지는 일부 기술 세트(잡는 모양, 안구운동 능력)에서는 최소한의 영향을 미치고 다른 기술 세트, 특히 체계의 통합을 필요로 하는(예 : 시각운동 협응 그리고 운동 계획) 기술에는 더 많은 영향을 미친다. 3세를 위한 많은 문항들은 시각운동 통합, 운동 계획, 그리고 지각능력을 필요로 한다. 이런 능력은 인지 세트의 부분이며 초기 지적 발달을 반영하는 것으로 생각된다.

소근육운동기술에서 인지의 영향은 아동의 인지점수를 검토함으로써 알 수 있다. 인지점수가 평균 이하라면, 검사자는 더 복합하거나(예 : 여러 단계가 있는) 언어에 기반한(아동이 구체적인 지시를 따라야 하는) 특정 문항들의 수행을 검사해야 한다. 아동이 이런 문항에서도 연령 기대 수준 이하의 수행을 보일 때, 낮은 소근육 점수는 인지 지연의 영향일 수 있다. 검사자는 아동의 수행에 대한 가능한 해석으로 이러한 추론을 보고서에서 언급해야 한다.

전체 하위 문항에 대한 수행이 모든 아동집단에서 일치하지 않을 수 있다. 한 아동은 특정 하위 문항에서 평균의 수행을 보일 수 있고 다른 문항에서는 평균 이하의 수행을 보일 수 있다. 예를 들어, 자폐 또는 인지장애가 있는 아동은 대근육에서는 평균 수행을 보이면서 인지, 언어, 그리고 소근육에서는 평균 이하의 수행을 보일 수 있다. 뇌성마비 아동은 낮은 운동 수행을 보이지만 인지와 의사소통 능력은 평균 수행을 보일 수 있다. 검사자는 하위 영역에 따라 수행이 달라질 수 있다는 것을 이해해야 하고, 아동의 발달적 특성을 적절하게 규정하기 위해 모든 영역에서 정확한 수행수준을 밝히도록 노력해야 한다.

장점과 단점

Bayley-III 운동척도는 어린 아동의 소근육기술과 대근육기술에 대한 타당한 평가를 제공할 수 있으며, 이는 다양한 목적으로 이용될 수 있다. 이번 개정은 많은 목적을 만족시킨다. 표준점수는 올바른 진단을 위한 아동의 기능수준을 결정하는 데 기여한다(예 : 뇌성마비, 발달협응장애).

- 표준점수는 전문적인 도움에 대한 아동의 적합성을 결정하는 데 도움을 줄 수 있다.
- 포괄적인 문항 세트는 개입 계획을 위한 완전한 정보를 제공한다.
- 문항은 운동의 질과 새로운 능력의 출현을 평가하기 위해 반복적인 기회를 제공한다.
- 이 척도는 운동기술의 변화에 민감하기 때문에 이것은 개입 프로그램에서의 아동의 향상을 측정하거나 발달 과정을 추적하기 위한 선택적 평가이다.

운동척도의 다른 강점들은 다음을 포함한다.

- 문항은 검사를 위한 논리적인 순서로 제시된다.
- 척도는 타당한 시간 안에서 시행될 수 있고 채점될 수 있다.
- 검사는 가장 핵심적인 소근육 및 대근육발달 과업을 포함한다.
- 숙달(득점)을 위한 기준은 대부분 문항에서 분명하게 정의되어 있다.

Bayley-III 운동척도는 몇 가지 한계가 있다. 채점 기준은 출현하고 있는 기능에 대해 부분 점수를 허용하지 않는다. 일부 중요한 소근육 문항은 소근육 척도라기보다는 인지척도의 부분이다. 퍼즐 완성과 나무막대

놓기는 소근육능력뿐만 아니라 인지능력도 측정한다. 검사자는 인지척도 문항에서 퍼즐과 나무막대를 완성했을 때 아동의 시각운동 통합, 운동 계획, 그리고 정확한 쥐었다 폈다에 주목해야 한다. 양손 협응과 손으로 조작하는 것을 평가하는 추가적인 소근육 척도 문항(작은 뚜껑을 병으로부터 여는 것, 단추를 잠그는 것)은 척도의 광범위함을 증가시킨다. 추가적인 대근육 문항은 등에서 배로 뒤집는 것, 기능적인 과제를 수행하는 동안 더 긴 시간 지지 없이 서 있는 것(예 : 장난감을 갖고 놀거나 팔을 뻗는 것), 그리고 맨 아래 계단에서 뛰어내리기를 시도하기 전에 우선 마루에서 뛰어오르는 것을 포함하여 전반적인 기술 숙달을 검사하는 데 도움이 될 것이다. 뛰어내리는 것과 바닥으로부터 발을 떨어뜨리는 것은 자세 통제, 균형, 그리고 근력과 힘이 요구되기 때문에 중요한 운동적 과업이다. 임상학자들은 기록지에 이러한 기능들에 대한 관찰을 기록해야 한다.

임상집단에서의 적용

✅ 자폐 스펙트럼 장애 아동

진단명이 알려진 아동을 검사할 때, 검사자는 성공적인 검사 회기를 보장하기 위해 검사를 조정할 수 있다. 예를 들어, 자폐 스펙트럼 장애Antism Spectrum Disorders, ASD를 보이는 아동에게 표준화된 검사를 사용하는 것은 어려울 수 있다(National Research Council, 2001). 그러나 ASD가 있는 대부분 아동은 성공적으로 표준 평가를 완수할 수 있으며, 검사자가 아동의 제한된 흥미와 선호되는 의사소통 방법에 따라 조정한다면 타당한 결과를 이끌어 낼 수 있다. 일례로 아스퍼거스 증후군 같은 ASD 아동은 흔히 매우 구조화된 반복된 활동을 선호한다. 이러한 아동은 쌓기 또는 블록 배열하기 같은 구조화된 활동에는 참여하지만 그림 그리기 같은 비구조화된 활동에는 흥미가 없을 수 있다. ASD 증상을 보이는 어린 아동에게 처음에 퍼즐, 나무막대, 정육각형 블록, 혹은 동전 넣기 문항들을 제시하면 대부분 참여하기 쉽다. 이런 문항들은 반복적이고 구조화되고 흥미를 갖기 쉬우며 처음에 실시되는 문항 중에 있어야 한다.

특정한 진단을 받은 일부 아동의 검사 행동에는 변동성이 있을 수 있다. 예를 들어, ASD 아동은 흔히 일부 능력들(예 : 저금통에 동전 넣기)은 연령수준 이상이고 다른 문항들(예 : 그리기)은 연령수준 이하로 점수가 산재되어 나타난다. 산재된 문항 수행의 패턴은 ASD 아동 및 편협한 관심을 보이고 경직된 활동을 선호하는 다른 아동들에게 전형적으로 나타난다.

임상 보고에 대한 후향 검토는 ASD 아동 임상집단의 9%가 근긴장 저하 및 대근육 지연으로 진단받았음을 발견하였다. 스스로 서고 걷는 능력의 지연된 획득은 대근육운동에서의 중요한 발견점이다(Ming, Brimacombe, & Wagner, 2007). ASD 아동에게 대근육운동 지연이 있는지 확인하는 것은 진단적인 정보와 적절한 치료 권고를 제공하는 데 있어 중요하다.

ASD 아동은 종종 언어적 지시를 따르지 않는다. 따라서 문항의 표준화가 허용하는 범위 안에서 시범을 보이고 언어적 단서를 주는 것은 지시를 전달하는 데 더 효과적인 방법이 될 수 있다. 문항에 대한 아동의 흥미와 집중을 유지하기 위해 때때로 과장된 단서 주기나 제스처가 필요할 수도 있다. 걷기 이전 및 걷기 운동 문항들은 이런 집단에서 실시하기가 덜 어렵다. 아동은 기꺼이 사람보다는 장난감이나 사물에 관심을 갖기 때문이다. 일단 아동이 흥미로운 사물을 찾았다면 검사자는 언어적인 단서 주기에 의존하지 않고도 아동이 검사활동에 참여하도록 하는 데 이 사물을 사용할 수 있다. ASD 아동이 지시에 따르지 않는다면 더 높은 수준의 소근육, 대근육 문항은 실시하기가 더 어렵다.

검사자는 또한 검사 환경을 바꾸고 늘어난 물리적 단서들을 사용함으로써 검사의 참여를 향상시킬 것이다. 예를 들어, 검사자는 한 다리로 균형 잡기를 평가하기 위해 작은 장애물을 넘도록 지시할 수 있고, 자발적인 점프를 촉진하기 위해 처음에는 아동의 손을 잡고 점프를 할 수도 있다. 아동을 달리게 하기 위해 '잡아라'라고 외치며 아동 뒤를 쫓아가거나 아동이 뛰어넘는 길 위에 주의를 끌기 위한 시각적 단서를 놓기도 한다. 도움 없이 계단 오르내리기를 할 수 있는지 보기 위해 난간이나 벽이 없는 계단을 사용할 수도 있는데, 이때는 아동의 안전을 위해 가까이에서 보호해야 한다. 모방은 일반적으로 이 집단에서의 핵심적인 결함이다 즉, 대근육운동척도 문항 65번, 자세 모방하기는 시행하기에 가장 어려운 것 중 하나가 될 것이다. ASD 아동들이 검사자에게 집중하는 것을 거부한다면 그들은 이 문항에 실패할 가능성이 크다. 따라서 운동 계획과 신체 인식은 자발적인 운동놀이 동안에 평가되어야 한다(예 : 놀이터 기구 위로 기어오르기).

ASD 아동은 흔히 그들 자신의 속도에 맞추어 수행한다. 그래서 검사자들은 그들이 반응하도록 기다려 주거나 많은 시간을 들여 다양한 방식으로 한 개의 문항을 시도할 필요가 있다. 이런 아이들은 주의를 유지하는 것이 어려울 수도 있으며 자주 휴식을 할 필요가 있다. 검사자는 인내심을 갖고 아동의 반응을 참고 기다리며, 문항의 순서를 조정하고, 문항이 어디에서 시행되는지에 유연하고, 언어 단서를 최소화하고, 시각적인 단서를 주고, 보상 규칙을 세운다면(예 : 아동이 집중하고 앉아 있을 때 주스를 주는 등) ASD 아동의 베일리 검사를 시행하고 타당한 점수를 얻는 데 성공할 수 있다. Bayley-III 적응행동척도는 아동의 일상적인 기능 수행에 대한 부모 보고를 제공하는데, 이것은 아동이 일상생활에서 어떻게 운동능력을 이용하는지에 대한 맥락을 제공한다. 아동의 자조기술, 집과 학교 생활에서의 기능적 기술들에 대한 부모의 보고가 아동의 일상적인 기능적 운동기술에 대한 중요한 통찰을 제공한다 할지라도 운동 수행에 대한 관찰은 운동능력을 향상시키는 데 유용할 수 있는 개입을 발견하는 데 있어 중요하다.

뇌성마비 아동

자세 통제와 균형의 결함은 발달장애가 있는 아동에게서 확인되어 왔다. 뇌성마비 아동은 근전도 검사법과 힘판force plate에 의해 측정되는 것처럼 예기적 자세 조정(피드포워드 자세 통제)에서 결함을 보여준다(Liu, Zanio, & McCoy, 2007). 걷는 동안 자세를 통제하고 균형을 잡는 것의 결함은 두 집단의 CP 아동에서 3차원적인 동작 분석과 힘판을 사용하여 연구되었다. CP 아동은 그들의 무게 중심과 압력의 중심을 통제하는 데 있어서 분명한 차이를 보여주었다(Hsue, Miller, & Su, 2009). CP 아동은 또한, 자세 통제의 미숙과 균형을 잡기 위해 시각적 피드백에 의존하는 경향을 보였다(Shimatani, Sekiya, Tanaka, Hasegawa, & Sadaaki, 2009).

CP 아동과 자세 안정성이 부족한 아동은 검사문항을 수행하기 위해서 외부의 도움을 필요로 한다. 영아의 경우 부모의 무릎에 앉히거나 머리와 몸통을 받쳐줄 수 있는 아동용 좌석에 앉힘으로써 외부의 도움을 제공할 수 있다. 더 높은 월령의 아동을 위해서는 등이 높고 팔걸이가 있는 의자가 사용되어야 한다. 책상은 아동이 편안하게 팔꿈치를 90도로 구부리고 팔을 편안하게 쉴 수 있는 높이여야 한다. 자세 안정성이 매우 좋지 못한 아동은 휠체어에서 소근육 도구들을 휠체어 판에 놓고 할 수 있다.

CP 아동은 흔히 느리고 지연된 반응을 보인다. 그래서 소근육 문항을 완수하기 위해서는 많은 시간이 주어져야 한다(즉, 채점 기준에 시간 제한이 없는 문항에 대해서). 종종 CP 아동은 소근육 과제를 시도하지만 기준을 충족시키지는 못한다(예 : 기준을 충족하지 않는 부정확한 선 따라 그리기, 모양 그리기). 아동이 어려워하는 움직임에 대해 서술적으로 설명하는 것은 아동의 능력에 대한 포괄적인 그림을 제공함으로써 척도점수를 보완할 수 있다.

CP 아동에게 비대칭 문제가 있다면, 팔뻗기와 잡기 패턴 문항들은 양손으로 시행되고 각각 채점되어야 한다. 이런 방법은 오른쪽과 왼쪽 기능의 다른 수준에 대한 정보를 제공한다. 양손 모두의 협응을 요구하는 문항은 종종 이런 아동들에게 어렵기 때문에 검사자는 아동이 그리는 것에서 더 성공적인 수행을 할 수 있도록 종이를 고정되게 잡아줄 수도 있다. Bayley-III 실시 지침서는 시행에서의 이러한 조절행동을 허용하고 있다.

소근육, 대근육 성장 곡선은 CP 아동들에게서 흔히 백분위점수 5~10(하위 90~95%) 범위까지 떨어진다. 척도에서 요구하는 운동능력은 점차 증가하지만(예 : 30~42개월의 아동에 대한 문항에서), CP 아동의 수행은 일정하기 때문에 이들의 수행은 전형적인 성장 곡선보다 한참 아래에 위치할 것이다.

☑️ 시각장애 아동

시각장애 아동으로부터 최상의 수행을 얻기 위해서도 조절$_{accommodation}$이 필요하다. Bayley-III 실시 지침서는 시각장애 아동을 검사하는 데 있어서의 안내를 제공한다. 조명은 가능하면 자연스러운 일광이어야 한다. 검사자는 눈부심의 효과와 약한 빛과 밝은 빛 중 어느 것이 좋을지를 부모에게 물어야 한다. 아동은 주변시력 혹은 중심시력의 손상을 보일 것이다. 그렇다면 검사자는 검사도구들을 아동의 시력이 가장 좋은 위치에 놓아야 한다. 소근육 문항의 일부는 시력을 요구하지 않으므로 쥐는 모습, 도구의 사용, 그리고 두 손을 함께 사용하는 것은 측정될 수 있다. 그러나 많은 소근육 문항은 낮은 시력의 아동들에게는 적용될 수 없기 때문에 대부분의 경우 척도는 표준 지침을 사용하여 실시 및 채점될 수 없다.

소근육 문항과 도구는 단순하여 이들의 사용은 다소 직관적이다. 따라서 문항과 도구의 사용은 아동의 소근육발달에 대한 평가와 소근육이 연령에 적합한지 아닌지에 대한 암시를 제공할 수 있다. 시각장애 아동은 촉각으로 사물을 지각할 수 있는 문항(예 : 쥐는 모양, 사물 옮기기, 블록 끼우기)에서는 연령에 맞는 수행을 보이고 다른 문항에서는 지연되는 모습을 보인다(예 : 구슬을 실에 꿰기, 블록 쌓기, 그리거나 가위로 자르기).

시각장애 아동의 수월한 움직임과 대근육 수행은 장난감, 밝은 빛, 그리고 음악 또는 소리나는 것을 사용하면 성취될 수 있다. 검사자는 움직임을 촉진시키기 위한 수단으로 소리를 국지적으로 사용할 수 있어야 한다. 예를 들어, 아동은 소리를 들으려고 머리를 세울 수 있고, 종 또는 딸랑이 소리 쪽으로 향하려고 팔을 뻗을 때 앉아서 무게 이동을 보여줄 수 있고, 소리나는 장난감을 향해 걷거나 기어갈 수 있고, 소리나는 장난감을 다시 얻기 위해 쪼그려 앉을 수 있다. 검사자는 검사 동안 아동의 환경에 있어서 혼란을 최소화하고 집중과 참여를 증가시키기 위해서 모든 주변의 소리를 줄여야 한다. 한 방향에서 오는 장난감 소리와 또 다른 곳에서 들리는 검사자 목소리는 혼란을 초래할 수 있다. 검사자는 아동에게 명료하고 직접적인 지시를 해야 하고, 참여를 촉진하기 위해 필요하다면 반복적으로 해야 한다. 결국 처음에 자유놀이 활동에서 형성된 아동과의 리포는 특히 시각장애 아동에게 이로울 수 있고 검사자와 검사 환경에 대한 신뢰를 형성하는 데 기여할 것이다.

☑️ 지적장애 아동

지적장애 아동Intellectual Disability, ID은 검사 지시를 이해하기 위해서 다감각적인 단서가 필요할 수 있다. 언어적 지시를 보충하기 위해 문항에 대해 보여주는 것 혹은 시범을 보이는 것이 고려되어야 한다. 대부분 소근육 문항에서의 실시 지침은 시범 보이기를 허용한다. 검사자는 일부 문항에서 시범과 지시를 반복할 수 있다.

ID 아동은 주의 시간이 짧아서 검사자는 아동이 과제에 다시 집중할 수 있도록 두드리고 지시하고 언어적 단서를 사용할 필요가 있다. 아동이 더 어려운 문항에 대해 거부한다면 더 쉬운 문항으로 옮겨야 한다. 다운증후군 아동은 흔히 문항 실시에 따르지 않는다. 검사할 때 검사자는 그들의 협조를 유지하기 위해서 노는 기회를 중간에 넣을 수 있다. 소근육운동 성장 차트에 기록된 수행을 보면 ID 아동의 성장은 30~36개월에서 성장이 멈출 것이다. 30~36개월 소근육운동 문항은 시각과 촉각의 통합(예: 문항 50, 촉각으로 모양 알아맞히기; 문항 54, '+' 따라 그리기) 그리고 인지능력(예 : 문항 47, 손 동작 모방하기; 문항 53, 블록으로 다리 만들기)을 요구한다.

대근육운동 성장 차트를 사용하면 ID 아동은 문항이 그들에게 구체적인 지시를 따를 것을 요구할 때(예 : 한 발로 뛰기, 뒤꿈치와 발끝을 붙여 걷기) 대근육운동능력에서 정체기를 보일 것이다. 3세까지 대근육운동 검사는 집중을 잘 못하는 아동이나 인지 혹은 수용적 의사소통에 어려움이 있어서 지시를 따르는 능력이 저하되어 있는 아동들에게는 어려울 수 있다. 더 상위수준의 대근육능력을 검사하기 위해서는 아동이 검사자에게 협조적이어야 하고 명료한 지시를 따르는 것이 필요하다. 이런 경우 모든 시도는 아동의 이해수준에 맞추어 이뤄져야 한다. 즉, 가능한 한 명료하게 지시하고, 신체적으로 더 보여주는 것을 이용하고, 흥미로운 장난감으로 아동의 주의를 끌도록 함으로써 가능하다면 언제든지 언어적인 단서와 신체를 통한 설명을 제공하는 것은 기대 수행을 이해하는 능력을 최대화할 수 있다. 검사자는 표준화된 검사의 제한 안에서 가능한 한 많은 능력을 끌어낼 수 있도록 실시를 조정해야 한다. 문항을 실시하는 데 있어서 신중한 조정, 창의성, 그리고 문제 해결을 이용하는 것은 ID 아동과 검사할 때 운동능력 평가의 정확성을 높일 것이다.

사례연구 : 매튜

ASD가 의심되는 아동에 대한 다음의 평가 보고는, ASD를 반영하는 특징들을 포함하여, 베일리 운동척도가 발달적인 운동능력에 대해 얼마나 포괄적인 그림을 보여줄 수 있는지, 그리고 동시에 얼마나 아동의 수행에 대한 질적인 정보를 제공할 수 있는지 보여준다. 아동의 놀이활동과 사회적인 상호작용에 대한 비구조화된 관찰은 베일리 운동척도를 사용한 검사에 앞서 이루어졌다. 검사 이전과 검사 동안의 상호작용은 중요하다. 왜냐하면 그것은 수행과 표준화된 검사에 대한 맥락을 제공하고, 치료사가 그와 상호작용하는 방법을 이해할 수 있도록 하고, 아동이 검사문항을 준수하도록 촉진하는 라포를 형성하기 때문이다. 적응행동은 또한 적응행동척도를 사용하여 평가되고 보고서에 기록된다. 왜냐하면 그들은 운동능력과 강력하게 관련되어 있고 개입 계획을 위한 발달적인 목표에 있어 중요하기 때문이다. 운동능력에 대한 이 보고서는 매튜의 ASD 최초 진단을 가능하게 했다.

아동의 이름 : 매튜
평가 당시의 연령 : 2세 14일
평가자 : 물리 및 작업치료

☑ **소개**

매튜는 말하기와 언어능력 및 사회적 능력에 대한 염려 때문에 종합적인 평가를 위해 의뢰되었다. 매튜는 그의 부모와 함께 평가에 참여했으며 부모는 아동에 대한 염려와 진단을 받으려는 관심을 표현했다. 매튜의 의학 기록에 관해서는 발달적인 소아과 의사의 세부적인 보고를 참고해 주길 바란다. 이것은 쌍둥이 출산과 조산에 있어 중요하다. 매튜의 발달력을 보면, 8~10개월쯤에 기었고 12~13개월쯤에 걸었다는 기록을 포함하고 있다.

과거 운동 평가는 지역의 초기 아동기 프로그램을 통해 미취학 아동 놀이평가척도Play Assessment Scale를 포함한다. 염려되는 부분은 의사소통, 인지/문제 해결, 자기 돌보기, 그리고 소근육에 대한 것이었다. 대근육에 대한 염려는 현재 부모에 의해 보고되지 않았다. 그들은 매튜가 이번 가을부터 지역 내에서 프로그램에 참여할 수 있음을 최근에 알았다.

매튜에 대한 발달적인 평가는 부모 인터뷰, 놀이활동 동안 운동능력 관찰하기, 베일리 영유아 발달검사 제3판의 표준화된 운동척도를 통해 이루어졌다.

☑ 임상적 관찰과 검사결과

행동관찰

매튜는 적극적으로 검사실을 탐색했고 다양한 운동과 놀이활동에 참여했다. 그는 검사자가 접근했을 때, 간헐적인 눈맞춤과 사회적 상호작용을 보였다. 그러나 놀이활동을 하는 동안 지속적으로 상호작용을 하지는 않았다. 매튜는 장난감들을 바꾸는 것에 어려움을 겪었고 놀이에 참여하려는 검사자의 시도에 매우 저항적이었다(특히 그들이 일상적인 놀이의 틀을 바꾸려고 할 때). 그는 운동놀이(공 차기, 농구 골대에 공 던지기, 계단에서 뛰어내리기) 동안 단순한 운동 움직임의 모방을 수행했다. 그러나 더 새로운 운동과 과제를 모방하는 데에는 어려움을 보였다. 그는 검사자와 상호작용을 하는 대근육 놀이활동은 보이지 않았다(예 : 공을 상대에게 던지거나 트럭 장난감을 앞뒤로 밀기).

매튜는 혼자서 놀이를 시작했다. 그는 미끄럼틀, 공, 그리고 차에 흥미가 있었다. 그리고 공간에 있는 많은 장난감을 탐색했고 몇 분 동안은 인형의 집에서 놀았다. 그의 놀이 대부분은 기능적인 수준에서 이루어졌다. 일부 가상놀이도 일어났다. 그러나 그것은 대체로 자신에 관한 일차적인 가상놀이였다. 그의 놀이는 원인과 결과, 그리고 대상영속성에 대한 이해가 있음을 보여주었다. 그러나 그는 사물을 다른 것으로 표상하는 것처럼 가장하지는 않았다. 그는 치료자와 근접한 거리에서 놀면서 지속적으로 상호작용하지는 않았다. 그는 좀처럼 지시에 따르지 않았고, 오직 그가 활동에 흥미가 있을 때만 따랐다. 치료자와 그의 상호작용은 짧았고 그 자신의 흥미를 좇느라 종종 상호작용을 중단했다. 그는 특정 방법, 혹은 그가 흥미가 없는 무언가로 활동을 수행하라는 지시가 있을 때 쉽게 화를 냈다. 그는 활동적이었지만 흥미 있는 활동만 계속하였다(예 : 계단 오르기 그리고 인형의 집을 가지고 노는 것).

☑ 베일리 영유아 발달검사의 결과

베일리 영유아 발달검사 제3판은 1개월부터 42개월까지 연령의 아동에 있어 대근육, 소근육, 인지, 언어, 사회정서, 그리고 적응행동을 검사하기 위해 사용하는 표준화된 규준 참조 평가이다. 8~12 사이의 표준화된 점수는 평균 범위로 간주되고, 6 또는 7의 점수는 평균 이하로 간주되며, 5 또는 그 이하의 점수는 저조한 범위로 간주된다. 수행은 또래의 다른 아동들과 비교된다.

대근육운동척도에서 매튜의 원점수 54점은 환산점수 9점이었다. 환산점수 평균은 10점이며, 8점 이하는 평균보다 1 표준편차 이상 더 낮다. 그의 점수는 대근육운동 수행이 그의 연령의 평균 범위 안에 있음을 나타낸다. 다음의 표를 보자.

소근육운동척도에서 매튜의 원점수 33점은 환산점수로 6점이다. 다음의 표를 보자.

소근육과 대근육운동척도를 평균 냈을 때 매튜는 표준점수 9점을 받았다. 그의 발달지수는 85이다(평균은 100). 이 점수는 그의 소근육 수행이 지연되어 있음을 나타낸다. 그러나 그의 전체 운동 수행을 같은 연령의 또래들과 비교했을 때 그의 운동능력은 단지 조금 평균에 못 미치는 정도였다. 그의 운동척도의 백분위점수는 16이다(50번째 백분위수가 중간점수를 나타냄)

베일리 운동척도 점수

운동척도	원점수	표준점수
대근육	54	9
소근육	33	6

운동 관찰

매튜의 운동 패턴은 기초적인 이동과 놀이를 하는 동안 균형 잡히고 능숙한 것이 관찰되었다. 더 높은 수준 또는 더 도전적인 대근육 과제를 하는 동안에는 약간 감소했다. 매튜는 약간의 근육 과긴장(근긴장도)을 보였지만 이동과 대근육운동을 하는 동안 근력의 기능적인 수준, 운동 범위, 자세 통제, 그리고 균형감을 나타냈다. 한 가지 예외는 바닥에서 뛰어내리려는 시도를 하는 동안 밀어내는 근육의 힘이 약간 감소했다는 것이다.

매튜는 한 계단에 두 발씩 놓고 난간을 이용하여 계단을 오르고 내리는 것이 관찰되었다. 그는 난간을 잡고 올라갈 때 발을 번갈아 하려는 능력이 나타나고 있음을 보여주었고 난간을 잡지 않고 몇 걸음씩 계단을 오르내렸고 한 다리로 1~2초 동안 균형을 잡고, 한 발을 놓고 혹은 한 발을 떼고 선을 따라 걸었고, 미는 장난감에 탔다. 그는 네발 기기 자세로 일어나기 대 한쪽 무릎 짚고 일어서기의 미성숙한 패턴을 사용했다. 그는 점프하려고 시도했으나 발이 바닥으로부터 혹은 가장 아래 계단으로부터 분명하게 떨어지지 못했다. 그는 기능적인 속력으로 달릴 수 있었다. 그는 평평한 표면과 평평하지 못한 표면을 걸을 때 적절한 균형을 보였다. 그는 낮은 언덕에 오를 때 처음으로 매우 망설였으나 나중에는 기구에 능숙해졌다. 빠르게 달리는 것은 관찰되지 않았다.

매튜는 협응하는 활동에 있어서 두 손을 함께 지속적으로 사용했다. 그는 오른 손잡이인 것처럼 보였다. 왼손은 보조할 때 사용했다. 그는 조작하기 위해 독립적인 손가락 움직임을 이용했다. 그러나 기대했던 것만큼 손끝을 많이 사용하지는 않았다. 비록 두 살이어서 엄지-검지-중지로 잡는 것은 기대하지 않았지만 잡기 패턴은 미숙했다.

종이와 연필을 주자 매튜는 주먹 쥐기로 낙서를 했다. 매튜는 구조화된 활동을 선호했다. 그는 인지척도에서 파란색 조각판과 분홍색 조각판을 완성했고 블록을 나열했다. 그는 블록을 쌓지 않았고 그의 부모는 그가 쌓는 것을 좋아하지 않는다고 보고했다. 그는 능숙한 마주잡기로 병에 10개의 과자 조각을 넣었다. 그는 반복된 행동의 활동을 좋아하는 것 같았다. 그는 저금통에 10개의 동전을 넣었다. 비록 레고 블록 떼어 내기는 하지 않았지만 그의 부모는 그가 집에서 레고를 가지고 논다고 말했다. 그의 반복되고 고정적인 움직임으로 본 활동 경향은 주목할 만했고, 이것은 그의 부모와 검사자에게는 걱정스러운 것이었다.

적응행동

매튜의 적응행동은 표준점수 5에서 표준점수 8까지였다. 그의 백분위점수는 적응행동에서 중간 정도의 지연을 나타내는 71이었다. 그의 강점은 학령전 학업기능과 운동기술이었고 건강과 안전, 의사소통, 그리고 사회성에서 가장 낮은 점수를 보였다. 그는 알파벳과 알파벳의 소리를 알았기 때문에 학령전 학업기능의 점수를 잘 받았다.

일부 지연된 영역에 대해 매튜의 부모님은 그가 항상 안전문제를 인식하지 않고 때때로 충동적으로 행동했다고 말했다. 그는 부모가 멈추라고 할 때 항상 말을 듣지 않았다. 그는 위험한 도구에 대해서도 조심하지 않았다. 그는 공공장소를 돌아다니다가 안전문제를 일으켰다. 그는 사회적인 상호작용이 지연되었고 흔히 혼자 노는 것을 좋아했다.

매튜의 부모는 그가 편식을 한다고 했다. 그의 식생활에 있어 도구의 사용이 한정되고 주로 손가락으로 먹어 섭식기술이 지연되어 있었다. 그는 한정된 음식 몇 종류에 대해서만 강한 선호를 보였다.

사회적인 상호작용은 부모의 가장 큰 걱정이었다. 타인과 함께 노는 능력은 제한되어 있었지만 나타나고 있는 것 같았다. 그는 장난감을 나눠 쓰고 타인에게 인사하는 것을 학습 중이었다. 그는 때때로 타인의 행동을 모방했다.

☑ 결과

Bayley-Ⅲ 대근육운동척도의 결과는 매튜의 대근육 수행이 또래의 평균 범위 안에 있음을 나타냈다. 그는 뛰어내리고 계단을 오르내리는 능력이 나타나고 있음을 보여줬다. 비록 그는 더 어려운 과제를 하는 동안 운동 협응에 다소 어려움을 보였지만 그의 이동성과 대근육 수행은 기능적이었다. 그의 움직임을 모방하는 능력은 제한적이었다. 이것은 더 높은 수준의 운동능력을 배우고 동료와 어른과의 상호적인 놀이활동에 참여하는 데 중요하다.

Bayley-III 소근육 하위문항과 적응행동척도의 결과는 매튜의 전반적인 수행이 조금 지연되어 있음을 나타냈다. 구조화된 활동에서는 강하고 비구조화된 활동(예 : 그리기)에서는 뒤처져 있었다. 그는 학령전 학업기능과 대근육운동능력에서 강점을 보였고 의사소통과 사회성에서는 한계를 보였다. 그는 손으로 하는 능력에 기능적이었다. 그러나 가상놀이나 그리기에 흥미를 보이지 않았다.

매튜의 적응행동은 다소 지연되었다. 자기 주도적인 활동과 학령전 학업기능에 있어서는 강점을 보였다. 그의 자기주도성은 또래와 상호작용하는 것과 사회적 놀이에 참여하는 것을 배우는 데에 잠재적인 문제를 일으킬 수 있는 사안으로 보인다. 사회적 상호작용 능력은 이 개입에서 집중적으로 다뤄져야 한다.

☑ 권고

1. 직접적인 신체치료 서비스는 매튜의 대근육운동발달 수준이 연령에 적합하기 때문에 권하지 않는다. 개입 팀은 앞으로 몇 달에 걸쳐 매튜가 도움 없이 계단을 오르내릴 수 있는지 그리고 그의 점프기능이 발달하는지를 관찰해야 한다. 염려가 된다면 물리치료자가 6~12개월 안에 재검사하는 것이 적절할 것이다.
2. 종합적이고 집중적인 행동 개입을 위해 매튜는 직접적이고 전문적인 치료 서비스를 받아야 한다. 이런 서비스가 집중하는 부분은 가상놀이를 향상시키고, 사회적 놀이, 사회적 상호작용을 촉진하고, 그림 그리기에 맞춘 소근육운동능력과 시간운동 협응능력을 향상시키기 위한 개입을 해야 한다는 것이다.
3. 팀은 또한 종합적인 섭식 평가를 권한다. 이 평가는 편식의 한 부분으로 일어날 수 있는 감각 과정의 문제를 고려해야 한다.
4. 매튜는 놀이 동안 움직임을 모방하고(예 : 노래하면서 율동하기, 특정 동물 가장하기) 더 상호적인 운동놀이에 참여하도록(예 : 공 패스하기, 자동차나 트럭 왔다 갔다 굴리기) 장려되어야 한다. 그의 지속적인 운동학습을 위해서 이런 활동을 통해 운동 모방능력을 향상시키도록 도와야 한다.

매튜의 평가는 팀에 다양한 도전 과제를 제시했다. 낮은 수준의 집중, 참여, 그리고 사회적 상호작용은 그의 제한적인 흥미에 더하여, 치료자가 검사 환경을 조절하도록 요구했다. 그는 늘어난 검사 시간 동안 책상에 앉는 것을 거부했다. 따라서 많은 문항들이 검사실 안에서 다양한 위치에서 시행되었다. 치료사는 또한 매튜의 흥미를 끌고 그의 활동수준에 맞추기 위해 문항을 번갈아 보여주면서 실시했다. 넓은 운동 공간에서의 대근육운동 놀이는 운동 활동, 사회적인 상호작용, 운동 계획, 그리고 안전 인식에 대한 관찰을 가능하게 했다. 매튜의 발달에 대한 정확한 분석은 Bayley-III의 검사 동안 유연성, 창조성, 참을성 그리고 팀 접근을 이용하여 얻게 되었다. Bayley-III 실시에 이어, 의사가 이끄는 팀이 그들의 관찰에 대해 토의했고 아동 자폐 평가 척도Childhood Autism Rating Scale를 채점했다(Schopler, Reichler, & Renner, 1988). 그의 점수는 중간 정도의 자폐로 나타났다.

Bayley-III 결과와 자폐 진단을 근거로 해서 종합적인 프로그램의 부분으로서 치료가 권고되었다. 후속 조치를 위한 추가 권고사항이 가족에게 제공되었다. 많은 ASD 아동들이 그러하듯이, 대근육운동능력은 강한 영역이었고 소근육운동 수행은 시각운동 통합, 운동 계획, 그리고 인지와 관련된 능력에서 결함을 보였다. Bayley-III 운동척도 결과는 매튜의 강점을 보여줬고 그의 손상에 대한 이해를 가능하게 해주었다.

参考文헌

Adolf, K. E., Eppler, M. A., & Gibson, E. J. (1993). Development of perception of affordance. In C. Rovee-Collier, & L. P. Lipsitt (Eds.), *Advances in Infancy Research, Vol. 8* (pp. 51–98). Norwood, NJ: Ablex.

American Academy of Pediatrics Task Force on Infant Positioning and SIDS. (1992). Positioning and SIDS. *Pediatrics, 89,* 1120–1126.

Bayley, N. (1969). *Bayley Scales of Infant Development.* San Antonio, TX: Psychological Corporation.

Bayley, N. (1993). *Bayley Scales of Infant Development* (2nd ed.). San Antonio, TX: Psychological Corporation.

Bayley, N. (2006). *Technical Manual of Bayley Scales of Infant and Toddler Development* (3rd ed.). San Antonio, TX: Harcourt Assessment, Inc.

Beery, K. E., Buktenica, N. A., & Beery, N. A. (2006). *Beery–Buktenica Developmental Test of Visual Motor Integration* (5th ed.). Los Angeles, CA: Western Psychological Services.

Berger, S. E., & Adolph, K. E. (2007). Learning and development in infant locomotion. *Progress in Brain Research, 164,* 237–255.

Berthier, N. E., Clifton, R. K., Gullapalli, V., McCall, D., & Robin, D. (1996). Visual information and objects size in the control of reaching. *Journal of Motor Behavior, 28,* 187–197.

Bushnell, E. W., & Boudreau, J. P. (1993). Motor development and the mind: The potential role of motor abilities as a determinant of aspects of perceptual development. *Child Development, 64,* 1005–1021.

Case-Smith, J. (2006). Hand skill development in the context of infants' play: Birth to 2 years. In A. Henderson, & C. Pehoski (Eds.), *Hand Function in the Child: Foundations for Remediation* (2nd ed.) (pp. 128–141). St Louis, MO: Mosby.

Castner, B. M. (1932). The development of fine prehension in infancy. *Genetic Psychology Monographs, 12,* 105–193.

Charles, J. R. (2008). Typical and atypical development of the upper limb in children. In A.-C. Eliasson, & P. A. Burtner (Eds.), *Improving Hand Function in Cerebral Palsy: Theory, Evidence and Intervention.* London, UK: MacKeith Press.

Connolly, D., & Dalgleish, M. (1989). The emergence of a tool-using skill in infancy. *Developmental Psychology, 25,* 894–912.

Daly, C. M., Kelly, G. T., & Krauss, A. (2003). Relationship between visual motor integration and handwriting skills of children in kindergarten: A modified replication study. *American Journal of Occupational Therapy, 57,* 459–462.

Davis, B. E., Moon, R. Y., Sachs, H. C., & Ottolini, M. C. (1998). Effects of sleep position on infant motor development. *Pediatrics, 102,* 1135–1140.

Dietz, J. C., Richardson, P. K., Atwater, S. W., & Crowe, T. K. (1992). Performance of normal children on the Pediatric Clinical Test of Sensory Interaction for Balance. *Occupational Therapy Journal of Research, 11,* 336–356.

Effgen, S. K. (2005). Child development and appraisal. In S. Effgen (Ed.), *Meeting the Physical Therapy Needs of Children* (pp. 41–107). Philadelphia, PA: F.A. Davis Company.

Exner, C. (1990). The zone of proximal development in in-hand manipulation skills of non-dysfunctional 3- to 4-year-old children. *American Journal of Occupational Therapy, 44,* 884–891.

Exner, C. (2005). The development of hand skills. In J. Case-Smith (Ed.), *Occupational Therapy for Children* (5th ed.) (pp. 304–355). St Louis, MO: Mosby.

Exner, C. (2010). Evaluation and interventions to develop hand skills. In J. Case-Smith, & J. O'Brien (Eds.), *Occupational Therapy for Children* (6th ed.). St Louis: Mosby/Elsevier.

Hsue, B. J., Miller, F., & Su, F. C. (2009). The dynamic balance of the children with cerebral palsy and typical developing during gait. Part I: spatial relationship between COM and COP trajectories. *Gait & Posture, 29,* 465–470.

Humphry, R. (2009). Occupation and development: A contextual perspective. In E. B. Crepeau, E. S. Cohn, & B. A. B. Schell (Eds.), *Willard & Spackman's Occupational Therapy* (pp. 22–32). Philadelphia, PA: Lippincott Williams & Wilkins.

Illingworth, R. S. (1991). *The Normal Child: Some Problems of the Early Years and Their Treatment* (10th ed.). Edinburgh: Churchill Livingstone.

Jouen, F., Lepecq, J.–C., Gapenne, O., & Bertenthal, B. I. (2000). Optic flow sensitivity in neonates. *Infant Behavior and Development, 23,* 271–284.

Kephart, N. C. (1960). *The Slow Learner in the Classroom.* Columbus, OH: Merrill.

Levin, M. F., & Sveistrup, H. (2008). Postural control for reaching and hand skills. In A.-C. Eliasson, & P. A. Burtner (Eds.), *Improving Hand Function in Cerebral Palsy: Theory, Evidence and Intervention.* London, UK: MacKeith Press.

Liao, P. M., Zawacki, L., & Campbell, S. K. (2005). Annotated bibliography: effects of sleep position and play position on motor development in early infancy. *Physical & Occupational Therapy in Pediatrics, 25*(1/2), 149–160.

Liu, W. Y., Zaino, C. A., & McCoy, S. W. (2007). Anticipatory postural adjustments in children with cerebral palsy and children with typical development. *Pediatric Physical Therapy, 19,* 188–195.

Lockman, J. J. (2000). A perception–action perspective on tool use development. *Child Development, 71,* 137–144.

Majnemer, A., & Barr, R. G. (2005). Influence of supine sleep positions on early motor milestone acquisition. *Developmental Medicine & Child Neurology, 47,* 370–376.

Manoel, E. J., & Connolly, K. J. (1998). The development of manual dexterity in young children. In K. J. Connolly (Ed.), *The Psychobiology of the Hand* (pp. 177–198). Cambridge, UK: Cambridge University Press.

Marr, D., & Cermak, S. (2002). Predicting handwriting performance of early elementary students with the Developmental Test of Visual Motor Integration. *Perceptual and Motor Skills, 95,* 661–669.

Mayson, T. A., Harris, S. R., & Bachman, C. L. (2007). Gross motor development of Asian and European children on four motor assessments: a literature review. *Pediatric Physical Therapy, 19,* 148–153.

McCarty, M. E., Clifton, R. K., & Collard, R. R. (2001). The beginnings of tool use by infants and toddlers. *Infancy, 2,* 233–256.

Ming, X., Brimacombe, M., & Wagner, G. C. (2007). Prevalence of motor impairment in autism spectrum disorders. *Brain & Development, 29,* 565–570.

National Research Council. (2001). *Educating Children with Autism.* Washington, DC: National Academy Press.

Newell, K. M., & MacDonald, P. V. (1997). The development of grip patterns in infancy. In K. J. Connolly, & H. Forssberg (Eds.), *Neurophysiology and Neuropsychology of Motor Development* (pp. 232–245). Cambridge, UK: Cambridge University Press.

Pehoski, C. (2006). Object manipulation in infants and children. In A. Henderson, & C. Pehoski (Eds.), *Hand Function in the Child: Foundations for Remediation* (pp. 143–160). St Louis, MO: Mosby.

Pin, T., Eldridge, B., & Galea, M. P. (2007). A review of the effects of sleep position, play position, and equipment use on motor development in infants. *Developmental Medicine & Child Neurology, 49*, 858–867.

Piper, M., & Darrah, J. (1994). *Motor Assessment of the Developing Infant*. Philadelphia, PA: W.B. Saunders.

Richardson, P. K., Atwater, S. W., Crowe, T. K., & Dietz, J. C. (1992). Performance of preschoolers on the Pediatric Clinical Test of Sensory Interaction for Balance. *American Journal of Occupational Therapy, 46*, 793–800.

Rochat, P. (1992). Self-sitting and reaching in 5- to 8-month-old infants: The impact of posture and its development on eye–hand coordination. *Journal of Motor Behavior, 24*, 210–220.

Schneck, C. M. (1991). Comparison of pencil grip patterns in first graders with good and poor writing skills. *American Journal of Occupational Therapy, 45*, 701–706.

Schopler, E., Reichler, R. J., & Renner, B. R. (1980). *The Childhood Autism Rating Scale*. Los Angeles, CA: Western Psychological Services.

Shimatani, K., Sekiya, H., Tanaka, Y., Hasegawa, M., & Sadaaki, O. (2009). Postural control of children with developmental disorders. *Journal of Physical Therapy Science, 21*, 7–11.

Shumway-Cook, A., & Woolacott, M. (2007). *Motor control: Theory and Practical applications* (3rd ed.). Philadelphia, PA: Lippincott Williams & Wilkins.

Smith, L. B., & Thelen, E. (2003). Development as a dynamic system. *Trends in Cognitive Science, 7*, 343–348.

Spencer, J. P., Corbetta, D., Buchanan, P., Clearfield, M., Ulrich, B., & Schoner, G. (2006). Moving toward a grand theory of development: In memory of Esther Thelen. *Child Development, 77*, 1521–1538.

Summers, J. (2001). Joint laxity in the index finger and thumb and its relationship to pencil grasps used by children. *Australian Occupational Therapy Journal, 28*, 132–141.

Thelen, E. (1995). Motor development: A new synthesis. *American Psychologist, 50*, 79–95.

Thelen, E., & Spencer, J. P. (1998). Postural control during reaching in young infants: A dynamic systems approach. *Neuroscience and Behavioral Reviews, 22*, 507–514.

Thelen, E., Corbetta, D., Kamm, K., Spencer, J. P., Schneider, K., & Zernicke, R. F. (1993). The transition to reaching: mapping intention and intrinsic dynamics. *Child Development, 64*, 1058–1098.

Thelen, E., Schoner, G., Scheier, C., & Smith, L. B. (2001). The dynamics of embodiment: A field theory of infant perseverative reaching. *Behavioral and Brain Science, 24*, 1–86.

Twitchell, T. E. (1970). Reflex mechanisms and the development of prehension. In K. Connolly (Ed.), *Mechanisms of Motor Skill Development*. London, UK: Academic Press.

Van Geert, P. (1998). A dynamic systems model of basic developmental mechanisms: Piaget, Vygotsky, and beyond. *Psychological Review, 105*,

634–677.

Van Sant, A. (1990). Life-span development in functional tasks. *Physical Therapy, 70,* 788–798.

Von Hofsten, C. (1984). Developmental changes in the organization of pre-reaching movements. *Development Psychology, 20,* 278–288.

Von Hofsten, C., & Woollacott, H. M. (1989). Postural preparations for reaching in 9-month-old infants. *Neuroscience Abstracts, 15,* 1199.

Westcott, S. L., Lowes, L. P., & Richardson, P. K. (1997). Evaluation of postural stability in children: current theories and assessment tools. *Physical Therapy, 77,* 629–645.

5장

Bayley-III 사회정서척도

Cecilia Breinbauer[1], Twyla L. Mancil[2], Stanley Greenspan[1]

[1]*Interdisciplinary Council on Developmental and Learning Disorders(ICDL),*
Bethesda, MD
[2]*University of Florida, Gainesville, FL*

서론

어린 아동의 사회정서적 특성을 다루는 것은 종종 진단 서비스에 제한되어 왔다. 그러나 최근에 영아 및 어린 아동의 사회정서발달에 대한 관심이 증가하면서 조기판별을 넘어서 예방 및 개입 서비스로까지 확장되고 있다(National Research Council and Institute of Medicine, 2000; Bagdi & Vacca, 2005; Briggs-Gowan, Carter, Bosson-Heenan, Guyer, & Horwitz, 2006). 어린 연령의 아동을 평가하는 것은 어려운 과제이기 때문에, 임상학자와 연구자들은 어린 아동들의 정서사회적 발달을 정확히 평가하는 것의 중요성에 대해 관심을 기울여 왔다. 그리고 이러한 관심은 어린 아동들의 사회정서의 질을 평가하기 위한 표준화된 규준 참조 검사도구 개

발의 필요성으로 이어졌다.

Bayley-III 사회정서척도는 이러한 추세가 반영된 결과이다. 본 척도는 출생에서 42개월의 아동을 대상으로 기능적 사회정서 단계를 습득했는지 평가한다(Bayley, 2006a). 기능적 사회정서 단계의 평가는 특정 정서나 사회적 기술을 독립적으로 측정하는 것이 아니라 주요 발달 과업과 연계하여 전반적인 사회정서적 패턴을 측정한다. 본 척도에서 측정하고 있는 발달 과업으로는 관계에 참여하는 능력, 다양한 정서를 사용하고 경험하고 표현할 수 있는 능력, 다양한 정서적 신호를 이해하는 능력, 그리고 언어 및 기타 상징을 이용하여 다양한 감정을 정교화할 수 있는 능력 등이 포함된다.

영아 및 어린 아동의 사회정서 기능 평가는 자연스러운 상황에서 일어나는 행동에 초점을 두어야 한다. 이에 Bayley-III 사회정서척도는 부모를 포함한 주양육자가 제공하는 정보를 필요로 한다. 양육자에게 다음의 사항들을 관찰한 적이 있는지를 질문하는데, 예를 들어 아동이 흥미로운 장면을 쳐다보는지, 양육자가 팔로 안아서 흔들어 주는 것을 좋아하는지, 그리고 또래와 단어를 사용하여 말을 하는지 등이 포함된다. 양육자는 아동의 기능적인 행동들을 가장 잘 알 수 있기 때문에 신뢰할 수 있는 응답자의 역할을 한다(Bayley, 2006a).

내용

Bayley-III 사회정서척도는 Greenspan 사회정서 성장 차트(Greenspan, 2004)를 사용한다. Greenspan 사회정서 성장 차트는 어린 아동들(자폐 스펙트럼 장애 아동들을 포함하여)의 조기 선별 도구로써, First Signs(부모와 전문가들에게 자폐증과 관련 장애의 초기 증상에 대해 교육하는 국가 비영리 단체)을 포함한 많은 단체로부터 추천받아 왔다(NECTAC, 2008; First Signs, 2009). 이 차트는 출생부터 42개월까지 아동들의 사회정서발달을 6개의 단계로 구분한다. 6단계는 다음 8개의 기능적 정서이정표를 포함한다(Bayley, 2006a).

1단계 0~3개월 : 자기조절 능력의 발달과 세상에 대한 관심을 보임

2단계 4~5개월 : 관계에 참여함

3단계 6~9개월 : 상호적이며 의도적인 방식으로 정서를 사용함

4a단계 10~14개월 : 의사소통하기 위해 일련의 상호적인 정서 신호나 몸짓을 사용함

4b단계 15~18개월 : 문제를 해결하기 위해 일련의 상호적인 정서 신호나 몸짓을 사용함

5a단계 19~24개월 : 의도나 느낌을 전달하기 위해 상징이나 생각을 사용함

5b단계 25~30개월 : 기본적인 욕구 이상의 것을 표현하기 위해 상징이나 생각을 사용함

6단계 31~42개월 : 정서와 생각 간 논리적인 연결을 창조함

1단계는 출생부터 3개월까지로 정상적으로 발달하는 영아에게서 흔히 관찰되는 특징인 자기조절 행동의 발달과 세상에 대한 관심을 평가한다. 이 시기 동안 영아의 감각 및 정서 반응은 조직화되고 조절된다. 따라서 영아들은 감각에 집중할 수 있고 다른 사람과 즐겁게 상호작용 할 수 있게 되면서, 다른 사람의 접근과 접촉에 반응하며 주변 환경 대상에서 즐

거움을 느낀다(Bayley, 2006a). 예를 들어 이 단계의 영아는 대부분의 소리에 관심을 보이게 되며, 양육자가 정서를 과장되게 표현하거나 감각자극을 강하게 하지 않아도 관심을 기울이며, 높이 올려주는 것을 즐긴다.

2단계는 4~5개월로 영아들은 일반적으로 다른 사람과 관계를 맺고 양육자에게 긍정적 감정을 표현하는데, 예를 들어 미소 짓기, 옹알이, 쳐다보기, 거품침 만들기, 즐겁게 팔을 움직이는 것과 같은 만족스러운 신체적 신호를 통해서이다. 이 단계에서 영아는 좋아하는 사람을 보면 미소를 짓거나 옹알이를 하고, 놀이에 대한 반응으로 호기심 어린 표정을 짓기도 하지만 화난 표정을 지을 수도 있다.

3단계는 6~9개월로 이 시기의 영아는 상호적이고 의도적인 방식으로 정서를 사용한다. 영아는 양육자에게 정서를 표현하고 운동 동작(예 : 양육자를 향해 팔을 뻗거나 기어가기/걸음마 해가기, 정서 표현을 두 번 이상 주고받기)을 한다(Bayley, 2006a). 이 단계에서 흔히 나타나는 행동으로는 미소 짓기, 안아달라고 팔 뻗기, 장난감을 가리키며 소리내기 등이다. 상호적 의사소통은 4a~4b단계에도 지속된다.

4a단계는 10~14개월로 이 시기의 영아와 걸음마기 유아들은 정서 신호나 몸짓을 사용하여 의사소통하고 자신의 정서와 행동을 조직화하여 상호작용하며 사회적으로 의미 있는 일련의 의사소통을 한다. 따라서 이 단계 동안 어린 아동들은 일반적으로 양육자의 행위에 반응하여 만족감, 기쁨, 탐색을 나타내며, 자신이 원하는 바나 필요한 것을 표현하기 위해 주고받는 방식으로 반응할 수 있다(Bayley, 2006a). 이 단계에 나타나는 전형적인 행동으로 양육자를 따라 재미있는 표정 짓기, 안아달라고 팔 뻗기, 양육자가 고개를 저으면 행동 멈추기, 그리고 양육자가 가리키는 것 쳐다보기 등이 있다.

4b단계는 15~18개월로 이 시기의 아동은 일련의 상호적인 정서 신호나 몸짓을 사용하여 문제를 해결한다. 이 단계의 끝에 이르면 걸음마기 유아들은 정서 신호들(예 : 얼굴 표정, 신체 제스처, 단어)을 지속적으로 교환하면서 다양한 정서를 표현하며 문제를 해결하는 사회적으로 의미 있는 상호작용을 한다(Bayley, 2006a). 이 단계를 숙달한 아동들은 여기저기 둘러보면서 자신이 관심 있는 사물을 찾고, 양육자와 놀이를 하는 동안 소리를 따라 하거나 모방한다. 또는 아동은 자신이 원하는 것이나 필요한 것을 나타내기 위해 양육자를 문으로 이끌고 가서 문을 두드리거나 양육자로 하여금 자신이 원하는 장난감을 찾도록 한다.

5a단계는 19~24개월로 이 시기의 아동은 의도 또는 감정을 전달하기 위해 상징이나 생각을 사용하는 능력이 특징적으로 나타나며, 수용언어와 표현언어기술이 발달하면서 이러한 능력의 발달을 촉진시킬 수 있다. 5a단계의 주요 지표는 가상놀이 양식의 출현으로 혼자 할 수도 있고 다른 사람과 함께할 수도 있다. 아동은 이제 언어나 다른 상징적 의사소통 수단을 사용하며 단순한 질문을 이해하고 의도 또는 느낌을 표현할 수 있다(Bayley, 2006a). 이 단계에 나타나는 전형적인 행동으로는 인형에게 밥을 먹이거나 안아주기, 한 단어로 원하는 것을 전달하기(예 : "안아" 또는 "먹어"), 그리고 간단한 언어 지시에 반응하기 등이 있다.

5b단계는 25~30개월로 이 시기의 아동은 상징이나 생각을 사용하여 기본적인 의도나 감정 이상의 것을 표현한다. 아동은 이제 의도나 감정을 표현할 때 두 가지 이상의 생각을 전달할 수 있으며, 보다 복잡한 정서적 주제를 이해하고 표현할 수 있다(Bayley, 2006a). 복잡한 생각과 감정을 이해하고 표현하는 능력이 발달하면서 아동은 자신의 감정과 생각을 논리적으로 연결하기 시작한다. 이 단계의 전형적인 행동으로 만화

또는 영화의 주인공처럼 행동하기, 원하는 것이나 필요한 표현을 의사소통 하기 위해 "저거 줘." 또는 "싫어."라고 말하기, 그리고 또래와 단어를 사용하여 말하기 등이 있다.

6단계는 31~42개월로 이 시기의 아동은 가상놀이를 하거나 언어로 표현할 때 복잡한 의도와 감정을 서로 연결시키면서 정교화하고, 자신과 타인에 의해 표현된 정서를 서로 연결지을 수 있다. 그러므로 아동은 이제 공상과 현실의 차이를 이해힐 수 있다(Bayley, 2006a). 이 단계에서 나타나는 전형적인 행동은 한 명 이상의 또래들과 가상놀이를 하는 것인데, 이때의 가상놀이는 이해 가능한 이야기 줄거리가 있고 여러 부분이 연결되어 있다(예 : 학교놀이에서는 집을 나서고, 버스에 타고, 과제를 하고, 점심을 먹고, 그런 다음 집으로 돌아오는 것을 포함). 또한 아동이 자신의 행동을 설명할 수 있으며(예 : "왜 방에 들어가고 싶어?", "장난감을 가지러요."), 성인과 여러 번 말을 주고받으며 대화를 할 수 있다.

Bayley-III 사회정서척도에는 감각처리 과정sensory processing에 대한 평가도 포함되어 있다. 사회정서 기능의 한 영역으로 감각처리 과정이 포함된 것은 감각처리 과정과 사회정서 기능이 서로의 발달과 표현에 영향을 주는 호혜적reciprocal 관계에 있기 때문이다. 예를 들어 감각처리에 장애를 보이는 아동은 사회정서적 반응과 표현에서도 문제를 경험할 수 있다. 그러므로 감각처리 과정을 이해하게 되면 아동의 사회정서적 상태를 더 잘 이해할 수 있는 정보를 얻게 되는 것이다. 또한 특정 감각 경험에 압도된다고 느끼는 아동에게 서비스를 제공함으로써 자신의 느낌이나 요구를 알 수 있는 지표로 정서를 사용하도록 하고, 이에 따라 환경이나 다른 사람과의 관계를 더 잘 조율할 수 있도록 도움을 줄 수 있다. 따라서 Bayley-III 사회정서척도는 감각처리를 평가하는 문항에 각 감각의 처리 패턴에 대한 기술을 간단하게 하고 있다(Bayley, 2006a).

검사 실시 및 채점

Bayley-III 사회정서척도를 실시하고, 채점하고 해석하는 방법을 3개의 절로 나누어서 소개하고자 한다. 본 척도의 실시 및 채점, 해석에 대해 처음 배우는 독자들은 Bayley-III 기록지와 지침서를 함께 보는 것이 도움이 될 것이다.

☑ 검사 실시

Bayley-III 사회정서척도는 부모와 주양육자(응답자들)가 체크리스트 혹은 질문지를 작성하는 방식으로 되어 있다. 본 척도는 면접을 필요로 하지 않는다. 하지만 응답자가 질문지를 완성하는 동안 문항을 명확히 이해하고 질문에 답하기 위해서는 평가자가 함께 있어야 한다. 응답자가 글을 읽을 수 없거나 문항을 평정하지 못할 때, 혹은 지나치게 불안해하거나 검사 방법에 대해 잘 모르는 것처럼 보인다면, 검사자는 각 문항들을 소리 내어 읽어주고 구두 반응을 요청할 수 있다. Bayley-III 실시 지침서에 응답자에게 문항을 읽어줌으로써 척도를 실시하는 방법이 설명되어 있다.

응답자들은 각 문항의 질문 내용에 대해 의미 있고 정확한 정보를 제공하기 위해서는 아동에 대해 충분히 잘 알고 있어야 한다. 즉, 응답자는 아동에 대해 깊이 있게 잘 알고 있어야 하고, 아동의 사회정서 기능에 대해 의미 있는 통찰력을 제공할 수 있는 능력이 있어야 한다. 그러므로 응답자는 부모가 될 수도 있고 다른 주양육자가 될 수도 있다. 만일 응답자에게서 이런 응답을 받을 수 없다면, 검사자는 척도에 대한 반응들을 해석할 때 주의해야 한다. 왜냐하면 점수가 아동의 실제 행동을 정확하게 반영하지 않을 수 있기 때문이다. 그러나 이러한 정보라도 심도 깊은 추가 평가가 필요할 것인지의 여부를 결정하는 데 도움을 줄 수 있다 (Bayley, 2006b). 더불어 주양육자가 응답하지 못한 문항이 많다면, 검사자는 결과 해석에 주의해야 한다. 이 경우 더욱 포괄적인 평가를 해야 할 수도 있다(Bayley, 2006b). 전반적으로 본 척도는 아동에 대해 충분히 친숙한 주양육지가 대개 10~15분 안에 모든 문항을 완성할 수 있도록 되어 있다.

응답자들은 대부분 혼자서 척도를 완성한다. 이런 경우 검사자는 응답자에게 검사지와 연필, 지우개와 함께 의자와 지필판(예 : 책상 또는 클립보드)을 제공해야 한다. 본 척도는 집중해서 작성할 수 있도록 방해 자극이 없는 장소에서 실시되어야 한다. 부모 또는 양육자에게 질문지를 제시하기에 앞서, 검사자는 첫 표지를 완성하고 적절한 시작점과 중지점을 확인해야 한다. 아동의 연령을 계산할 때, 검사자는 일수를 개월 수로 반올림하지 않는다. 조산 아동의 경우 생활연령을 교정한다. 월령에 따라서 적절한 중지점이 결정된다.

질문지를 안내할 때, 양육자가 아동의 연령에 상관없이 항상 1번 문항부터 시작하도록 지시해야 하며, 아동의 생활월령에 따라 결정되는 (그리고 검사자가 형광펜으로 표시한) 중지점까지 답하도록 안내한다. 본 척도는 진술문 형식으로 된 총 35개 문항으로 구성되어 있으며, 양육자는 아동이 행동을 보이는 빈도를 선택하도록 되어 있다(0 = 알 수 없음, 1 = 전혀, 2 = 때때로, 3 = 반 정도, 4 = 대부분, 5 = 항상). 예를 들어 아동이 문항에서 질문하는 특정 행동을 보이지 않는다면 1점(전혀)에 동그라미 표시해야 하고, 그 행동을 거의 항상 보여준다면 5점(항상)에 동그라미 표시해야 한다. 아동의 연령에 해당하는 중지점에 다다를 때까지 모든 문항에 답하도록 한다.

이전에 언급되었듯이 본 척도는 기능적 정서이정표와 이에 상응하는 연령을 기반으로 단계가 나누어져 있다. 따라서 양육자는 아동의 현재 연령 범위 이상의 문항에 응답해서는 안 된다. 예를 들어 아동의 연령이 4개월 15일이라면 양육자는 4~5개월에 해당하는 아동의 중지점인 13번 문항에서 멈추어야 한다. 만약 조산 아동이라면 교정월령에 따라서 적절한 중지점이 결정되어야 한다.

검사자는 응답자가 완성하여 건넨 질문지를 바로 그 자리에서 검토하여 모든 문항들에 점수가 매겨졌는지 확인해야 한다. 건너뛰었거나 평정이 빠진 문항이 있을 경우, 검사자는 응답자에게 그 문항에 대해 점수를 매기도록 부탁해야 하고, 필요하다면 0점(알 수 없음)에 동그라미 칠 수 있다는 것을 다시 한 번 알려주거나, 혹은 문항을 명확하게 설명하기 위해 구체적인 예시를 제공할 수 있다. 연령 내 모든 문항에 응답하는 것이 매우 중요하다. 만약 한 개 이상의 문항에 응답하지 않으면 총 원점수와 규준 척도점수를 계산할 수 없다.

📋 채점

사회정서척도의 각 문항에서의 응답을 더하여 총 원점수를 산출한다. Bayley-III 사회정서 기록지 4쪽에 있는 **사회정서 원점수 총점**(1~35번 문항)란에 원점수 총점을 기록한다. 기록지의 1쪽에 있는 사회정서$_{SE}$ 첫 칸에도 원점수 총점을 기록한다. Bayley-III 실시 **지침서**에 있는 표 A.2를 참고하여 원점수 합계를 척도점수로 변환시킨다. 행에서 아동의 월령(일을 월로 반올림하지 않고)을 확인하고, 원점수 총점에 상응하는 척도점수를 찾는다. 이 척도점수를 기록지 1쪽에 있는 사회정서 열에 상응하는 칸에도 기록한다.

다음으로 지침서의 표 A.5로 간다. 이 표는 척도점수에 상응하는 백분위점수와 신뢰구간 (90%와 95% 수준에서)을 제공한다. 아동의 척도점수에 상응한 백분위점수, 신뢰구간 값을 표 A.5에서 찾아서, 기록지 1쪽에 있는 사회정서 척도점수 칸에 기록한다. 원점수에서 척도점수, 그리고 발달지수로 환산하는 것은 Bayley-III의 다른 영역의 척도점수와 비교 가능하게 하여 개인 내 점수차이를 확인할 수 있도록 도와준다(점수차이 비교와 관련된 추가 정보는 다음 절의 '해석' 부분 참조).

모든 척도에서 얻은 척도점수와 발달지수는 기록지 2쪽에 있는 프로파일 그래프에 표시될 수 있다. 이는 다양한 척도 간의 점수 비교를 가능하게 한다. 척도점수와 발달지수에 해당하는 점을 그래프에 표시한다. 각각의 점을 연결하여 선으로 만들면 점수의 프로파일을 이해하는 데 도움을 줄 수 있다. 발달지수 프로파일 그래프에 각 척도의 신뢰구간을 표시하기 위해 수평선을 사용할 수 있다.

사회정서척도에서는 총점뿐만 아니라 감각처리 과정에서의 결함 또한 확인할 수 있다. 우선 감각처리 점수를 산출하기 위해 사회정서척도의 첫 8개 문항에 대한 원점수를 더한다. 이 점수를 사회정서척도 2쪽의 문항 8번 아래 표시된 상자와 17쪽에 있는 감각처리 점수 총점 상자에 기록한다. 그다음 지침서의 부록 표 B.5를 본다. 감각처리 점수 총점을 연령에 알맞은 숙달함, 숙달 중, 문제의심의 세 범주 중 하나로 변환시킨다. 조산아인 경우 교정연령을 사용해야 한다. 표 왼쪽 행에서 알맞은 연령 범위를 확인하고 오른쪽에서 아동의 감각처리 점수 범위를 찾는다. 아동의 연령에 알맞은 범주는 아동 연령에 따라 점수가 속한 행에 기반하여 결정된다. 예를 들어 감각처리에서 25점을 받은 16개월 아동은 숙달 중 범주에 속한다. 알맞은 범주를 확인하면, 사회정서 검사지 17쪽에 있는 추가 분석표에 이 정보를 기록한다.

기록지 17쪽의 가장 높게 숙달한 단계 행에는 사회정서척도에서 모두 4점이나 5점으로만 응답한 가장 높은 단계를 기록한다. 그다음 기록지 17쪽에 있는 사회정서 성장 차트에 가장 높은 단계를 표시한다. 차트의 가로축에는 아동의 월령이, 차트의 세로축에는 사회정서발달 단계가 있다. 그러므로 아동이 습득한 가장 높은 정서적 단계는 차트의 세로축에 표기한다. 가장 높이 숙련된 아동의 정서적 단계를 확인하고, 그다음 가로축에서 아동의 월령을 확인해 아동의 연령과 가장 높은 정서적 단계가 만나는 지점에 표시를 한다.

📋 해석

백분위점수, 발달지수, 신뢰구간

Bayley-III 사회정서척도는 Greenspan 사회정서 성장 차트에서 제공한 표준화 샘플과 규준에 기반을 둔 규준 참조 검사이다. 규준 샘플은 16일~43개월까지의 영유아 456명을 대상으로 하였다. 아동의 척도점수, 발달지수 또는 그에 상응하는 점수들은 규준집단 내에 포함된 같은 연령의 아동들과 비교된다. 이러한 규준 참조적 해석이 일반적으로 이루어진다.

백분위점수는 규준 참조적 비교를 위해 제공된다. 예를 들어 척도점수가 9점인 아동은 Bayley-III의 사회정서척도에서 발달지수는 95점, 백분위점수 37에 위치하게 된다. 즉, 아동의 사회정서기능은 37번째 백분위를 보인다는 것이다. 이는 규준 샘플에 포함된 또래와 비교할 때, 37%의 아동이 아동의 점수보다 아래에 있으며, 63%의 아동이 아동의 점수보다

위에 있다는 의미이다.

사회정서척도 발달지수 95점은 Bayley-III 해석 지침서에 나와 있는 발달지수 해석에 따라 평균 범위에 속한다(Bayley, 2006a). 점수 해석은 발달지연(발달지수 69점 혹은 이하), 경계선(발달지수 70~79), 평균하(발달지수 80~89점), 평균(발달지수 90~109점), 평균상(발달지수 110~119점), 우수(발달지수 120~129점), 최우수(발달지수 130 이상으로 지정) 등의 범위로 나누어진다. 이러한 점수 해석은 아동의 현재 기능을 Bayley-III 표준화 샘플과 비교하여 설명하므로, 더 편리하고 손쉽게 이해하도록 도와준다.

Bayley-III 사회정서척도는 백분위점수와 발달지수 외에도 90%와 95% 신뢰구간을 제공한다. 신뢰구간은 주어진 신뢰수준에서 아동의 진점수가 위치할 수 있는 범위를 제공한다. 다시 말해 신뢰구간은 점수의 안정성, 즉 정확도를 표현한다. 사회정서척도에서 척도점수 9점과 발달지수 95점을 획득한 아동의 경우 신뢰구간은 90% 또는 95% 수준에서 얻을 수 있다. 90% 신뢰수준에서 아동의 발달지수는 89~102[1]점에 해당한다. 95% 신뢰수준에서 이 아동의 점수는 87~103점에 해당한다. 95% 수준에서의 신뢰구간은 90% 수준의 신뢰구간보다 다소 넓은 범위를 가진다. 신뢰수준이 증가할 때마다 이러한 현상은 항상 나타난다. 95% 신뢰수준은 아동의 진점수가 특정 범위에 해당될 가능성을 증가시키고 오류 가능성(즉, 아동의 진점수가 특정 범위 안에 속하지 않는 경우의 수)을 줄인다. 다른 말로 하면, 95% 신뢰수준에서는 아동의 진점수가 신뢰구간에서 명시하고 있는 범위 안에 속하지 않을 확률은 단지 5%뿐이다. 90%

---

1) 한국 규준이 출시되기 전이므로 여기에서 제시된 점수들은 모두 미국 규준 점수이다.

신뢰수준에서는 아동의 진점수가 명시된 범위 안에 속하지 않을 확률은 10%이다. 따라서 신뢰수준이 증가하면 오류 가능성은 감소하고 신뢰구간은 넓어진다.

척도점수를 이용한 개인 내 점수차이 비교

Bayley-III의 점수차이 비교표에서 개인 내 점수차이를 계산할 수 있다. 인지, 수용언어, 표현언어, 소근육운동, 대근육운동, 그리고 사회정서 영역 각각에 상응하는 척도점수를 이용하여 점수차이를 비교할 수 있다(척도점수 프로파일 그래프는 시각적으로 자료를 비교하는 데 도움을 줌). 검사자는 사회정서 영역의 척도점수와 인지, 수용언어, 표현언어, 소근육운동, 대근육운동 영역에서의 척도점수 간에 유의미한 차이가 있는지를 확인할 수 있다. 또한 다른 영역끼리도(예 : 인지 대 수용언어 영역) 점수차이를 비교할 수 있다. 이 장에서는 사회정서 영역을 포함한 점수 비교만을 논의하겠다.

사회정서척도의 척도점수와 다른 영역의 척도점수 사이의 점수차이를 확인하기 위해서 우선 기록지 2쪽에 있는 **점수차이 비교표**를 이용한다. 비교표를 이용하면 이러한 비교를 용이하게 할 수 있다. 사회정서척도와 다른 하위척도가 함께 적혀 있는 열을 찾는다. 여기에 해당하는 열은 **인지 대 사회정서, 수용언어 대 사회정서, 표현언어 대 사회정서, 소근육운동 대 사회정서, 대근육운동 대 사회정서**이다. 적절한 열을 확인하고 나면 비교표의 **척도점수 1** 또는 **척도점수 2**에 해당하는 영역 각각의 척도점수를 기록한다. 사회정서 척도점수는 항상 기록지의 **척도점수 2**에 기록한다는 것을 유의해야 한다(실제 기록지에서는 파란색 음영으로 되어 있음).

다음으로, **척도점수 1**에서 **척도점수 2**를 뺌으로써 척도점수 간의 차이

를 계산하여 차이 열에 기록한다. 그런 다음 실시 지침서의 부록 표 B.1
를 참고한다. 표 B.1의 대각선 상단에는 0.15, 대각선 하단에는 0.05 수
준의 신뢰수준을 제시하고 있으며, 선호하는 신뢰수준을 결정한다. 이는
통계적 유의미함을 알아보기 위해 필요한 두 척도점수 간의 차이값을 알
려준다. 이 값을 기록지의 점수차이 비교표의 임계치critical value 열에 기록한
다. 기록지의 점수차이 비교표 옆에 있는 작은 상자에 통계적으로 유의미
한 수준statistical significance level이리고 표시된 곳에 적절한 통계적 유의미 수
준을 표기한다.

임계치를 기록한 후, 2개의 척도점수 간 차이의 절댓값이 이 임계치와
같은지 아니면 더 큰지를 결정한다. 만약 같거나 크다면, 기록지 점수차이
비교표의 유의미한 차이 열에 Y(예)를 기록한다. 만약 차이의 절댓값이 임
계치와 같지 않거나 작다면, 유의미한 차이 행에 N(아니요)을 기록한다.

마지막으로 지침서의 표 B.2를 참고한다. 이 표는 모든 유의미한 차이
에 대한 표준화 샘플에서 기저율을 계산할 때 필요하다. 표준화 샘플에
서의 기저율이란 표준화 샘플 내에서 아동과 동일한 점수차이를 획득한
아동의 빈도 또는 %를 나타낸다(Bayley, 2006b). 따라서 기저율이 낮을
수록 표준화 샘플에서 아동의 점수차이가 나타날 빈도는 더 낮다는 것을
나타낸다. 기저율은 아동의 특정 점수차이가 얼마나 드문지에 대한 정보
를 제공해 준다.

표 B.2는 검사척도/척도를 기반으로 여러 열로 나누어져 있다. 예를
들어 *Cog/SE*라고 표시된 열은 인지 하위척도와 사회정서 하위척도 사이
의 점수차이의 기저율을 말한다. 인지 대 사회정서를 비교할 때 인지척
도 점수가 사회정서척도 점수보다 낮다면 검사자는 *Cog*< *SE*를 사용해야
하고, 인지척도 점수가 사회정서척도 점수보다 높을 때는 *Cog*> *SE*를 사

용해야 한다. 또한 표의 오른쪽과 왼쪽 각각에서 차이discrepancy라고 표시된 열은 어느 쪽에서도 같은 정보를 제공한다는 점을 유의해야 한다. 이 열은 아동이 획득한 2개의 하위척도 간 점수차이를 나타낸다.

유의미한 점수차이 비교의 기저율을 알아보기 위해서는 기록지 2쪽의 **점수차이 비교표의 차이** 행으로 먼저 간다. 그런 다음 점수차이의 값을 기록하고 지침서 부록에 있는 표 B.2를 참고한다. 표의 오른쪽 가장 끝이나 왼쪽의 가장 끝에서는 **차이** 열이 있는데, 여기에서 아동이 특정 두 영역에서 얻은 점수차이의 절댓값을 찾는다. 그런 다음 두 하위척도 비교 열을 찾는데, 가령 비교하는 점수차이가 인지와 사회정서척도라면, *Cog/SE* 열을 찾는다. 알맞은 열을 찾았다면, 그다음에는 비교되는 2개의 하위척도 방향에 따라 알맞은 하위 열을 선택한다. 그런 다음 손가락을 이용해 차이 행의 알맞은 수치를 찾고 또 다른 손가락을 이용하여 적절한 하위 열을 찾아 아래로 쭉 내려오면 알맞은 기저율 값을 찾을 수 있다. 이 값을 기록지 2쪽의 점수차이 비교표의 **표준화 집단의 기저율** 열에 기록한다.

다시 말하면, 이 수치는 특정 아동의 점수차이가 표준화 샘플에 있는 아동들에게서 얼마나 빈번하게 보이는가를 나타낸다. 표준화 집단의 10%보다 작은 기저율(점수 간의 차이)은 일반적이지 않고 매우 드문 것으로 생각된다(Bayley, 2006a). 더 나아가 하위척도 간의 점수차이 비교를 통해 유의미한 차이가 나타난다면 이는 그 아동의 상대적인 개인적 강점과 약점 영역이 된다. 예를 들어 인지 영역과 비교하여 사회정서 영역에서 낮은 점수를 받은 아동은 사회정서 영역은 개인적인 약점이 된다. 하지만 만약 이런 점수 간의 차이가 유의미하지 않다면, 이 두 영역에서의 아동의 행동은 동등하게 발달하는 것으로 여겨진다(Bayley, 2006a).

사회정서 성장 차트 사용하기

아동이 가장 높게 숙달한 단계를 해석하기 위해서 임상가들은 사회정서 성장 차트를 사용한다. 그림 5.1은 성장 차트를 보여준다. 이 차트는 규준 성장선normative growth line을 제공하는데, 이는 표준화 집단에서 얻은 자료를 토대로 특정 정서단계에 언제 도달해야 하는지에 대한 시각적인 궤도를 제공해 줌으로써 아동의 사회정서 기능에 대한 이해를 돕는다. 가장 높게 숙달한 단계가 규준선 위쪽에 있는 아동들은 같은 연령의 또래보다 더 빠른 성장 비율을 보이는 것이고, 규준선 아래쪽에 있는 아동들은 더 느린 성장 비율을 보이는 것이다. 만약 시간에 걸쳐 여러 번 평가를 받는다면, 사회정서 성장 차트는 정상집단과 비교하여 아동의 사회정서발달의 궤도를 시각적으로 검사자와 양육자에게 제공한다. 아래의 사례연구는 시간 경과에 따라 성장점수를 추적하는 것이 얼마나 가치 있는지를 보여준다.

표준화, 신뢰도, 타당도

Greenspan 사회정서 성장 차트의 표준화 표본은 사회정서척도의 규준을 제작하기 위해 표집되었다. 미국 통계청 자료(2000년 10월)에 따라서, 이 표본은 미국 인구를 대표하는 생후 15일에서 42개월 영유아 456명으로 구성되었다(Bayley, 2006a). 이 표본은 각 연령대별로 부모 교육수준, 인종/민족, 지역에 따라 층화표집되었다. 문항 세트를 개발하고 나서, Greenspan 사회정서 성장 차트의 문항이 연령에 적절한지를 확인하였다. 각 문항은 가장 빈도가 높은 응답인 4('대부분') 또는 5('항상')를 받으면 특정 연령에 포함되는 것이 적절하다고 판단되었다(Bayley, 2006a). 이렇

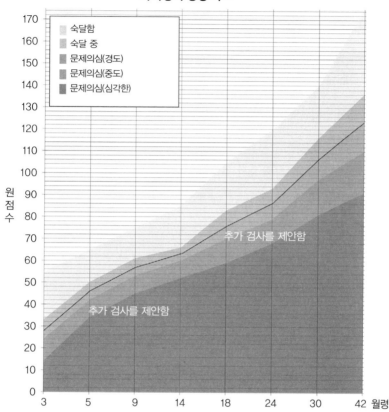

사회정서 성장 차트

범례:
- 숙달함
- 숙달 중
- 문제의심(경도)
- 문제의심(중도)
- 문제의심(심각한)

(세로축) 원점수: 0, 10, 20, 30, 40, 50, 60, 70, 80, 90, 100, 110, 120, 130, 140, 150, 160, 170

추가 검사를 제안함

추가 검사를 제안함

(가로축) 월령: 3, 5, 9, 14, 18, 24, 30, 42 월령

월령	단계	설명
0~3	1단계	자기조절 능력의 발달과 세상에 대한 관심을 보임
4~5	2단계	관계에 참여함
6~9	3단계	상호적이며 의도적인 방식으로 정서를 사용함
10~14	4a단계	의사소통하기 위해 일련의 상호적인 정서 신호나 몸짓을 사용함
15~18	4b단계	문제를 해결하기 위해 일련의 상호적인 정서 신호나 몸짓을 사용함
19~24	5a단계	의도나 느낌을 전달하기 위해 상징이나 생각을 사용함
25~30	5b단계	기본적인 욕구 이상의 것을 표현하기 위해 상징이나 생각을 사용함
31~42	6단계	정서와 생각 간 논리적인 연결을 창조함

그림 5.1 | Greenspan의 사회정서 성장 차트

게 해서 마련된 규준은 척도의 척도점수와 발달지수를 계산하는 데 사용되었다.

☑️ 신뢰도

사회정서척도의 신뢰도는 Greenspan 사회정서 성장 차트에 기반한다. 사회정서척도와 감각처리 문항 모두의 신뢰도를 계산하기 위해서 알파 계수를 사용하였다. 사회정시 척도의 신뢰도 게수는 0.84에시 0.94 사이였고, 감각처리 문항들에서는 0.76에서 0.91로 적절한 내적 일관성을 보여주었다(Bayley, 2006a). 표본집단 중 35명을 대상으로 검사-재검사 신뢰도를 측정하였다(Briggs, 2008). 성장 차트 총점과 성장 차트 선별 범주에서 첫 번째와 두 번째 실시 간의 상관관계가 각각 0.96과 0.94(P<0.01)로 높은 상관관계를 보여주었다. 감각처리 총점과 감각처리 선별 범주에서도 각각 0.73과 0.75(P<0.01)로 적절한 신뢰도 수준을 보였다.

☑️ 타당도

사회정서척도의 타당도는 Greenspan 사회정서 성장 차트 문항의 개발 과정을 통해 알 수 있다. 내용의 타당성(문항이 측정하고자 하는 특성을 반영하는 것처럼 보이는지에 대한 증거)은 다음의 두 가지 형태로 그 증거가 제시된다. (1) 이 척도를 구성하는 문항은 30년 이상의 연구와 임상적 전문 지식에 기반을 두었다. (2) 사회정서척도에 포함된 사회정서 구인은 발달 및 학습장애 다학제위원회Interdisciplinary Council on Developmental and Learning Disorders에 의해 제시된 평가 및 개입 지침을 반영하고 있다(Bayley, 2006a).

Bayley-III는 내적 구조에 기반한 타당도에 대한 경험적인 증거를 제공한다. 사회정서척도와 Bayley-III의 다른 하위척도 간 내적 상관은 0.18에서 0.25 범위에 있다. 언어척도와의 상관이 가장 높으며, 특히 연령이 증가할수록 상관은 더욱 증가하였다. 이는 아동의 연령이 높아질수록 사회정서발달에도 언어의 중요성이 증가함을 나타낸다.

Bayley-III와 다른 측정도구와의 외적 타당도 역시 경험적으로 증명되었다. 베일리 영유아 발달검사 제2판Bayley Scales of Infant Development, Second Edition : BSID-II, 웩슬러 유아지능검사 제3판Wechsler Preschool and Primary Scale of Intelligence, Third Edition : WPPSI-III, 학령전 언어검사 제4판Preschool Language Scale, Fourth Edition : PLS-4, 피바디 운동발달검사 제2판Peabody Developmental Motor Scales, Second Edition : PDMS-2, 적응행동평가체계 제2판Adaptive Behavior Assessment System, Second Edition : ABAS-II. 사회정서척도와 BSID-II 사이의 상관관계는 0.24~0.38이며, BSID-II 행동평정척도와는 중간 정도의 상관을 나타냈다. 본 척도와 WPPSI-III와의 상관은 0.27~0.53이었으나, 사회정서척도와 언어 IQ와는 중간 정도의 상관을 보였다. 이는 대인관계 의사소통기술과 사회정서기능 간 상관이 있음을 의미한다. PLS-4와의 상관관계는 0.20~0.23인 반면, PDMS-II와의 상관은 0.06~0.33이었다. ABAS-II와의 상관은 0.02~0.15였다.

🗒 임상적 타당도와 유용성

Bayley-III 사회정서척도의 타당도 연구는 특수집단 아동을 포함하고 있다. 이 집단에는 발달지연 위험군, 조산아, 부당경량아, 전반적 발달장애, 다운증후군, 언어장애, 분만질식, 뇌성마비, 또는 태내기 알코올 증후군/태내기 알코올에 노출된 아동들이 포함되었다. 이런 특수집단 연구 자료

는 이 척도의 임상적 유용성의 증거를 제공한다. 특수집단 연구는 Bayley
-III 사회정서척도가 특수한 요구를 지닌 영유아와 그렇지 않은 영유아의
발달을 변별할 수 있다는 증거를 제시한다(예 : 전형적으로 발달하는 아
동과 비전형적으로 발달하는 아동을 적절하게 변별할 수 있음). 예를 들
어 전반적 발달장애로 진단받은 아동의 약 67%가 사회정서척도에서 4점
이하의 척도점수를 획득하였다(평균보다 2 표준편차 이하), 통제집단에
서는 한 명도 이와 같은 점수를 받지 않았다(Bayley, 2006a). 따리서 특수
집단의 사회정서척도 점수는 통제집단의 점수보다 낮은 경향이 있다. 이
러한 자료는 통제집단과 비교하여 다양한 임상집단을 구별해 낼 수 있다
는 점에서 사회정서척도의 임상적 유용성을 입증한다. 이 자료에 따르면
척도점수 6점 이하를 절단점으로 할 때 사회정서척도의 민감도는 86.6%
로 특수한 요구를 지닌 아동을 정확하게 변별해 낼 수 있는 확률이 87%
였으며, 특이도는 90.2%로 정상발달 아동의 90%를 정확하게 변별할 수
있었다(Breinbauer & Casenhiser, 2008).

장점과 단점

사회정서척도는 실시의 용이함이 가장 주목할 만한 강점이다. 임상가,
아동보육 전문가, 그리고 영아와 걸음마기 유아의 부모들을 통해 간단
하고 빠르게 평가될 수 있다. Greenspan 사회정서 성장 차트 척도의 해석
지침은 유용하게 사용될 수 있다. 척도를 처음 접하는 사람도 실시, 채
점, 해석을 빠르게 이해할 수 있고, 효율적으로 사용할 수 있다.

이 척도가 출생~42개월까지의 대상에 초점을 맞추는 것은 또 다른 강
점으로 여겨진다. 즉, 전문가와 양육자가 아주 어린 연령부터 사회정서

발달과 기능을 평가하고 모니터하는 것을 가능하게 한다. 따라서 사회정서 성장 차트는 관련 문제의 발생을 감시하는 훌륭한 도구로써 임상가는 단순히 특정 시점에서 특정 발달 영역만을 관찰하는 것을 넘어서서 아동과 양육자 간 상호작용 및 관계는 물론 단기간 동안 아동발달을 관찰할 수 있기 때문이다(Breinbauer & Casenhiser, 2008). 사회정서기능을 측정하는 다른 검사도구들은 일반적으로 이렇게 어린 연령대를 평가하지 않는다.

감각처리 점수를 따로 산출한다는 감각처리 과정과 사회정서기술이 서로 관련 있다는 것을 알려준다. 이렇게 사회정서척도 내에 감각처리 요소를 포함시킨 것은 또 다른 장점인데, 왜냐하면 사회정서기술과 관련된 문제로 어려움을 겪는 아동들에게 문제의 원인과 가능한 개입에 대해 더욱 명확하게 정의하도록 도울 수 있기 때문이다. 사회정서기능의 지연이나 감각처리의 제한이 있는 아동들을 대상으로 치료하는 전문가들은 사회정서기능과 감각처리 간의 오버레이를 고려하며 정교한 개입을 할 수 있을 것이다(감각처리 장애는 사회정서기능을 저해할 수 있음). 이와 같이 감각처리가 아동의 사회정서기술에 미치는 영향이 더욱 적절하게 다뤄질 수 있다.

어린 연령대라서 객관적으로 측정하기 어려웠던 발달 영역에 초점을 맞추고 있음에도 불구하고 사회정서척도는 적절한 신뢰도를 보인다. 앞서 살펴보았듯이 사회정서척도의 신뢰도 계수는 0.83~0.94이며, 감각처리 점수의 신뢰도 계수는 0.76~0.91 범위에 있다.

임상집단에서의 적용

미국 소아과학회American Academy of Pediatrics, AAP는 영유아 건강검진을 할 때 발달검진을 하도록 권고한다(Council on Children with Disabilities, 2006; Johnson et al., 2007). Bayley-III 사회정서척도는 사회정서 성장 차트로 알려진 도구로 자폐선별 도구로 사용될 수 있을 뿐 아니라 영아와 어린 아동들의 임상집단에서 관련문제의 감시 도구로도 사용될 수 있다. 발달 검진은 "부모의 걱정을 끌어내어 주의 기울이기, 발달력 관리하기, 아동에 관해 정확하게 관찰하고 소견 말하기, 위험 요인과 보호 요인의 영향력 확인하기, 과정과 결과 기록하기" 등을 포괄한다(Council on Children with Disabilities, 2006: 408). 그러나 Edward Schor(2004: 212)에 따르면, "…소아과 의사들은 영유아 정기검진에 할애할 수 있는 시간을 더 이상 낼 수가 없다."고 한다.

최근 뇌발달 연구와 아동발달 전문가의 의견들을 살펴보면, 소아과 의사들이 어떻게 하면 영유아 정기검진 시간을 더욱 효율적으로 사용할 수 있는지를 알 수 있는데, 즉 건강한 기능을 위해 중요한 핵심발달 과정에 초점을 두는 것이다. 새로운 연구결과에 따르면 언어와 인지는 아동과 양육자 간의 정서적 제스처가 점차적으로 복잡하게 증가하면서 발달한다(Shanker & Greenspan, 2007). 또한 자기조절과 주의, 관계와 애착, 사회적 상호작용, 상호 호혜성, 사회적 문제 해결, 그리고 언어와 생각의 의미 있는 사용 등은 건강한 기능을 위해 중요하며, 이러한 기능의 손상이 다양한 문제를 지닌 아동들에게 나타난다는 것은 아동발달전문가들 사이에서 한 목소리로 얘기되고 있다(CDC-ICDL Collaboration Report, 2006).

표 5.1 ｜ 사회정서 성장 차트 개념적 틀과 영역, 문항수

	기능적 정서적 발달이정표	나이	영유아 정기검진	문항수
1단계	자기조절 능력의 발달과 세상에 대한 관심	0~3개월	1+2개월	11
2단계	관계에 참여	4~5개월	4개월	13
3단계	상호적이며 의도적인 방식으로 정서를 사용함	6~9개월	6+9개월	15
4a단계	의사소통하기 위해 일련의 상호적인 정서 신호나 몸짓을 사용함	10~14개월	12개월	17
4b단계	문제를 해결하기 위해 일련의 상호적인 정서 신호나 몸짓을 사용함	15~18개월	15+18개월	21
5a단계	의도나 느낌을 전달하기 위해 상징이나 생각을 사용함	19~24개월	18~24개월	24
5b단계	기본적인 욕구 이상의 것을 표현하기 위해 상징이나 생각을 사용함	25~30개월	30개월	28
6단계	정서와 생각 간 논리적인 연결을 창조함	31~24	3+4개월	35

측정하는 영역(예 : 언어, 소근육, 대근육, 인지)의 문항만을 포함하고 있는 다른 발달평가와 달리, 이 발달척도는 이론적 틀로써 사용하는 DIR/플로어타임floor time 모델('내용' 참조)과 일치하게 6단계의 기능적 정서이정표를 측정하는 문항들을 포함하고 있다. 영유아 정기검진을 위해 방문할 때마다 각각의 발달이정표와 단계를 계속해서 평가할 수 있다. 표 5.1은 6단계 발달단계에서 평가되는 기능적 발달이정표와 영유아 정기검진이 권고되는 월령을 보여준다. 이러한 관점에서 볼 때 이 척도는 패러다임의 변화를 보여주는데, 고전적인 영역에서 개별 아동의 능력을 관찰하는 것을 넘어서서 양육자와 아동 간의 상호작용과 관계를 발달적 접근에서 관찰하고 있다(Breinbauer & Casenhiser, 2008). 또한 이 척도

는 영유아 정기검진을 위해 방문하는 20분 동안 소아과 의사들이 "부모의 근심을 끌어내어 주의 기울이기, 발달력 관리하기, 아동에 관해 정확하게 관찰하고 소견 말하기, 위험 요인과 보호 요인의 영향력 확인하기, 과정과 결과 기록하기" 등을 포함하는 발달검진 시행을 가능하게 한다 (Council on Children with Disabilities, 2006; 408).

이 발달 질문지는 간결하여 진찰을 기다리는 5~10분 동안 부모나 양육자에 의해 쉽게 완료될 수 있다. 표 5.1은 가가의 연령과 단계에서 시행되는 문항의 개수를 보여준다. 또한 이 질문지를 완료하는 과정은 또한 부모/양육자가 소아과 의사에게 아동발달에 대해 가지고 있던 여러가지 의문점을 물어보게끔 유도하는 역할을 한다. 간호사나 다른 훈련된 직원들이 질문지의 결과를 채점할 수 있다. 만약 지난 영유아 정기검진 때에도 질문지를 완성했다면, 간호사는 규준 성장선normative growth line과 비교하여 아동의 발달 과정상의 진보를 성장 차트에 표시할 수 있다(그림 5.1 참조). 완성된 성장 차트는 아동의 점수를 기록하여 소아과 의사에게 보고되며, 의사는 자신이 직접 관찰한 부모-아동 상호작용 내용과 부모 보고에 의해 작성된 결과지를 대조할 수 있다. 관찰은 발달검진을 하는 동안 부모가 아동을 준비시키는 과정에서 이루어진다. 이때 소아과 의사는 아동발달에 대한 부모의 걱정을 끌어낼 수 있고, 검사결과 및 관찰에 의거하여 권고를 할 수 있다. 만약 '숙달 중emerging mastery'이라고 나오면, 소아과 의사는 부모/양육자에게 아동이 발달 과정 중에 있다고 안심시킬 수 있다. 동시에 소아과 의사는 부모/양육자에게 적어도 하루에 한 시간 아이와 상호작용하며 놀아주면 아이가 연령에 기대되는 발달이정표를 지속적으로 숙달해 가는 데 도움이 될 것이라고 격려할 수 있다. 만약 아동의 점수가 '문제의심possible challenge' 범주에 있다면, 소아과 의사

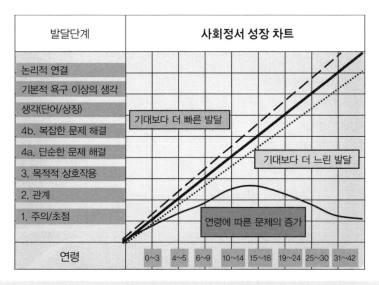

발달단계	사회정서 성장 차트
논리적 연결	
기본적 욕구 이상의 생각	
생각(단어/상징)	
4b. 복잡한 문제 해결	기대보다 더 빠른 발달
4a. 단순한 문제 해결	
3. 목적적 상호작용	기대보다 더 느린 발달
2. 관계	
1. 주의/초점	연령에 따른 문제의 증가
연령	0~3 4~5 6~9 10~14 15~18 19~24 25~30 31~42

그림 5.2 | 기대보다 더 빠른 발달과 느린 발달, 연령에 따른 문제의 증가

는 집중적인 플로어타임(Greenspan & Wieder, 1998, 2008)과 같이 가정 프로그램을 제안하는 유인물을 제공할 수 있으며, 가능하다면 더 자세한 평가를 위해 전문가에게 의뢰할 수 있다.

임상가와 양육자는 이 척도를 발달검진 도구로 사용함으로써 아동의 사회정서적 성장을 발달 초기부터 시간 경과에 따라 계속해서 추적할 수 있으며, 개입을 하는 동안 아동의 진전이나 발달적 성장 변화들을 모니터링할 수 있다. 그림 5.2는 결과에서 차이가 나는 세 가지 다른 유형, 기대보다 더 빠른 발달과 느린 발달, 그리고 연령에 따른 문제의 증가 예를 보여준다. 자폐 스펙트럼 장애ASD의 경우, 성장 차트를 통해 조기에 발병하는 발달장애나 퇴행을 보이는 일부 아동을 확인할 수 있다. 그림 5.3은 자폐 스펙트럼 장애에서 때때로 관찰되는 기능의 퇴행과 증상의 조기 발병의 예를 보여준다. 이 척도는 성장 차트와 결합되어 있어서 아동의

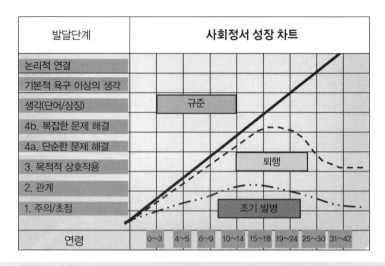

발달단계	사회정서 성장 차트
논리적 연결	
기본적 욕구 이상의 생각	
생각(단어/상징)	규준
4b. 복잡한 문제 해결	
4a. 단순한 문제 해결	
3. 목적적 상호작용	퇴행
2. 관계	
1. 주의/초점	조기 발병
연령	0~3 4~5 6~9 10~14 15~18 19~24 25~30 31~42

그림 5.3 | 규준, 퇴행, 조기 발병 성장선

사회적 및 정서적 발달을 모니터링할 수 있는 매우 효과적인 발달검진 도구이다(Breinbauer & Casenhiser, 2008).

이 척도는 또한 AAP에 의해 권고된 연령(9, 18, 24, 30개월)에서 타당하고 신뢰도 높은 선별도구로도 사용될 수 있다. 표 5.2에서 볼 수 있듯이, 2004년에 발행된 원판은 4점 미만의 척도점수를 얻으면 사회정서적 기능에서 발달문제가 의심되는 것으로 판별하였다. 그러나 Breinbauer와 Casenhiser(2008)에 의한 추후 연구에 따르면, 성장 차트 척도점수 6점 이하를 절단점으로 사용할 때 90.2%의 특이도와 86.6%의 민감도를 보여 선별도구로써 ASD 아동을 정확하게 변별하였다. ASD 위험 및 다양한 수준의 기능을 변별하기 위한 절단점으로 척도점수 6점 이하를 사용할 때 새롭게 권고되는 범주는 표 5.3에서 제시되어 있다.

표 5.2 ㅣ 척도점수 4를 '숙달 중'과 '문제의심됨' 사이에 절단점으로 사용할 때의 범주

연령대	문제의심됨	숙달 중	숙달함
0~3개월	0~14	15~33	34~55
4~5개월	0~33	34~50	51~65
6~9개월	0~44	45~61	62~75
10~14개월	0~52	53~66	67~85
15~18개월	0~60	61~84	85~105
19~24개월	0~68	69~93	94~120
25~30개월	0~84	85~119	120~140
31~42개월	0~96	97~141	142~175
척도점수	1~3	4~7	8~18
범주	문제의심됨	숙달 중	숙달함

사례연구 : 스티븐

자폐 스펙트럼 장애로 진단된 7세 소년과 3세 남동생과 관련된 다음의 사례는 어떻게 Bayley-III 사회정서척도가 출생에서부터 아동의 발달을 추적하기 위한 발달검사 도구로 사용되는지를 보여준다.

7세인 스티븐은 2세 때 ASD로 진단되었다. 진단 이후 부모는 아동발달을 세부 전공한 정신과 의사와 상담을 하였다. 그는 가족의 사례 관리자가 되어 DIR/플로어타임 모델(ICDL, 2000)에 근거하여 가정 프로그램을 발달시키고 아동의 프로파일에 따라 필요한 다양한 치료들을 조직화하도록 도왔다. 1년의 개입 이후에, 스티븐은 좋은 경과를 보여주었다. 슈퍼마켓이나 백화점같이 사람들로 북적거리는 장소를 방문하더라도 자기조절을 더 잘할 수 있게 되었으며, 공동주의가 증가하였고 부모님과

표 5.3 ┃ 척도점수 6을 '숙달 중'과 '문제의심됨' 사이에 절단점으로 사용할 때의 범주

연령대	문제의심됨 : 초기 개입 시작			숙달 중	숙달함
0~3개월	0~14	15~24	25~28	29~33	34~55
4~5개월	0~34	35~42	43~46	47~50	51~65
6~9개월	0~45	46~53	54~57	58~61	62~75
10~14개월	0~52	53~60	61~63	64~66	67~85
15~18개월	0~59	60~70	71~76	77~83	84~105
19~24개월	0~68	69~79	80~86	87~93	94~120
25~30개월	0~81	82~97	98~106	107~116	117~140
31~42개월	0~91	92~110	111~124	125~136	137~175
척도점수	1~3	4~5	6	7	8~19
범주	문제의심됨 : 심각한	문제의심됨 : 중도	문제의심됨 : 경도	숙달 중	숙달함

놀이할 때 참여하고 양방향으로 의사소통이 이루어지며, 자신의 의도를 표현하는 언어능력이 출현하였다. 이 시기 엄마는 임신을 하였고, 부모 모두 태어날 아이도 스티븐과 같은 진단을 받을까 봐 점점 초조하고 두려워하기 시작했다. 추후 회기에서 임상가는 부모의 불안을 관찰하였다. 그는 즉시 부모님과 함께 아기의 발달을 출생에서부터 관찰할 계획을 세웠다. 그는 또한 부모 모두에게 임신 기간 동안 그들의 불안을 감소시킬 수 있도록 자기조절 기술을 사용하는 방법에 대해 추천해 주었다(예 : 함께 활동을 즐기는 것은 마음을 진정시켜 줌). 부모는 모두 음악가였다. 그들은 함께 음악을 작곡하고 새로운 멜로디를 아직 태어나지 않은 아기와 스티븐과 공유하며 함께 시간을 보내기 시작했다.

아기 피터가 3개월이 되었을 때 추후검사를 위해 방문하였다. 아기는 검사 시간 동안 대체로 짜증을 내며 울었다. 사회정서척도의 '감각 처리' 문항 8개와 1단계(문항 9~11) 문항 3개를 부모와 함께 검토하였다. 피터는 감각처리 문항에서 21점을, 1단계에서는 22점을 받았다. 부모 보고에 따르면, 아이는 얼마간의 시간만 소리나 시각적 대상에 대해 주의를 보이고, 다양한 감각을 즐기거나 부모의 도움으로 차분해질 수 있었다. 피터는 1단계에서 '문제의심됨 : 중도' 범주에 있었다. 임상가는 Greenspan 사회정서 성장 차트의 부모 설명서에 소개된 '보고 듣기 놀이Look and Listen Game'를 권유하면서 두 아동 모두와 하루에 여러 번 플로어타임을 할 것을 권유했다. 이때 스티븐을 위해서 **자폐 아동과 관계 맺기**Engaging Autism(Greenspan & Wieder, 2008)를, 피터를 위해서 **건강한 마음 만들기**Building Healthy Minds(Greenspan, 1999) 책에서 놀이 아이디어를 얻도록 제안하였다. 또한 피터가 6, 9, 12, 15, 18, 24개월에 방문할 때마다, Greenspan 사회정서 성장 차트 질문지를 작성하며 추후검사를 받을 것을 권하였다. 추후검사 회기마다 임상가는 DIR/플로어타임 모델(ICDL, 2000)을 기반으로 한 가정 중심 프로그램을 통해 각 단계를 증진시키는 방법에 관한 가이드라인을 제공했다.

그림 5.4에서는 피터의 발달을 성장 차트 위에 도표화하여 보여준다. 그림에서 보이는 대로, 피터의 점수는 추후검사 동안 점차적으로 향상되어서, 3개월에는 '문제의심됨 : 중도', 9개월에는 '문제의심됨 : 경도', 18개월에는 '숙달 중'으로 점차 향상되었고, 마지막 24개월에 '전형적인 발달'이 되었다.

사회정서 성장 차트를 통해 피터의 발달을 모니터링하는 것과 임상가에게 추후 방문하는 것이 매우 효과적이었다는 것이 증명되었다. 즉, 사회정서 발달이정표에서 아동의 성취가 증가하였으며 사회정서 성장 차

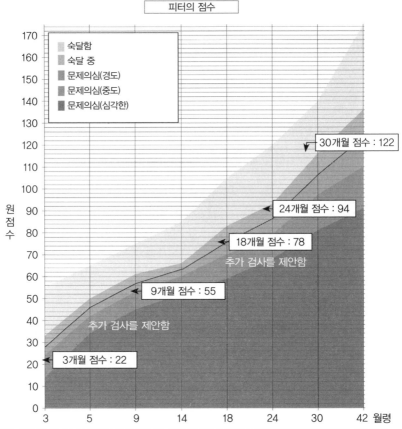

사회정서 성장 차트

피터의 점수

- 숙달함
- 숙달 중
- 문제의심(경도)
- 문제의심(중도)
- 문제의심(심각한)

30개월 점수 : 122

24개월 점수 : 94

18개월 점수 : 78
추가 검사를 제안함

9개월 점수 : 55

추가 검사를 제안함

3개월 점수 : 22

원점수

월령	단계	설명
0~3	1단계	자기조절 능력의 발달과 세상에 대한 관심을 보임
4~5	2단계	관계에 참여함
6~9	3단계	상호적이며 의도적인 방식으로 정서를 사용함
10~14	4a단계	의사소통하기 위해 일련의 상호적인 정서 신호나 몸짓을 사용함
15~18	4b단계	문제를 해결하기 위해 일련의 상호적인 정서 신호나 몸짓을 사용함
19~24	5a단계	의도나 느낌을 전달하기 위해 상징이나 생각을 사용함
25~30	5b단계	기본적인 욕구 이상의 것을 표현하기 위해 상징이나 생각을 사용함
31~42	6단계	정서와 생각 간 논리적인 연결을 창조함

그림 5.4 | 사회정서 성장 차트 : 피터의 점수

트에서 점수의 증가로 재확인되었다. 임상가는 이 도구를 이용하여 아동의 발달적 성취에 대해 빠르고 간편하게 평가할 수 있었고, 발달 위험에 있는 아동의 발달을 추적하면서 더 악화되지 않도록 도움을 주는 발달검진 도구로도 사용할 수 있었다.

🔍 참고문헌

Bagdi, A., & Vacca, J. (2005). Supporting early childhood social-emotional well being: The building blocks for early learning and school success. *Early Childhood Education Journal, 33*, 145–150.

Bayley, N. (2006a). *Bayley Scales of Infant and Toddler Development* (3rd ed.). Administration Manual. San Antonio, TX: Pearson.

Bayley, N. (2006b). *Bayley Scales of Infant and Toddler Development* (3rd ed.). Technical Manual. San Antonio, TX: Pearson.

Breinbauer, C. & Casenhiser, D. M. (2008). *Greenspan Social-Emotional Growth Chart.* ICDL 12th Annual International Conference, November 7, 2008. Tysons Corner, VA.

Briggs, A. (2008). *Test–retest reliability of the Greenspan Social-Emotional Growth Chart: An autism screening questionnaire for infants and toddlers.* Washington, DC: School of Public Health and Health Services, The George Washington University.

Briggs-Gowan, M. J., & Carter, A. S. (2008). Social-emotional screening status in early childhood predicts elementary school outcomes. *Pediatrics, 121,* 957–962.

Briggs-Gowan, M. J., Carter, A. S., Bosson-Heenan, J., Guyer, A. E., & Horwitz, S. M. (2006). Are infant-toddler social-emotional and behavioral problems transient? *Journal of the American Academy of Child & Adolescent Psychiatry, 45,* 849–858.

CDC/ICDL Collaboration Report. (2006). *Framework for early identification and preventive intervention of emotional and developmental challenges.* Centers for Disease Control/Interdisciplinary Council on Developmental and Learning Disorders. (http://www.icdl.com/bookstore/catalog/documents/CDC-ICDLCollaborationReport.pdf, accessed December 4, 2009).

Council on Children With Disabilities. (2006). Identifying infants and young children with developmental disorders in the medical home: An algorithm for developmental surveillance and screening. *Pediatrics, 118*(1), 405–420.

First Signs (2009). *Screening: Making Observations* (http://www.firstsigns.org/screening/index.htm, accessed August 15, 2009).

Greenspan, S. I. (1999). *Building Healthy Minds: The Six Experiences that Create Intelligence and Emotional Growth in Babies and Young Children.* Cambridge, MA: Perseus Books.

Greenspan, S. I. (2004). *Greenspan Social-emotional Growth Chart: A Screening Questionnaire for Infants and Young Children.* San Antonio, TX: Harcourt Assessment.

Greenspan, S. I., & Wieder, S. (1998). *The Child with Special Needs. Encouraging*

Intellectual and Emotional Growth. Reading, MA: Perseus Publishing.

Greenspan, S. I., & Wieder, S. (2008). *Engaging Autism: The Floortime Approach to Helping Children Relate, Communicate, and Think.* Reading, MA: DaCapo Press.

ICDL. (2000). *Clinical Practice Guidelines. Redefining the Standards of Care For Infants, Children, and Families with Special Needs.* Interdisciplinary Council on Developmental and Learning Disorders, Bethesda, Maryland.

Johnson, C. P., Myers, S. M., & Council on Children With Disabilities. (2007). Identification and evaluation of children with autism spectrum disorders. *Pediatrics, 120*(5), 1183–1215.

Lavigne, J. V., Binns, H. J., Christoffel, K. K., Rosenbaum, D., Arend, R., Smith, K., Hayford, J. R., & McGuire, P. A. (1993). Behavioral and emotional problems among preschool children in pediatric primary care: Prevalence and pediatricians' recognition. *Pediatrics, 91,* 649–655.

National Research Council and Institute of Medicine. (2000). Acquiring self-regulation. In J. Shonkoff, & D. Phillips (Eds.), *From Neurons to Neighborhoods: The Science of Early Childhood Development* (pp. 93–123). Washington, DC: National Academy Press.

NECTAC. (2008). *Developmental Screening and Assessment Instruments with an Emphasis on Social and Emotional Development for Young Children Ages Birth through Five.* Chapel Hill, NC: The National Early Childhood Technical Assistance Center (NECTAC).

Salvia, J., Ysseldyke, J. E., & Bolt, S. (2007). Assessment of infants, toddlers, and preschoolers. In S. Pulvermacher-Alt, J. Giannotti, & B. Greiner (Eds.), *Assessment in Special and Inclusive Education* (10th ed.). Boston, MA: Houghton Mifflin.

Schor, E. (2004). Rethinking well-child care. *Pediatrics, 114*(1), 210–216.

Shanker, S., & Greenspan, S. I. (2007). The developmental pathways to pattern recognition, joint attention, language and cognition. *New Ideas in Psychology, 25*(1).

6장

Bayley-III 적응행동척도

Jennifer L. Harman[1] and
Tina M. Smith-Bonahue[2]
[1]*Yale University Child Study Center, New Haven, CT*
[2]*University of Florida, Gainesville, FL*

서론

미국 장애아동교육법Handicapped Children Act(공법 99~457)은 1986년에 개정된 이래 여러 차례 수정되어, 장애 위험성이 있는 영유아 및 아동의 평가에 있어서 포괄적이고 다학제적인 접근을 적용하도록 하였으며, 아동들의 발달 상황을 기술하고 설명하는 데 초점을 두도록 하였다. 따라서 아동 초기의 적응기술에 대해 이해하는 것이 어린 아동을 평가하는 데 있어 필수적인 부분이 되었다. 적응행동은 생애 첫 몇 년 동안 성취되는 중요한 기능적 발달 과업들을 포함한다. 여러 측면에 있어 이 과업들은 아동의 생존에 있어 매우 중요하며, 기본적인 욕구 표현, 섭식학습, 걷기, 기기, 배변하기 같은 행동들을 포함한다.

이 장에서는 아동의 적응행동을 간략히 설명하고, 영유아기, 걸음마기, 학령전기의 적응기술과 관련된 이론을 간략히 살펴볼 것이다. 또한 Bayley-III 적응행동척도의 내용, 실시방법, 채점, 해석에 대해 살펴보고, 적응행동척도를 사용하는 것이 어떠한 강점이 있는지와 사용에 있어서 고려해야 할 점에 대해서도 다룰 것이다. 이 적응행동척도를 임상군에 적용하는 것에 대해서도 논의한다. 사례연구에서는 26개월 아동의 Bayley-III 평가 사례를 다루게 된다.

영유아기 적응행동

아동의 적응행동은 환경의 요구에 대처하는 능력과 매일의 욕구를 충족시키는 능력을 의미한다. 이러한 행동들은 아동이 발달함에 따라 그 방식과 강도, 세련됨, 정밀함의 측면에 있어서 상당히 변화하게 된다. 아동의 적응기술은 다른 발달 영역 및 능력과 불가분의 관계에 있다. 어린 아동의 성장과 발달은 의사소통, 사회성, 운동, 건강 및 안전, 가정 생활, 자조기술, 놀이 및 여가, 지역사회 이용, 학령전 학업기능, 자기주도성과 같은 다양한 기술의 향상을 가져온다.

예를 들어, 신생아는 반사(예 : 울기, 젖 찾기 반사, 빨기 반사)에 의존하여 배고프다는 것을 부모에게 알린다. 좀 더 월령이 높아지면 울기를 계속할 수 있지만, 먹고 싶은 것을 가리키거나 먹고 싶은 것을 쳐다보면서 칭얼대는 것처럼 새로 학습한 행동이 추가로 나타난다. 걸음마기에 언어가 나타나게 되면, 유아는 대상을 언어로 지시하거나 '맘마'라는 말을 사용하여 양육자에게 자신이 배가 고프다는 사실을 알릴 수 있다. 이제 '울기'는 걸음마기 유아의 주요 의사소통 수단이 아니다. 걸음마기 유아의 언어가 계속 발달함에 따라 섭식 및 기타 선호에 관한 표현들이 점차 명확해진다.

걸음마기 유아의 운동기술이 발달함에 따라, 아동은 스스로 음식을 손에 쥘 수 있게 되는데, 이것은 적응기술의 주요한 예이다. 영유아기 운동기술은 걸음마를 할 수 있을 때까지 점점 더 복잡하게 발달한다. 예컨대 영아는 먼저 몸 뒤집기를 학습하는데, 그렇게 됨으로써 원하는 물체를 향해 구를 수 있게 된다. 이후에 기기를 학습하여 원하는 장소에 갈 수 있게 되고, 마침내 몸을 일으켜서 가구를 지탱하여 이동을 할 수 있게 된다. 금방 영유아는 스스로 걷기, 달리기, 뛰기가 가능해진다. 또한, 걸음마기와 학령전기 아동들은 손 씻기, 양치질하기 같은 자조기술을 학습하는데, 이런 적응기술들은 영아에게는 나타나지 않았던 기술들이다.

마찬가지로 어린 아동이 발달함에 따라 적응적 여가기술도 발달한다. 예를 들어, 영유아는 1분 미만의 시간 동안 혼자 놀기가 가능하다가 점차 수 분 동안 할 수 있게 되고, 책이나 잡지의 그림을 단순히 보는 것을 뛰어넘어 좋아하는 책을 읽어달라고 말하게 된다. 또한, 자기 주도기술은 꾸준히 발달한다. 특별한 지시 없이도 조용히 앉아 있을 수 있는 시간이 1분에서 5분 이상으로 늘어난다. 또한 낯선 환경에서 부모로부터 멀리 떨어지지 않으려 하다가 점차 독립적으로 활동하기 시작하고 필요할 때에만 부모에게 도움을 요청하게 된다.

초기 발달이론으로 잘 알려진 애착이론과 시넥티브 발달이론synactive theory of development은 초기 아동기 적응기술발달에 관한 통찰을 제공한다. 두 이론 각각은 다음 절들에서 기술할 것이다.

☑️ 애착이론

애착이론에서 '애착attachment'이라는 단어는 양육자나 몇몇 특별한 성인에게 유대를 형성하는 아동의 선천적 경향을 말한다(Bowlby, 1958; Grossman & Grossman, 2005). "애착은 다른 문화에 정서적으로 사회적으로 동화되기 위한 선천적인 전제조건이다."(Grossman & Grossman, 2005: 10). 따라서 애착이론은 생존과 적응을 위한 사회적 동화의 중요성을 강조한다. 사회적으로 동화하기 위해서는 사회적응기술이 필요하다. 예를 들어, 사회적으로 동화하기 위해서는 먼저 사회적으로 타인과 상호작용할 수 있어야 하고 타인의 요구에 반응할 수 있어야 한다. 그리고 이 조건들은 사회적 적응행동발달의 본질적 요소들이기도 하다.

이 외에도 양육자와의 애착을 형성하는 데에 영향을 주는 몇 가지 선천적 적응기술들이 있다. 진화적 관점에서 평가하자면 애착을 형성하는 것은 신생아가 생존을 위해 정서적 · 사회적 · 신체적 자원에 접근할 수 있도록 돕는 데에 필수적인 역할을 한다. 따라서 애착 형성에 필요한 기술들은 영유아가 가져야 하는 가장 중요한 초기 적응기술 중 하나라고 할 수 있다. 안정 애착을 형성하고 유지하는 것은 생존에 필요한 자원을 획득하고 정신적 신체적으로 건강하게 살아가는 데 도움을 준다(Grossman & Grossman, 2005).

치료사, 임상가, 발달전문가, 소아과 의사, 심리학자 등의 전문가들은 영유아, 걸음마기 유아, 학령전기 아동의 적응기술을 평가할 때, 직접적으로 관찰 가능한 능력 및 행동에 초점을 둔다. 아래의 세 가지 질문은 어린 아동의 관찰 가능한 적응행동을 평가하는 동안에 제기될 수 있는 질문들인데, 애착이론을 기반으로 한다.

1. 어린 아동이 양육자와의 애착을 얼마나 성공적으로 형성하는가?

2. 어린 아동이 애착을 얼마나 성공적으로 유지하는가?

3. 애착을 형성하는 데 있어 어린 아동이 하는 주요 역할은 무엇인가?

즉, 애착의 형성 및 유지를 위해 아동이 하는 것은 무엇인가?

대부분의 아동들은 몇몇 본능적인 추동에 의해 삶을 시작하게 되는데, 이런 본능적인 추동은 애착의 시작, 발달, 유지에 도움을 준다. 예를 들어 보통의 건강한 신생아들은 빨고 매달리고 울고 웃을 수 있다. 이런 각각의 행동 표현은 애착을 형성하고 유지하는 데에 도움이 된다(Bowlby, 1958). 일례로 영유아는 엄마의 품에 안겼을 때 차분해지고 엄마가 방에서 사라졌을 때 울 수 있다. 이와 비슷하게 영유아는 주양육자가 다가오면 웃는데, 이는 주양육자와의 안정애착을 촉진시킨다. 또한 애착의 질은 영유아의 생존에 필수적이다(Bowlby, 1958). Bayley-III의 적응행동척도는 영유아나 걸음마기 유아가 부모에게 얼마나 자주 특별한 친밀감이나 관계를 보이는지, 얼마나 자주 특별한 가족 구성원과 친구를 반갑게 맞이하기 위해 뛰어가는지, 그리고 친밀한 사람과 낯선 사람들에 대한 반응이 얼마나 다른지에 대해 부모가 평가하게 된다. 각 문항들은 아동과 특별한 성인 간 애착의 결정적 측면과 관련된 적응행동을 평가한다.

시넥티브 발달이론

시넥티브 발달이론은 애착이론과 같이, 초기 적응기술이 발달하기 위해서는 타고난 본능적 능력들이 필요하다고 말한다. 그러나 애착이론이 주로 영유아의 사회적 양식에 초점을 둔 반면, 시넥티브 발달이론은 주로 환경에 반응하는 발달능력에 초점을 둔다(Als, 1982). 즉, 영유아는 자궁 밖의 삶에 적응해야 하고, 신경행동 능력을 발달시켜야 한다. 특히 신생아는 호흡, 심박수, 체온 유지와 같은 생리적 체계를 통제할 수 있어야 하며, 그 후 운동 체계를 조직화하고 분화시켜야 한다. 신생아들은 운동의 다양성, 유연성, 복잡성에 영향을 미치는 법을 학습하고(Brazleton, 2000; Robertson, Bacher, & Huntington, 2001), 깊은 수면, 얕은 수면, 졸음상태, 각성상태, 기민한 각성상태, 울음과 같은 의식상태를 조직한 후 통제할 수 있게 된다. 즉, 영유이의 적응기술이 발달함에 따라 의식상태 변화를 통제할 수 있게 된다.

시넥티브 발달이론에 의하면 영유아의 신경행동 능력과 조직화(예 : 수면-각성 주기, 울기, 주의집중, 자기조절)는 다음의 다섯 가지 하위체계를 통해 이해할 수 있다. 영유아가 환경과 상호작용하는 데 가이드 역할을 하는 이 다섯 가지 하위 체계에는 자율 체계autonomic system, 운동 체계motor system, 상태-조직 체계state-organizational system, 주의-상호작용 체계 attention and interaction system, 자기조절 균형 체계self-regulatory balancing system가 포함되며, 특히 자기조절 균형 체계는 나머지 하위 체계들을 통합하고 조직화한다. 이 이론에 의하면, 이들 하위 체계들은 발달단계마다 상호작용한다. 자기조절 하위 체계의 목적은 다른 네 가지 하위 체계의 활동을 통합하는 것이다.

자율 체계

자율 체계autonomic system는 신체기능을 조절하는 것을 포함한다. 심폐작용, 배변운동, 혈액순환과 관련된 적응행동들은 일반적으로 소아과 전문의가 평가하게 되며, Bayley-III의 적응행동척도에서는 평가하지 않는다. 시넥티브 발달이론은 동적 체계 발달이론이 언급하는 하위 체계 중에 가장 기본이 되는 체계이다. 자율 체계를 통제할 수 없는 영유아는 인공호흡기 같은 의료장비에 의존하게 되는 경향이 있다. 따라서 자율 체계 평가는 전문화된 영역으로, 출생 시 아프가 검사나 신생아행동평가척도로 평가되어야 한다(Brazelton, 1973). 시넥티브 발달이론의 자율 체계에 대한 더 자세한 정보는 제7장에 기술되어 있다.

운동 체계

운동 체계motor system는 자세, 운동능력, 근긴장도를 포함한다(Als, 1982). Bayley-III 적응행동척도의 문항 중에서 운동 체계 관련 문항들은 영유아의 운동 및 자세에 대한 능력을 평가한다. 예를 들어, 움직이는 물체를 머리를 움직여서 따라가는 능력부터 머리를 들어 주변을 둘러보는 능력과 몸을 뒤집는 능력을 평가하는 문항부터 장난감 흔들기, 물체를 향해 뻗기, 물체를 도구로 사용하기와 같이 물체를 조작하는 능력을 평가한다.

이와 유사하게 영유아의 대근육운동기술은 기본적인 몸통 및 머리 통제력 획득과 앉은 자세를 만들고 유지하는 것부터, 도움을 받거나 도움을 받지 않고 서 있는 것, 기타 기능적 과제를 수행하는 데에 필요한 일련의 복잡한 대근육 활동을 해내는 것까지 발달한다(예 : 원하는 물체를 집어 올리기 위해 쪼그리고 앉는 것, 한 발로 균형을 잡고 깡충깡충 뛰는 것). 운동능력은 어린 아동이 다른 중요한 기능적 · 사회적 과제를 수행하도록 해주기 때문에, 어린 아동의 적응행동을 검사할 때에 운동능력을 평가하는 것이 중요하다는 것을 강조한다. 이렇게 운동 체계로 나타나는 적응행동을 평가하는 데 초점을 두고 있다는 점은 Bayley-III의 적응행동척도의 강점이라고 할 수 있다.

상태-조직 체계

시넥티브 발달이론에 의하면, 상태-조직 체계state-organizational system는 '고요한 수면상태quiet sleep, 활동적인 수면상태active sleep, 활동-고요 전환수면active-quiet transitional sleep, 수면-각성 전환sleep-wake transition, 각성wakefulness' 주기를 통제하는 능력으로 설명한다. 영유아에게 있어 가장 중요한 과제 중 하나는 경계상태를 통제하고 수면 중 편안한 상태를 유지하는 능력을 학습하는 것이다(Brazleton, 1990a: 1662). 양육자의 주요 역할은 영유아가 자신과 가족들 모두에게 맞는 수면 일정에 적응하는 데 필요한 기술들을 획득하고 유지하도록 돕는 것이다(Brazleton, 1990a, 2000). 따라서 신생아의 상태 통제와 효과적인 수면상태를 평가하는 것은 신생아 평가의 본질적 목적과 일치한다(Thoman & McDowell, 1989; Brazleton, 1990a, 2000). 따라서 Bayley-III의 적응행동척도에서는 양육자에게 영유아 혹은 걸음마기 유아가 얼마나 자주 밤 시간 내내 잠을 잘 자는지를 묻는다. Bayley-III의 적응행동척도가 상태-조직 체계에 주의를 기울이고 있기는 하지만, 그럼에도 불구하고 이것만으로는 어린 아동이 여러 발달단계에 걸쳐 점진적으로 성장하는 것에 대한 상세한 정보는 얻을 수 없다.

주의-상호작용 체계

시넥티브 발달이론에서 각성과 주의집중 상태를 획득하고 유지하는 능력을 '주의-상호작용 체계attention and interaction system'로 설명한다. 보다 자세히 말하자면, 주의-상호작용 체계로 분화되거나, 전환하고 내부 조직화internal organization하는 것은 신생아의 주요한 발달 과업이다. 신생아는 이러한 적응기술을 습득하려고 할 때 주양육자의 도움에 의존해야 하므로, 적응기술을 획득하는 데 있어서 애착이 중요하다는 것을 다시 한 번 확인할 수 있다(Als, 1982; Als, Butler, Kosta, & McAnulty, 2005). 주의-상호작용 체계는 울음의 적응적 기능도 설명한다. 태어나자마자 울음의 적응적 목적은 분명하게 나타난다. 예를 들어, 영아는 흔히 배가 고프거나 불편할 때 운다. 울음은 주양육자에게 아기가 무언가를 필요로 하고 있다는 것을 알려준다(Brazleton, 1990b). 생리적 욕구를 알리기 위한 울음은 적응기술이다. 그 결과 Bayley-III의 적응행동척도는 영아가 양육자에게 각기 다른 기분을 표현하기 위해 음성을 높이고 낮출 수 있는지, 그리고 의사소통을 위해 울 수 있는지를 묻는다. Bayley-III의 적응행동척도는 주의-상호작용 체계에 대해 평가하고 있지만, 주의-상호작용 체계와 관련한 상세한 정보를 얻기 위한 유일한 도구는 아니다.

자기조절 체계

자기조절 체계self-regulatory system는 교향곡의 지휘자에 비유할 수 있다. 지금까지 다룬 네 가지 체계(자율 체계, 운동 체계, 상태-조직 체계, 주의-상호작용 체계) 각각은 독립적으로 기술할 수 있다. 그러나 시넥티브 발달이론에 의하면, 이 네 가지 체계는 환경과 상호작용할 뿐만 아니라 체계 간에도 상호작용을 한다. 다섯 번째 체계인 자기조절 체계가 하는 일은 나머지 네 가지 체계가 상호작용하도록 하는 것이다(Als, 1982; Als et al. 2005). 자기조절은 제5장에서 자세히 다루었다.

적응행동척도

적응행동 평가는 어린 아동을 평가하는 데에 필수적인데, 특히 발달지연developmental delay이 의심될 때 더욱 필요하다. 적응행동발달을 평가할 때 검사자는 아동이 해당 능력을 할 수 있는지 없는지를 평가하는 것이 아니라, 일반적으로 그러한 행동이 필요한 상황에서 늘 해당 행동을 실제로 보이는지를 파악해야 하는데, 이것이 적응행동발달 평가가 다른 발달능력 평가와 다른 점이다. 적응행동 평가에는 제3의 정보제공자(대개는 어린 아동을 돌보는 사람)가 참여한다. 하루 중 많은 시간을 아동과 함께 보내는 사람이 아동의 적응기술 평가에 있어 가장 좋은 정보제공자이다. 이들은 종종 아동이 다양한 환경에서 전형적으로 나타내는 행동에 대해 가장 잘 알고 있는 응답자가 된다. 아동에 관한 정보는 2명 이상의 응답자들로부터 얻을 수도 있다. 예를 들어, 평일에 아동을 돌보는 어린이집 교사가 제공하는 정보는 직장 때문에 낮 동안 아동과 함께하지 못하는 부모가 제공하는 정보를 보충하는 것으로 사용할 수 있다.

Bayley-III는 적응행동평가체계 제2판 부모 및 주양육자 보고용(ABAS-II; Harrison & Oakland, 2003)을 적응행동척도로 사용한다. 따라서 ABAS-II의 부모 및 주양육자 보고용 문항들은 Bayley-III 적응행동척도의 문항들과 일치한다.

📋 적응행동평가체계 제2판(ABAS-II) 적응행동평가

ABAS-II는 신생아부터 89세까지의 연령에 속하는 개인의 적응행동을 측정한다. 연령에 따른 다섯 가지 양식이 있다. 부모 및 주양육자 보고용(0~5세), (보육)교사 보고용(2~5세), 부모 보고용(5~21세), 교사 보고용(5~21세), 자기 보고용(16~89세). 표준화를 위한 표본 추출은 성별, 인종/민족, 부모 교육수준, 장애 인구비율과 관련한 1999~2000년 미국 인구통계자료에 근거하여 실시하였다.

ABAS-II와 ABAS-II로 만들어진 Bayley-III 적응행동척도는 미국 지적 장애 및 발달장애협회American Association on Intellectual and Developmental Disabilities, AAIDD(1992, 2002)가 지지하는 모형과 일치한다. 10가지 기술 영역 점수들을 합산하여 세 가지 영역의 표준점수로 변환된다. (1) 개념적(의사소통, 학령전 학업기능, 자기주도), (2) 사회적(사회성, 놀이 및 여가), (3) 실제적(자조기술, 가정 생활 혹은 학교 생활, 지역사회 이용, 건강 및 안전). 운동기술도 평가되지만 세 가지 큰 영역에는 포함되지 않는다. 총점 General Adaptive Composite, GAC은 10가지 기술 영역 점수의 합으로 계산된다.

앞서 언급한 바와 같이, Bayley-III의 적응행동척도는 ABAS-II의 문항 중에서 신생아부터 5세 아동까지를 평가하는 문항들로 구성된다. Bayley-III 지침서는 적응행동척도가 (1) 미국 지적장애 및 발달장애협회의 적응행동 개념에 근거한다는 사실을 밝히고 있다. 또한 (2) 장애 분류, 특수교육 분류, DSM-IV의 분류, 연방(장애인교육법) 및 주의 특수교육 규정에 부합하는 법적/전문적 기준에도 그 기초를 두고 있으며, (3) 다양한 장애를 지닌 사람들의 기능을 조사하기 위해 진행하는 진단, 분류, 개입 연구들도 기반으로 한다(Bayley, 2006).

목적

Bayley-III 적응행동척도의 부모 및 주양육자 보고질문지를 사용하여 어린 아동들이 점점 더 독립적으로 성장하기 위해 필요한 기능적인 기술들을 관찰 가능한 행동으로 평가하게 된다. 응답자들은 그동안 아동을 관찰해 온 것을 토대로 아동의 적응행동을 평정하는데, 아동이 적응적 행동을 보일 수 있는지, 할 수는 있지만 적응행동을 거의 보이지 않는지, 가끔 보이는지, 요구하면 거의 매번 보이는지 평가하게 된다. 모든 행동

평가는 다른 사람의 도움 없이 수행할 수 있는 것을 기준으로 한다. 양육자가 생각하기에 적절한 기회를 제공하면(예 : 가르쳐 주면, 해보라고 시키면) 아동이 할 수 있을 것 같은 행동수준은 적응행동척도의 문항들을 평정하는 기준이 될 수 없으며(Bayley, 2006), 실제로 그러한 행동을 평소에 보이는지에 따라서 평가해야 한다.

적응행동의 정의

AAIDD는 적응행동을 "일상생활에서 적절히 기능하기 위해 학습하는 개념적 · 사회적 · 실제적 기술들의 집합"이라고 설명한다(AAIDD, 2002: 41). ABAS-II와 Bayley-III 적응행동척도는 "환경의 요구에 맞게 기능하는 데 필수적인 개념적 · 사회적 · 실제적 기술"이라고 정의한다(Harrison & Oakland, 2003).

✅ 내용

Bayley-III의 적응행동척도는 총 241문항으로 구성되어 있다. 신생아부터 11개월 아동까지는 다음의 기술 영역들을 평가한다. 의사소통(발화, 비언어적 의사소통, 듣기), 건강과 안전(신체적으로 위험한 것에 주의하고 회피하는 것과 관련된 기술), 놀이 및 여가(집에서 게임에 참여하고 규칙을 준수하는 것), 자조기술(먹기, 배변하기, 씻기, 목욕하기), 자기주도(독립적으로 선택하기, 지시 따르기, 자기 통제하기), 사회성(다른 사람과 어울리기, 예의 지키기, 다른 사람 돕기, 정서 알아차리기), 운동기술(움직이기, 환경 조작하기). 영유아의 자율 체계와 관련된 적응행동은 Bayley-III 적응행동척도에서 다루지 않는다. 이미 언급한 바와 같이 자율 체계와 관련된 적응기술을 평가하는 책임은 흔히 소아과 전문의들에

표 6.1 ㅣ 세 가지 적응행동에 포함되는 기술 영역

적응 영역	출생~11개월	1~3세 6개월
개념적	의사소통, 자기주도	의사소통, 학령전 학업기능, 자기주도
사회적	놀이 및 여가	놀이 및 여가
실제적	사회성	사회성, 자조기술, 가정 생활, 건강과 안전, 지역사회 이용

출처 : Harrison & Oakland (2003)에서 발췌.

게 있는데, 제7장의 베일리 영아신경발달 선별검사에서도 다시 한 번 확인할 수 있다.

12개월부터 42개월까지의 걸음마기 유아와 학령전기 아동은 위에서 언급한 일곱 가지 영역뿐만 아니라 다음의 세 가지 영역도 평가하게 된다. (1) 학령전 학업기능(글자 인식, 수세기, 모양 그리기), (2) 지역사회 이용(집 밖의 활동에 흥미를 느끼는 것, 각기 다른 시설들을 인식하는 것), (3) 가정 생활(어른을 도와 집안일을 하는 것, 개인 소유물에 대해 책임지는 것).

아동의 연령과 상관없이 각 기술 영역들의 점수는 적응행동척도의 총점을 내는 데에 사용되는데, 12개월 미만 유아들의 경우에는 7개의 기술점수만 반영하지만 12개월부터 42개월 유아들의 경우에는 10개 기술점수를 모두 반영한다. 척도의 총점뿐만 아니라 개념적 · 사회적 · 실제적 세 영역별 점수, 7개 혹은 10개 기술 영역 점수도 산출할 수 있다. 세 가지 적응행동에 해당하는 기술 영역은 표 6.1에 제시하였다.

실시방법

주양육자는 평정에 방해가 되지 않는 환경에서 적응행동척도 질문지에 응답한다. 검사자는 척도를 소개하고, 이 척도가 무엇을 측정하는지, 문항들이 묻는 정보가 왜 중요한지, 점수가 어떻게 사용될 것인지에 대해 설명하고, 질문지와 필기구를 제공한다. 주양육자는 지시를 읽고 검사자와 상의하면서 문항에 답하는 방법에 대해 숙지한 후에, 아동의 연령에 해당하는 기술 영역들의 모든 문항을 읽고 응답하는 방식으로 아동의 적응기술을 평정한다. 검사자는 주양육자에게 평소 적응기술이 필요할 때 아동이 그 적응기술을 얼마나 수행하는지 그 정도를 평정하는 것이라는 설명을 한다(할 줄 아는지 모르는지가 아니라). 평정은 0(아직 못함), 1(거의 안 함), 2(가끔 함), 3(항상 함)으로 한다. 또한 아동이 그러한 행동을 하는지 확실하지 않을 때 추측 칸에 체크하는데, 후에 검사자와 함께 추측 칸에 체크한 문항을 확인하기 위해 논의해야 한다(Bayley, 2006).

또한 검사자는 응답자에게 문항을 읽어주어도 된다. 인구통계적 정보를 묻는 문항부터 시작하는데, 검사자는 "제가 문항을 읽어드리면, 어머니께서 각 문항에 대한 점수를 답하시면 됩니다. 제가 기록지의 점수에 체크를 할게요. 만약에 추측에 의한 점수라면 저한테 추측한 것이라고 말씀해 주세요."라고 설명한다. 또한 추가문항에 대해서도 동일하게 실시한다. 이렇게 검사자는 각 문항을 말로 읽어주고 응답자는 각 문항의 점수를 가리키거나 말로 응답한다(Bayley, 2006).

✔ 채점 및 해석

주양육자가 혼자 혹은 검사자와 함께 적응행동척도의 모든 문항에 답한 후에, 검사자는 각 기술 영역별로 원점수를 합하여 원점수 총점을 산출하고, 추측 칸에 체크한 문항들의 개수를 계산한다. 이미 언급한 바와 같이, 추측문항의 점수를 결정하기 위해 추측문항에 제시된 아동의 행동에 대한 논의가 이루어져야 한다. 만약 추측문항의 점수를 결정하기 위한 논의가 이루어진 후에도 추측으로 체크된 것이 다 지워지지 않고 해당 기술 영역 내 추측응답 개수가 4개 이상이라면, 검사자는 그 영역의 점수를 산출할지 말지를 결정해야 한다. 추측응답의 문항이 너무 많으면 또 다른 응답자로부터의 정보가 필요하다. 만일 추측응답이 많음에도 검사자가 해당 영역의 점수를 산출하기로 결정했다면, 추측문항이 평균보다 많음에 대하여 결과지에 함께 보고해야 한다. 또한 검사자는 컴퓨터 채점 프로그램에 각 기술 영역의 총점을 입력하거나, Bayley-III 실시 지침서의 부록에 있는 표를 찾아 점수를 산출한다. 기술 영역별 규준 참조 척도점수(평균=10, 표준편차=3)와 세 영역의 표준점수 및 발달지수(평균=100, 표준편차=15)를 산출한다. 만약 컴퓨터를 활용할 수 있다면, 데이터를 그래프로 제시할 수 있을 것이다. 특히, 컴퓨터 채점 프로그램은 모든 기술 영역별 발달에 관한 정보를 제공하고 영역별 비교를 해주기 때문에, 검사자는 아동의 강점과 약점이 임상적으로 통계적으로 유의미한지를 쉽게 판단할 수 있다(Bayley, 2006).

심리측정적 결과 특성

신뢰도

적응행동척도의 신뢰도는 ABAS-II의 내적 일관성 지수를 사용한다(Bayley, 2006). 연령별로 아동을 10개의 집단에 할당하여 Bayley-III 적응행동척도의 내적 일관성을 확인하는 연구가 실시되었다. 10개 집단은 0~3개월, 4~7개월, 8~11개월, 12~15개월, 16~19개월, 20~23개월,

24~29개월, 30~35개월, 36~41개월, 42~47개월로 분류되었다. 발달지수는 0.86~0.98의 내적 일관성을 보였고, 세 영역 점수는 0.90~0.92의 내적 일관성을 보였으며, 기술 영역별 점수는 0.79~0.92의 내적 일관성을 보였다(Bayley, 2006).

검사-재검사 신뢰도

검사-재검사 신뢰도를 확보하기 위해 207명의 부모가 2~5주를 간격으로 두 차례에 걸쳐 ABAS-II에 응답했다. 발달지수의 검사-재검사 신뢰도가 0.86~0.92로 나타난 연령집단은 출생~11개월, 12~23개월, 24~35개월 집단이다. 세 영역 점수의 검사-재검사 신뢰도는 대부분 0.80 이상이었으며, 각 기술 영역별 점수의 검사-재검사 신뢰도는 0.70 이상으로, 검사-재검사 신뢰도가 매우 높게 나타났다.

내용 타당도

ABAS-II의 이론과 구성(Bayley-III 적응행동척도에 사용되는 문항)은 AAIDD의 적응행동에 관한 정의, 장애 분류에 관한 법적·전문적 표준, DSM-IV, 장애인법, 중재에 관한 연구를 기반으로 한다. 검사의 신뢰도와 타당도에 관한 더 자세한 논의는 Harrison, Oakland(2003, 2008)와 Ditterline, Banner, Oakland, Becton(2008)의 논문을 참고하기 바란다.

사례연구 : 로셸

로셸은 생후 26개월로, 부모가 발달평가를 의뢰한 사례이다. 부모는 아동이 납 노출에 의한 신경독소 영향이 있지 않을까 염려하고 있었다. 또한 아동의 대근육운동기술에 관해서도 걱정을 하였다. 아동의 요구, 강점, 약점을 더 잘 이해하고 적절한 개입을 권고하기 위해, 먼저 기능의 기저선을 찾는 것부터 평가를 시작하였다.

배경정보

어머니는 아동에 대한 정보를 제공하였다. 아동은 부모(생물학적)의 친자이며, 부모, 4세 언니 마리사와 함께 살고 있고, 미국 북동부의 노동자들이 주로 주거하는 도시에 거주하고 있다. 거주 중인 아파트는 1920년대에 하나의 주택으로 건축되었으며, 1960년대에 리모델링을 통해 4개의 집으로 분리되었다. 로셀의 가족은 그중 하나에 거주 중이다. 아버지는 시내 아파트 건물 관리인이고, 어머니는 남편이 퇴근하고 난 후 늦은 오후에 근처 편의점에서 파트타임으로 일을 하고 있다. 마리사는 반나절 헤드스타트 프로그램에 참여하고 있지만, 로셀은 부모를 제외하면 근처에 살고 있는 외할머니와만 주로 지내는 편이었다.

임신과 출산

어머니는 로셀이 계획 임신에 의한 출산으로 특이점은 없었다고 보고했다. 임신 중, 임신 후에 특별한 합병증 없이 만삭으로 태어났으며, 출생시 체중은 3.17kg이었다. 또한 어머니는 아동을 병원에서 출산하고 다음날 퇴원했다.

발달력

아동은 영유아기에는 순한 기질이었으며 어떤 수면문제나 섭식문제를 보이지 않았으며, 약 14~15개월 때까지 모유수유를 했다.

아동은 약 11개월까지는 전형적인 발달을 보였다. 특히 2개월에는 웃었고, 4개월에는 이름에 반응했으며, 6개월쯤에는 다른 사람의 도움 없이 앉을 수 있었다. 또한 15개월에 50단어 이상을 학습하고 짧은 문장을 말할 수 있었다. 평가 시 로셀은 배변훈련이 되어 있지 않았지만, 어머니는 배변훈련을 곧 시작할 것이라고 보고하였다.

11개월쯤에 아동의 발달 속도가 느려지기 시작했다. 특히 어머니는 아동의 운동발달을 염려했는데, 아동은 16개월이 될 때까지 스스로 걷지 못하고 그 후로는 서툰 걸음걸이를 보였다. 2세 때에 뛰려고 노력했지만, 넘어질 것 같은 우스꽝스러운 모습이었다. 어머니는 이것이 납중독으로 인한 발달지연 때문이라고 생각하였다.

기질과 행동 면에서 볼 때 가족들 사이에서는 사랑스러운 아이지만, 낯선 성인에게는 다소 비우호적이었으며 친해지는 데 오래 걸리는 편이었다. 아동은 쉽게 울고, 기분변화가 컸으며, 쉽게 화를 냈다. 또래에 비해 더 자주 더 쉽게 화를 내는 것으로 보였다. 아동은 친구들에게 관심이 있고 친구들 주변에서 평행놀이parallel play를 할 수 있었지만, 친구가 장난감을 가져가려고 하면 화를 냈다. 예를 들어, 친구가 아동의 장난감을 가져가려고 하면, 소리를 지르거나 울었다. 또한 부모가 아동이 싫어하는 것을 말하거나 소리치지 말 것을 당부하면, 부모에게도 소리를 질렀다.

병력

아동은 6개월 전 아동보건진료소의 정기검진 결과 납중독으로 진단되었다. 납에 노출된 계기는 알 수 없지만 거주 중인 아파트의 납 페인트를 의심할 수 있다. 진단 시에 혈중 납 농도는 79ZPP, 20μ/dl로 나타났다. 어머니는 납중독이 사실상 시작된 시기는 11개월경부터라고 가정하였다. 이때에 아동의 식욕이 급격히 감소하였고 성장 차트를 보면 이때 평균 성장률 아래로 떨어지기 시작했는데, 몇 달 만에 50%에서 8%까지 떨어졌다. 아동의 식욕은 최근 다시 회복되었다.

납중독 진단을 받기 전에 귓병으로 인한 천공을 앓았다. 귓병과 납중독 외의 다른 의료기록은 없었다.

실시 검사

베일리 영유아 발달검사 제3판(Bayley-III)

임상적 행동관찰

아동은 검사 초반에는 엄마에게 매달렸지만 나중에는 검사자와 라포를 형성하였다. 그러나 주의집중이 잘 안 되는 편이었고 매우 활동적이었으며 좌절을 인내하는 수준이 낮은 것으로 보였다. 특히 첫 시도에서 실패하면 엄마에게 도움을 요청하거나 "이거 못해."라고 말하는 것이 보통이었다. 게다가 검사자의 요구를 포함한 어른의 지시에 잘 따르지 않았다. 물체를 가지고 놀거나 상호작용할 때에는 더 자발적인 모습을 보였지만, 제시되는 활동에는 참여하고자 하는 열의를 거의 보이지 않았다.

이런 어려움에도 불구하고, 로셸은 검사자와 검사 상황을 편하게 생각하는 것처럼 보였다. 게다가 검사자나 검사도구 갖고 노는 것을 즐거워했다. 부모는 아동과의 상호작용에 능숙했고 상호작용을 촉진하였다. 또한 어려운 과제를 수행할 때에는, 아동이 검사자의 지도를 적절히 따르는 것을 보고 잘하고 있다고 말해 주면서 계속 시도해 보도록 격려하였다.

Bayley-III는 1시간씩 3회기로 진행되었다. 아동의 행동과 주의 산만함으로 인해 종종 휴식을 취해야 했고 과제 수행을 위한 자발적인 놀이기회를 가져야 했기 때문이다. 평가하는 동안 아동이 자발적인 활동을 할 수 있도록 검사를 급하게 서두르지 않았다. 따라서 평가결과는 아동의 발달능력과 문제점을 타당하게 보고하는 것으로 생각된다.

평가결과

발달평가

Bayley-III는 발달지연 아동을 선별하고 개입 계획을 위한 정보를 제공하는 것이 주목적인 개인검사도구이다. Bayley-III는 영아와 걸음마기 유아의 인지, 언어(수용, 표현), 운동(대근육, 소근육), 사회정서, 적응행동 발달 영역을 평가한다. 인지 · 언어 · 운동척도는 아동에게 직접 검사를 실시하는 문항으로 구성되어 있고, 사회정서 · 적응행동척도는 주양육자가 질문지에 응답하는 형식이다. 이 척도들의 점수는 표 6.2에 요약하였다.

인지척도는 감각운동 발달, 탐색 및 조작, 도구 관련성, 개념 형성, 기억, 인지처리의 다른 측면들을 평가하는 문항들로 구성된다. Bayley-III로 측정된 아동의 인지능력은 평균 수준으로(인지 영역 표준점수=95, 백분위점수=37), 같은 연령대 아동들과 유사한 결과를 나타냈다. 로셸은 제한 시간 내에 과제를 완성하도록 지시했을 때에는 어려움을 보였다. 특히 검사자의 지시를 따르는 것보다 물체를 탐색하거나 자발적으로 물체와 상호작용하는 것에 더 큰 흥미를 보였다. 아동은 몇몇 문항에서 요구되는 행동을 보일 수 있었는데, 문항의 표준 시행 동안에는 이 능력을 보여주지 못했기 때문에 이 문항들에서는 점수를 얻지 못했다. 반대로 게임 같은 문제나 문제 해결과 관련된 문항에는 쉽게 참여했다. 예를 들어, 조각판에 맞는 모양 맞추기나 숨은 물체 찾기는 쉽게 할 수 있었다. 또한 아동은 쉽게 표상놀이를 하였다. 음식을 섞어서 곰인형에게 먹이는 시늉을 하고 나서 자기도 먹는 시늉을 했고, 곰인형을 눕혀 이불을 덮어주었다.

언어척도는 수용언어와 표현언어라는 두 가지 별개의 하위검사로 이

표 6.2 | 로셸의 Bayley-III 결과

영역	발달지수 (평균=100, 표준편차=15)	척도점수 (평균=10, 표준편차=3)	백분위 점수
인지	95	9	37
언어	129		97
수용언어		15	
표현언어		15	
운동	88		21
소근육운동		10	
대근육운동		6	
사회정서	105	11	63
적응행동	60		0.4
의사소통		4	
지역사회 이용		5	
학령전 학업기능		7	
가정 생활		5	
건강과 안전		4	
놀이 및 여가		4	
자조기술		3	
자기주도		5	
사회성		4	
운동		6	

루어진다. 아동의 Bayley-III 언어척도 발달지수는 동일 연령대 기준으로 백분위점수 97에 위치하는 것으로 나타났다(언어영역 표준점수＝129, 백분위점수＝97).

Bayley-III의 수용언어척도는 전 언어적 행동, 사물과 그림과 관련된 어휘발달, 사회적 참조, 언어 이해를 평가하는 문항으로 구성된다. 아동의 Bayley-III 수용언어 점수는 우수 수준으로, 같은 연령대 아동들에게 기대할 수 있는 수준 이상인 것으로 나타났다(수용언어 척도점수＝15). 아동은 '인사하기, 자기, 먹기, 마시기, 읽기, 자전거 타기'를 포함하는 다양한 행동들을 지적할 수 있었다. 또한, '소년의 자동차, 고양이의 공'과 같이 소유 개념을 이해할 수 있었다. 그러나 '그의, 그녀의, 나의' 등과 같은 소유대명사를 구분하는 것은 어려워했다.

표현언어척도는 전 언어적 의사소통을 평가하는 문항(예 : 옹알이, 제스처, 상호 참조, 차례 지키기)과 어휘발달을 평가하는 문항(예 : 물체나 그림 명명하기)으로 구성된다. 아동의 Bayley-III 표현언어 점수도 우수 수준으로, 같은 연령대 아동들에게 기대할 수 있는 수준 이상인 것으로 나타났다(표현언어 척도점수=15). 아동은 여러 단어를 사용하여 질문할 수 있고, 단어를 조합하여 원하는 것을 표현하거나 생각을 표현하였다. 그러나 '무엇'과 '어디'로 시작하는 질문에 응답하는 것은 어려워했고, 복수형을 사용하는 것도 어려워했으며, 색깔을 명명하는 것도 어려워했다.

Bayley-III 운동척도로 측정한 아동의 전반적인 운동기술발달은 평균 하 수준으로 나타났다(운동 영역 발달지수=88, 백분위점수=21). Bayley-III 운동척도는 소근육운동척도와 대근육운동척도로 나누어진다. 소근육운동능력의 발달수준이 대근육운동능력의 발달수준보다 유의미하게 높은 것으로 나타났다.

적응행동에서의 운동기술에 관해 아버지는 로셀이 소근육운동기술보다 대근육운동기술을 더 어려워한다고 보고했다. 특히 소근육운동기술은 평균 수준으로(소근육운동 척도점수=10), 같은 연령대 아동들에게 기대할 수 있는 수준과 일치했다. 아동은 연필과 크레용을 쥘 때 잡기발달의 과도기적인 모습을 보였으며, 종이에 그리기를 할 때에 의도를 가지고 그리기를 하였다. 그러나 종이를 손으로 고정하지 않았고, 여러 방향의 선을 따라 그릴 수 없었다.

아동은 대근육 영역 문항을 가장 어려워했다(대근육운동 척도점수＝6). 도움을 받아 계단 하나에 두 발을 모두 사용하여 올라갈 수 있었으나, 내려올 때에는 같은 방법으로 내려올 수 없었다. 또한 한 발로 균형 잡고 서 있기, 옆으로 걷기, 공차기를 할 수 없었다.

적응행동척도는 일상적 기능 기술들을 평가하는데, 의사소통, 지역사회 이용, 학령전 학업기능, 건강과 안전, 놀이 및 여가, 자조기술, 자기주도, 가정 생활, 사회성, 운동기술을 평가한다. 적응행동 총점GAC은 적응적 발달의 일반적인 추정치를 제공한다. 어머니가 응답한 적응행동 질문지 기록에 의하면, 아동의 적응행동에서 유의미하게 지연된 것으로 나타났다. 아동의 모든 기술 영역에서의 발달수준은 낮았고, 발달지연으로 나타났다. 기능적 의사소통능력을 보았을 때 아동이 많은 단어 레퍼토리를 갖고 있었음에도 불구하고, 정작 원하는 것을 얻기 위해서는 단어 레퍼토리를 사용하지 않고 자신이 원하는 것을 부모가 알아차릴 때까지 소리를 지르는 경우가 많았다. 또한 아동이 두 단계 지시를 따르는 것을 보여줬음에도 불구하고, 집에서는 단순한 명령도 따르는 일이 거의 없었다. 가정 생활을 살펴보면 다른 사람을 도와 장난감을 정리하기도 하고 가끔 쓰레기를 치우기도 하는 것으로 보고되었다. 그러나 단순한 심부름을 하지 않았으며(예 : 뭔가를 쏟은 경우 스스로 닦기), 가구를 발로 차는 행동도 나타났다.

건강과 안전 영역에서 위험 상황 시 '안 돼!'라고 하는 성인의 지시를 가끔 따른다고 보고되었다. 난로에 너무 가까이 가거나, 뜨거운 음식을 먹을 때 얼마나 뜨거운지 확인도 하지 않고 그냥 먹으려 하였다. 아동은 성인과 함께 그림책을 읽으려고 하지 않았고 보채거나 주의를 끌지 않고 5분간 혼자서 노는 능력에 있어서 항상 그러한 행동을 보이지는 않았다.

또한 "조용히 해." 혹은 "얌전히 있어."와 같은 성인의 요구에 순응하지 않는 편이었다. 게다가 장난감을 스스로 친구와 같이 갖고 놀려고 하지 않고, 그렇게 하라고 요구해도 듣지 않았다. 그러나 친한 사람과 낯선 사람에게 다르게 반응하는 것은 일관적으로 나타났다.

사회정서척도는 사회성 발달과 정서발달을 평가한다. 문항은 다음과 같은 기능적 정서기술을 숙달했는지를 평가하는 데 자기조절과 세상에 대한 흥미, 의사소통 욕구, 타인과 관계 맺기, 의도적인 방법으로 정서 사용하기, 문제 해결을 위해 정서적 신호 사용하기가 그것이다. Bayley-III를 통해 양육자가 보고한 것에 의하면, 아동의 전반적인 사회정서기능은 평균 수준인 것으로 나타났다. 이 연구결과는 직접적인 행동관찰과 초기 부모 면접으로 얻은 정보와는 다소 일치하지 않는 점이 있다. 아동이 부모와 매우 가까운 관계를 형성하고 있다 해도, 성인의 지도를 따르는 것은 어려워 보였다. 게다가 원하는 대로 되지 않았을 때 스스로 진정하는 것도 어려웠다.

요약 및 사례 논의

로셸은 납중독 진단 후 부모가 평가를 의뢰한 경우이다. Bayley-III를 포함한 발달평가가 이루어졌다. 검사결과 아동의 인지능력은 평균 수준, 언어능력은 우수 수준인 것으로 나타났는데, 수용언어와 표현언어 영역에서 강점을 보였다. 소근육운동기술은 같은 연령대 아동들에게 기대할 수 있는 수준과 비슷했지만, 대근육운동기술은 같은 연령대 아동들에게 기대할 수 있는 수준에 약간 못 미치는 정도를 보였다. 반면, 적응행동발달은 유의미하게 지연되어 있었고, 어머니는 종종 아동의 행동을 통제하는 것이 어렵다고 보고하였다. 이것은 아동이 다른 사람과의 상호작용,

다른 사람과 함께 노는 것이나 다른 사람의 지시를 따르는 것을 어려워한다는 부모 보고와도 일관성이 있는 부분이다. 또한 아동은 좌절을 견디는 수준이 낮았는데, 이는 결국 문제행동으로 이어졌다. 사실 이런 경향은 걸음마기 유아에게 어느 정도 일반적으로 나타나는 발달적 특성이기도 하다. 아동은 지금 '미운 두 살' 단계에 접어들었다. 부모-자녀 상호작용과 같은 이러한 문제행동을 목표로 하고 다룰 수 있는 개입법이 도움이 될 수 있을 것이다.

📋 로셸의 평가에 대한 고찰

로셸이 보이는 지연을 통해서 물리적 환경이 어떻게 어린 아동의 가장 기본적인 기능기술의 발달을 손상시킬 수 있는지를 볼 수 있다. 아동의 인지기술과 언어기술은 정상발달을 보였고, 그중 몇몇 영역은 평균보다 높은 수준이었지만, 운동능력과 정서발달은 약간 지연된 상태였다. 일상적 적응기능은 유의미하게 지연되었다. 따라서 아동의 일상생활기술 향상을 위한 집중적인 초기 개입 서비스를 받을 필요가 있다고 판단되었다.

적응행동척도는 아동이 할 수 있는 행동에 관한 정보가 아닌, 전형적으로 하는 평소에 실제로 실행하는 행동에 관한 정보를 제공하기 때문에 다양한 모집단에 유용하게 사용될 수 있다. 개입의 초점을 어디에 둘지를 결정할 때에 이러한 정보는 단일정보로서 사용하든, 직접적으로 측정한 행동정보와 함께 사용하든 간에 매우 유용하다. 예를 들어 위 사례연구에서 직접적인 행동관찰로 평가했을 때, 아동의 수용언어와 표현언어 기술은 잘 발달하고 있는 상태였다. 그러나 기능적 의사소통 기술을 사용하는 데 있어서는 미숙한 점을 보였고 좌절을 견디는 능력이 매우 낮은 수준이었다. 알고 있는 단어 레퍼토리가 많고 짧은 문장을 말할 수 있고 꽤 포괄적으로 말할 수 있음에도 불구하고, 자신의 요구를 표현하기 위한 의사소통을 시도할 때 이런 가능한 기술들을 사용하는 일이 드물었다. 대신 아동이 무엇을 원하는지를 부모가 운으로나마 알아차릴 때까지 아동은 유아기로 퇴행한 것처럼 소리를 질러댔다. 새로운 단어를 가르치는 것을 목적으로 하는 개입 프로그램은 소리 지르는 행동을 감소시키거나 기능적 의사소통기술을 향상시키지 못한다. 대신 기능적 의사소통에 주의를 주고, 욕구를 충족시키는 데 사용되는 소리 지르기 행동을 무시하는 행동적 접근이 시도되어야 한다. 또한 아동의 인지능력이 평균 수준이고 수용언어능력은 우수 수준인 것을 고려해 볼 때, 소리 지르는 것에 반응해 주지 않는 이유와 단어 레퍼토리를 사용하여 원하는 것을 얻는 방법(즉, 소리 지르는 것 대신에 뭘 원하는지 말로 요청하는 것)에 대해 부모가 아동에게 지속적으로 설명하고 설득하려는 노력을 하는 것이 중요하다.

아동의 일상 적응행동에 관한 정보가 제공되어야 적절한 개입 서비스를 받을 수 있다. 앞서 언급한 바와 같이, 아동과 가족 구성원들은 아동의 적응행동 향상을 위한 개입을 필요로 하고 있다. 아동이 최적 조건에서 할 수 있는 행동, 직접관찰 시 보이는 행동과 일상적으로 보이는 행동 간에는 다소 차이가 있을 수 있다. 따라서 아동의 발달을 평가할 때에는 부모나 양육자가 능동적으로 참여해야 한다. 아동의 발달을 평가할 때 반응의 전형성, 특정 행동들의 전형성, 기타 다른 행동을 수행하는 능력에 관한 부모의 정보 제공은 반드시 필요한 부분이다.

Q 참고문헌

Als, H. (1982). Toward a synactive theory of development: Promise for the assessment and support of infant individuality. *Infant Mental Health Journal, 3*(4), 229–243.

Als, H., Butler, S., Kosta, S., & McAnulty, G. (2005). The assessment of preterm infants' behavior (APIB): Furthering the understanding and measurement of neurodevelopmental competence in preterm and full-term infants. *Mental Retardation and Developmental Disabilities, 11*, 94–102.

American Association on Intellectual and Developmental Disability. (1992). *Mental Retardation: Definitions, Classifications, and Systems of Supports* (9th ed.). Washington, DC: Author.

American Association on Intellectual and Developmental Disability. (2002). *Mental Retardation: Definition, Classification, and Systems of Support* (10th ed.). Washington, DC: Author.

Bayley, N. (2006). *Bayley Scales of Infant and Toddler Development* (3rd ed.). Technical Manual. San Antonio, TX: Harcourt Assessment Inc.

Bowlby, J. (1958). The nature of the child's tie to his mother. *International Journal of Psychoanalysis, 39*, 350–373.

Brazelton, T. (1973). *Neonatal Behavioral Assessment Scale*. Philadelphia, PA: Lippincott.

Brazleton, T. B. (1990a). Saving the bathwater. *Child Development, 61*, 1661–1671.

Brazleton, T. B. (1990b). Crying and colic. *Infant Mental Health Journal, 11*(4), 349–356.

Brazleton, T. B. (2000). In response to Louis Sander's challenging paper. *Infant Mental Health Journal, 21*(1–2), 52–62.

Ditterline, J., Banner, D., Oakland, T., & Becton, D. (2008). Adaptive behavior profiles of students with disabilities. *Journal of Applied School Psychology, 24*(2), 191–208.

Grossman, K. E., & Grossman, K. (2005). *Universality of Human Social Attachment as an Adaptive Process*. Regensburg, Germany: Institut für Psychologie, Universität Regensburg.

Harrison, P., & Oakland, T. (2003). *Adaptive Behavior Assessment System* (2nd ed.). San Antonio, TX: Harcourt Assessment.

Harrison, P., & Oakland, T. (2008). *ABAS-II Interpretative Report*. San Antonio, TX: Harcourt Assessment.

Robertson, S. S., Bacher, L. F., & Huntington, N. L. (2001). The integration of body movement and attention in young infants. *Psychological Sciences, 12*(6), 523–526.

Thoman, E. B., & McDowell, K. (1989). Sleep cyclicity in infants during the earliest postnatal weeks. *Physiology and Behavior, 45*(3), 517–522.

7장

베일리 영아신경발달 선별검사(BINS): 목적이 다른 검사

Glen P. Aylward

Division of Developmental – Behavioral Pediatrics/Psychology,
Southern Illinois University School of Medicine, Springfield, IL

배경

베일리 영아신경발달 선별검사Bayley Infant Neurodevleopmental Screener, BINS(Aylward, 1995)는 3~24개월 영아에게 실시 가능한 발달선별검사이다. BINS는 베일리 영유아 발달검사 제2판BSID-II(Bayley, 1993)과 동시에 개발되어 일부 검사문항과 도구들이 유사하다. 그러나 BINS는 별개의 검사이며 '베일리 검사의 축약형'이 아니다. 오히려 이 검사는 신경발달 문제의 위험에 있는 영아를 규명하는 데 이용되는 선별검사로서, 더욱 상세한 평가를 위해 베일리 영유아 발달검사 제3판Bayley-III(Bayley,

2006)과 같은 정밀검사로 연결하는 것을 목적으로 한다. 최근 미국 소아과학회(2006)는 선별과 평가의 중요성을 강조하고 있다. 이와 관련하여 이후에 논의할 것이다.

☑ 1단계 : 영아 및 초기 아동기 신경심리학

영아 및 초기 아동기 신경심리학(Aylward, 1997a, 2009a)은 소아과, 임상 아동 및 발달심리학, 아동신경학, 발달/행동적 소아과, 그리고 작업치료/물리적 치료 영역을 아우르는 다학제 간의 통합연구이다. 신경심리학적neuropsychological, 신경발달적neurodevelopmental, 신경행동적neurobehavioral이라는 용어들이 영아 및 초기 아동기 연령대에서 서로 호환되어 사용되는데, 왜냐하면 이들은 모두 뇌행동과 관련되어 있으면서, 신경학적 접근과 발달적 접근이 결합되어 있기 때문이다(Aylward, 1997a, 2010). 20여 년 전까지만 해도 영아 및 어린 아동의 신경심리학적 평가는 신생 영역이었다(Aylward, 1988, 1994). 그 당시에 이 영역은 초기 발달신경심리학early developmental neuropsychology으로 언급되며, '발달적 변화 및 성숙 맥락에서의 뇌행동 관련 평가'를 하는 것으로 정의되었다. 영유아 및 어린 아동의 신경심리학적 평가는 기존의 질적 및 양적 발달, 행동 및 신경해부학적 변화들을 바탕으로 발생했기에 고유한 측면을 지닌다. 영아 및 어린 아동들에 대한 행동 목록들이 확장되고 이에 상응하여 신경, 운동/감각운동, 인지기능들이 독립된 발달의 영역으로 세분화되면서 별개의 평가도구로 발전하게 되었다(Aylward, 1997a, 2010).

이 영역에 대한 관심이 증가한 것은 생물학적 위험군에 속하는 영아 및 어린 아동의 수가 증가하는 것과 관련이 있다. 이들은 초기 중추신경계의 손상이 있었지만 현재는 생존해 있기에(조산아), 이들을 조기에 평가할 뿐 아니라 연속해서 검사하면서, 자궁 내 약물 노출의 효과 및 다른 독성 물질들의 영향에 대해 더욱 잘 알 필요가 있으며, 유전적 장애 및 그들의 신경발달적 결과에 대해 규명할 필요가 있다.

영아 및 초기 아동기 신경심리학이 대상으로 하는 연령대는 신생아(생후 첫 30일)에서부터 영아기 및 걸음마기/학령전 시기(5세)에 이른다. 이 연령대 아동들의 신경학적, 발달적, 지적 기능을 평가하고 이들 간의 관련성에 대해 알아보는 중요성이 더욱 크게 인식되고 있다. 신생아 시기에는 전형적으로 신경학적/신경행동적 기능을 평가한다. 영아기에는 발달(인지 및 운동/감각운동) 및 신경발달 기능들이 강조된다. 대략 3세 이후로는 지능과 구체적인 인지기능들을 평가하는 것이 중요하다(Aylward, 2009).

영아 및 초기 아동기 신경심리학적 평가에 대한 기본 개념 도식은 이전 출판물에서 소개되었다(Aylward, 1988, 1997a). 이 도식에는 다음의 다섯 가지 영역이 포함되어 있다.

1. 기본 신경학적 기능/손상 없음basic neurological function/intactness 이 영역은 신경학적으로, 그리고 기능적으로 손상되지 않았는지를 측정하며, 아동의 중추신경계의 온전성에 대해 일반적인 결정을 내리도록 도와준다. 여기에 해당하는 구성요소로는 초기의 반사운동, 근긴장, 비대칭, 머리의 조정, 보호반응의 존재(공간에서 신체 지향의 변화에 반응하는 것), 그리고 이상 지표(운동 과잉, 상동적인 움직임, 지나친 침 흘림)의 부재 등이 포함된다.

2. 수용기능receptive functions 이 영역은 감각 및 지각을 통해서 정보가 중

추처리체계로 유입되는 것과 관련이 있다. 시각, 청각, 촉각적 입력 등이 포함되며, 이 중 특히 시각과 청각을 더 강조한다. 시간이 지남에 따라 수용기능의 복잡성에 언어적 수용행동도 포함된다.

3. **표현기능**expressive functions 표현기능은 검사 중 관찰 가능한 영아 및 아동의 행동이다. 세 가지 주요한 기능, 즉 소근육운동(잡기, 뻗기, 정준선 행동, 눈-손 협응), 구강운동(발성, 발화), 그리고 대근육운동 영역이 포함된다.

4. **인지처리**cognitive processing 인지처리는 두 가지 요소를 포함한다: 기억/학습과 사고/추론. 인지처리는 습관화, 대상영속성, 모방, 그리고 문제 해결 기술과 같은 고차원적인 기능을 포함한다. 이 영역은 다양한 기술과 기능의 협응을 포함하며, 상호 관계된 신경망이 관여되고, 어린 아동의 미래 잠재력에 좋은 예후 지표로 여겨진다 (Aylward, 2009).

5. **정신활동**mental activity 이 영역에서는 목표 지향, 주의적 활동, 활동수준 등이 포함된다. 운동기능 역시 행동상태 및 관련된 집행기능을 포함한다. 이러한 구성요소들은 일반적으로 질적인 방법에 의해 측정되므로, 연령에 적절한 행동에 대하여 숙지한 상태에서 적절하게 관찰하는 기술이 요구된다. 다양한 뇌기능을 통합하여 이해하는 것이 점점 더 중요해지고 있다.

☑ 2단계 : 선별하기

미국 소아과학회American Academy of Pediatircs, AAP와 연방재단Commonwealth Fund(www.cmwf.org)은 영유아 건강검진을 위해 방문했을 때 발달검진을

통해 발달문제를 조기에 규명해야 한다고 강조한다. 선별을 통해 발달의 지연 혹은 장애를 초기에 규명하면 정밀 평가(Bayley-III의 사용)로 연계하여 필요한 정보를 수집하여 진단하고 적절한 개입이 이루어지도록 할 수 있다. AAP는 또한 표준화된 발달선별검사를 영유아 건강검진을 위해 방문한 9개월, 18개월, 24/30개월, 48개월에 실시하거나 부모 혹은 임상의가 걱정을 표현할 때 실시할 것을 추천한다. 또한 2004년 장애인교육법IDEA(P.L. 108~446)에서도 유사한 선별을 하도록 규정하고 있다. AAP는 또한 검진surveillance, 선별screening, 그리고 평가evaluation 용어를 구분한다. 검진은 성장에 따른 아동의 발달을 좀 더 일상적으로, 융통성 있게, 지속적으로 감시하는 절차로서 부모의 걱정사항, 발달력, 관찰, 위험 및 보호요인 규명 등이 포함된다. 선별은 표준화된 간편검사를 사용하여 지연을 확인하는 것으로 부모에 의해 작성될 수도 있고 전문가에 의해 작성될 수도 있다. 평가는 진단으로 이어지는 보다 복잡하고 확정적인 과정이다. AAP(2006)는 선별도구들의 초점이 너무 다양함을 감안하여, 모든 선별검사는 소근육 및 대근육운동기술, 언어, 문제 해결/적응행동, 개인-사회적 기술 등을 반드시 포함하여 다양한 영역을 평가하도록 권고했다.

✓ 초기 신경심리학적 적절성 평정척도

영아기의 신경심리학적 기능을 평가하기 위해 고안된 검사도구는 거의 없음에도 불구하고, 대부분의 발달 측정도구들은 전문가에게 어린 아동의 신경심리학적 기능에 관하여 추정하도록 요구하고 있다(Aylward, 1997a). 이러한 맥락에서 초기 신경심리학적 적절성 평정척도Early Neuropsychologic Optimality Rating Scales, ENORS(Aylward, 1988, 1991a, 1991b,

1994; Aylward, Verhulst & Bell, 1988a, 1988b, 1992) — 베일리 영아신경발달 선별검사BINS의 초기 원형 — 를 개발하게 되었다. ENORS는 6개의 버전이 개발되었으며, 핵심 연령인 3, 6, 9, 12, 18, 24개월에 적용 가능하다(조산아의 경우에는 교정연령). ENORS에 대한 더욱 상세한 설명은 부록 A에 있다.

베일리 영아신경발달 선별검사

베일리 영아신경발달 선별검사Bayley Infant Neurodevelopmental Screener, BINS (Aylward, 1995)는 ENORS의 결과물이다. BINS 시험판의 문항은 ENORS 문항 세트에서 온 것들이다(Aylward, 1995). BINS는 3개월부터 24개월 영아들(조산아의 경우에는 교정연령)을 대상으로 자세, 근긴장도, 움직임, 발달상태, 기본 신경학적 온전을 평가한다. 다음과 같이 6개의 문항 세트가 있다. 3~4개월, 5~6개월, 7~10개월, 11~15개월, 16~20개월, 21~24개월 각각은 11~13개의 문항으로 다음의 네 가지 개념 영역으로 구성되어 있다. 기본신경학적 기능/손상 없음(N), 수용기능(R), 표현기능(E), 인지처리(C)(ENORS의 인지처리와 정신활동을 합침) 개념적 영역들은 서로 독립적이지 않다. 그러므로 한 영역에서 측정된 능력은 다른 영역의 능력과 관련 있을 수 있다. 각 영역을 간략하게 설명하면 다음과 같다.

- 기본 신경학적 기능/손상 없음(N) 이 영역의 문항들은 발달 중인 중추 신경계가 손상이 없는지를 평가한다. 근긴장(근긴장 저하 혹은 고긴장), 머리의 조정, 움직임의 비대칭, 그리고 이상 지표(운동 과잉, 지

나친 침 흘림) 등을 평가한다.

- **수용기능(R)** 이 영역의 문항들은 정보를 수용하여 중추처리체계로 보내는 체계, 좀 더 구체적으로 말하면 감각 및 지각을 평가한다. 시각 및 청각적 입력이 포함된다. 이후 연령대에서는 고차원적인 언어적 처리를 평가하는 것이 더욱 중요해진다.

- **표현기능(E)** 이 영역은 다음의 세 가지 측면에서의 외현적 행동을 측정한다. (1) 소근육운동(잡기, 뻗기, 정준선 행동, 눈-손 협응), (2) 구강운동(발성 및 발화), (3) 대근육운동(앉기, 기기, 걷기) 언어-인지 기능 평가 또한 포함된다.

- **인지처리(C)** 이 영역의 문항들은 기억/학습과 사고/추론과 같은 고차적인 기능을 측정한다. 예를 들어, 대상영속성, 목표 지향성, 주의, 문제 해결 등을 평가한다. 이 문항들은 단순히 수로화된 행동 _{canalized behaviors}을 반영하는 것이 아니라, 어린 아동의 진단에 유용하게 여겨지는 다양한 인지처리 및 뇌기능의 협응과 통합을 평가한다 (Aylward, 2009b). 수로화된 행동은 단순하고, 고정된 행동 패턴(예 : 웃기, 옹알이, 뻗기, 손을 입으로 가져가기)으로 종 특수적이며 유전적으로 설계되어 있어서 발달 초기부터 나타난다. 수로화된 행동은 환경이 좋지 않더라도 영향을 덜 받는다.

BINS는 대략 10분 내로 실시할 수 있다. 양육자 보고는 특정 문항에서만 할 수 있다. 물론 검사를 실시할 때는 두 명의 정보원에 기초하여 이루어지지만, 때로는 양육자에게서만 보고된 정보라도 특정한 개념 영역에서는 유용하게 활용될 수 있다.

최근까지도 영아의 발달평가는 문제행동에 초점이 맞추어졌다. 이러한 접근에 따르면 위험 요인이 존재할 때 점수를 받게 된다. BINS는 이와는 다른 방식으로 영아 평가를 채점한다. 즉, 앞서 언급한 적절성 개념과 일치하는 방법이다. 중요한 것은 초기의 적절한 발달지표로 긍정적인 발달 결과를 예측하는 것은 더 정확한 반면, 초기의 부적절한 발달결과를 토대로 부정적인 발달 결과를 예측하는 것은 종종 덜 정확하다는 것이다. 이러한 신념은 초기 신경심리학적 평가 전문가들에 의해 폭넓게 지지를 받았다. 적절한 행동이 두드러질수록 기저의 중추신경계가 더 온전다는 것을 뜻하며, 역경으로부터 회복할 잠재력이 더 크다는 것을 암시한다.

이에 따라 BINS 채점방식은 Prechtl(1980)의 적절성 체계의 기본 가정을 따르고 있다. 적절성 접근은 선험적 결정 법칙을 기초로 하여 적절하거나 바람직한 반응을 강조한다. 이 접근에 따르면 전문가들은 반응을 정상이나 비정상으로 분류하지 않는다. 각 개별 문항은 적절$_\text{optimal}$(1) 혹은 부적절$_\text{non-optimal}$(0)로 채점되고, 적절로 평가된 반응의 수가 합산된다 (Aylward, 1995).

영아가 발달지연 혹은 신경발달적 손상의 위험이 있는지 확인하기 위하여 각 연령마다 3개의 절단점이 설정되어 있다. 절단점 중 2개는 저위험, 중간 위험, 고위험 3개의 위험 범주를 구성한다. 세 번째 절단점(채점표에서 점선으로 표시됨)은 민감도와 특이도(임상집단 대 비임상집단)가 가장 잘 맞는 지점을 나타낸다(그림 7.1).

BINS는 영아 선별용이므로 종합적인 규준표가 필요하지 않다. 그보다는 경험에 기초한 절단점들이 원점수를 표준점수로 변환하는 규준표를 대신해서 이용된다(Wilson, 2000). 네 가지의 개념적 영역에서의 영아 수행을 비교하는 것은 문제가 광범위한지 아니면 특수한지를 결정하고, 더

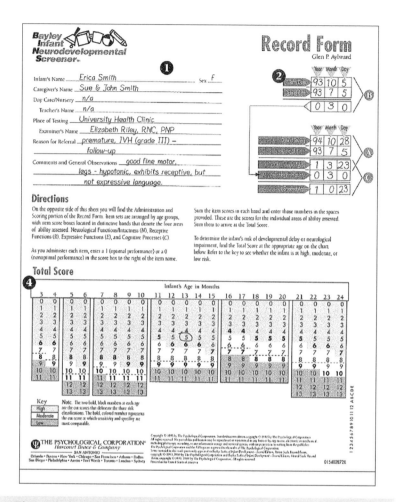

그림 7.1 | 베일리 영아신경발달 선별검사(BINS) 채점표의 예

욱 상세한 평가가 필요한 기능 영역을 분명히 밝히는 데 도움이 될 것이다. BINS는 또한 기능장애가 신경학적 결과(높아진 긴장 상태)에 제한된 것인지, 발육이정표(걷기, 중앙선에서 넘어가기)에 제한된 것인지, 아니면 두 영역 모두에 해당하는 것인지 여부를 결정하는 데 도움을 준다. 검사를 지속적으로 하다 보면 기능장애가 진행 중인지 아닌지를 결정할 수

있다. 만약 진행 중이 아니고 고정 상태에 있다면, 더 이상 나빠지지 않고 그대로 있을 것이다. 만약 진행 중이라면 기능장애는 시간이 지날수록 심해질 것이다.

BINS는 베일리 척도의 축약형이 아니다. BINS는 신경발달 기능을 훨씬 더 강조하고 있다는 점에서 다른 발달 선별검사와 차별이 된다. 이 검사는 임상장면과 연구장면에 모두 적용 가능하다. 대규모의 비임상집단 외에도 고위험 임상표본을 추후연구할 때 사용하기 위해 개발되었으며, 특히 생물학적 위험군에 매우 적합하다. 이 검사는 또한 일반 선별검사 또는 소아과 업무에서 실무용 선별검사로 쓰일 수 있다. 이 도구의 간결성 덕분에 큰 규모로 이용하기에도 적합하다.

이 척도의 시행은 절차적 접근을 필요로 한다. 단순히 능력이 표현되는지 여부가 아니라 그 능력이 어떻게 표현될지를 고려하는 것이다 (Aylward, 2004 참조). 검사자는 영아발달에 대해서 숙달되어 있어야 하며, 영아를 다뤄 본 경험이 있어야 한다. 발달적 특성을 지닌 특정 문항들을 실시할 때, 심리학자들이 다른 학문의 전문가들보다 덜 어려워할 수 있다. 반대로 심리학자들은 근긴장을 평가하고 미묘한 신경학적 지표를 탐지하는 데 어려움을 겪을 수 있다. 자질을 갖춘 검사자로는 심리학자, 발달 소아과 의사, 일반 소아과 의사, 소아과 임상간호사, 신경발달 소아과 의사, 작업 및 물리치료사, 그리고 초기 아동기 전문가를 포함한다.

☑ 표준화 표본

BINS 표준화 표본은 3, 6, 9, 12, 18, 24개월의 6개 연령대에 각각 100사례씩, 총 600사례로 구성되었다. 3개월 영아는 개념적 연령(조산아의 경우 교정연령)에서 1주 전후로 검사를 받았으며, 6, 9, 12, 18개월 영아는

2주 전후로, 24개월 유아는 3주 전후로 검사를 받았다. 표본은 각 연령대마다 50명의 남아와 50명의 여아로 구성되었고, 모든 영아는 정상 출산으로 태아기, 주산기, 신생아기에 의학적 합병증을 앓지 않았다. 표본은 연령, 성별, 인종/민족, 지역구, 부모의 교육수준을 고려해서 1988년 미국 인구조사국 자료에 기초해서 층화되었다.

임상 표본은 총 303명의 영아로 구성되었으며, 3개월(n=50), 6개월(n=66), 9개월(n=48), 12개월(n=50), 18개월(n=37), 24개월(n=52)경에 검사를 실시했다. 이 영아들의 의학적 합병증은 조산/출산 시 저체중, 호흡 곤란 증후군/기계적 인공호흡, 무호흡, 태내기의 약물 노출, 뇌실내출혈, 동맥관개존증patent ductus arteriosis, 발작/기도폐쇄, 임신 주수에 비해 작음, HIV 양성상태를 포함한다. 대부분의 영아는 한 가지 이상의 의학적 상태에 해당되었다.

✅ 최종 문항 세트

BINS의 문항 세트는 다음의 세 가지 기준에 근거해서 선정되었다. 문항들은 합병증이 없었던 영아와 의료 개입이 있었던 영아를 변별해 내야 했다. 또한 문항들은 설정되어 있던 개념적 영역에 부합해야 했다. BINS는 선별도구이므로 문항의 수가 많지 않도록 해야 했다. 각 문항들은 또한 성별 및 인종적/민족적 편향이 포함되어 있는지 평가되었다. 선별된 문항들은 라쉬 모델rasch model을 이용하여 수직적으로 척도화되었고, 따라서 영아의 능력 및 문항의 난이도에 대한 동시 추정치를 제공하였다.

검사 연령대에 따라 비임상집단과 임상집단의 전체 검사점수의 누적분포가 산출되었다(검사받은 연령대는 위를 참조). 검사를 받지 않은 연령에 대해서는, 비검사 연령집단의 평균능력과 가장 가까운 검사집단의 평균 능력 간의 차이로 계산되었다.

☑ 절단점수

일반적으로 절단점수는 저위험, 중간 위험, 고위험집단(예 : 발달지연이나 신경학적 손상의 위험이 있는 경우)을 구분한다. 고위험집단에 해당하는 점수는 대략 임상집단의 50%, 비임상 표본의 8~18%가 받는다. 비임상 표본의 비율은 표준 모집단의 16%가 평균보다 1 표준편차 낮은 점수를 받는 것으로 예측되었다. 그림 7.1에 나와 있듯이, 6개월경에 절단점수 9점으로 중간과 고위험을 나누며, 비임상 표본의 93%와 임상집단의 61%가 9점 이상의 점수를 받았다(BINS 매뉴얼에서 표 5.14 참조). 절단점수 11점은 중간 위험집단에서 가장 높은 값으로 중간 위험과 저위험집단을 구분한다. 비임상집단의 72%와 임상집단의 38%가 11점 이상이다.

12개월에 6점(중간/고위험 결정) 혹은 그 이상은 비임상 표본의 94%와 임상 표본의 64%가 받을 것이다. 9점(중간/고위험 절단점)은 비임상 표본의 62%와 임상 표본의 30%가 받을 것이다.

24개월에 고/중간 위험 절단점수 7점은 비임상 표본의 92%와 임상 표본의 56%가 받을 것이다. 10점 이상의 중간/저위험 점수는 비임상 표본의 69%와 임상 표본의 20%가 받을 것이다. 비임상 표본의 모든 아동이 반드시 '정상'인 것은 아니며, 임상집단의 모든 아동이 '비정상'인 것도 아니다. 대신에 각 집단에서 정상 혹은 비정상의 가능성이 더욱 높다.

☑ 신뢰도

BINS 임상 및 비임상 표본의 내적 합치도Cronbach's alpha는 0.73에서 0.85

이다(Aylward, 1995). 3개월 및 12개월 문항 세트를 제외하면 대부분의 값들은 0.80 이상이다. 각 연령별 제한된 문항의 수를 고려했을 때, 이것은 예상치 못한 점은 아니다. 3, 9, 18개월 영아(각 연령집단의 n=100)의 검사-재검사 신뢰도는 각각 0.71, 0.83, 0.84이다. 가장 큰 변화는 가속도가 붙는 발달적 변화를 반영하는 시기인 3개월 영아에게서 발견되었다. 위험 범주에 관해서는 3, 9, 18개월 영아 150명에게 재검사가 시행되었으며, 각각 72%, 68%, 78%의 영아가 일관되게 분류되었다. 대부분의 잘못된 분류는 첫 검사에서 고위험 범주에 해당하는 점수를 받고 두 번째 검사에서 중간 위험 범주에 해당하는 점수를 받거나, 첫 검사에서 중간 위험 범주에 해당하는 점수를 받고 두 번째 검사에서 저위험 범주에 해당하는 점수를 받은 영아들 때문이었다. 6개월, 12개월, 24개월 영아(각 집단의 n=30)의 평가자 간 신뢰도는 각각 0.79, 0.91, 0.96이었다.

📋 타당도

베일리 영유아 발달검사 제2판BSID-II과의 수렴 타당도는 BINS 매뉴얼 (Aylward, 1995)에 보고되었는데, BSID-II 표준화 샘플인 3개월 35명, 6개월 50명, 18개월 49명, 24개월 50명을 대상으로 하였다. 지연을 판별하는 BSID-II의 절단점수는 평균에서 1 표준편차 아래의 점수를 말한다. BINS 는 (1) 고중간(고위험과 중간 위험집단을 구분하는 값), (2) 중간 절단점수 (임상/비임상집단을 가장 잘 구분하는 점선 바로 아래 값), (3) 저중간(중간 위험과 저위험집단을 구분하는 값) 3개의 절단점수를 사용한다. 가장 낮은 절단점수 기준을 사용할 때 BINS의 일치율이 가장 높았고, 다음으로는 중간 절단점수를 적용할 때 높았으며, 가장 높은 절단점수를 사용할 때 일치율이 가장 낮았다. 가장 높은 절단점수를 사용했을 때 과대판별 over-identify하는 경향이 있었다(18~37%).

3, 6, 18, 24개월의 BINS와 BSID-II 인지발달지수Mental Development Index, MDI 간의 피어슨 상관은 0.43에서 0.82 범위에 있었으며, 동작발달지수 Psychomotor Development Index, PDI와의 상관은 0.39에서 0.58 범위에 있었다. 가장 높은 상관은 24개월이었다(Aylward, 1995). 12개월 영아 30명을 대상으로 바텔과의 상관을 알아본 결과, 의사소통, 인지, 운동척도에서 각각 0.50, 0.51, 0.50이었다. 18개월에 측정한 평가도구 간의 상관은 의사소통, 인지, 운동척도 각각 0.31, 0.43, 그리고 -0.16이었다.

BINS 문항 세트

✅ 3~4개월 문항 세트

이 세트는 11개의 문항으로 구성되어 있으며, 대부분은 신경학적 기능/손상 없음(N) 영역에 해당하는 문항이며, 일부 문항은 표현기능과 수용기능-시각 영역에 해당된다. 머리를 똑바로 세운 채로 유지하기(N)와 작은 알갱이 주시하기(R) 문항은 임상 표준화 집단에서 '부적절'로 자주 채점되는 문항이었다(Aylward, 1995). 보육시설 아동 중 고위험집단에 속하는 아동(n=52)을 대상으로 할 때, 46%의 아동이 매달린 고리에 팔뻗기(E)에서 부적절을 받았으며, 40%는 낮은 근긴장(N)에서 부적절성 점수를 받았고, 40%는 약간 도움을 받으면서 10초 동안 앉아 있기(E)에서 점수를 얻지 못했다(Aylward, 미출판 자료). BINS 해설 지침서 최신판(Psychological Corporation, 1996)에 따르면, 두 가지 다른 소리 내기와 곤지곤지 놀이하기

Fingers Hands in Play 문항은 양육자의 보고로 채점될 수 있다. 팔다리의 협응된 움직임Coordinated Movement of Extremities 문항에서 검사자는 운동 협응, 자세, 운동 조절 등의 전반적인 운동 협응의 질을 채점하는데, 이를 통해 궁극적으로 좀 더 '질적인 발견'이 이루어질 수 있도록 하였다. 곤지곤지 놀이하기, 팔다리의 협응된 움직임 보이기 두 문항은 검사 과정 중이라도 관찰되면 채점될 수 있다

📋 5~6개월 문항 세트

이 문항 세트는 13문항으로 구성되어 있다. 인지처리를 평가하는 세 문항은 고차원적인 처리를 반영하며 통합적이고 연합적인 신경망과 관련된 것으로 여겨진다. 의학적 합병증이 있는 영아는 작은 알갱이 주시하기(수용기능-시각), 두드리며 놀기Bangs in Play(인지처리), 엄지 일부를 사용하여 마주집기Uses Partial Thumb Apposition(표현기능-소근육운동), 모음 1개 발성하기(표현기능-구강운동)에서 적절성 점수를 받을 가능성이 적다(Aylward, 1995). 고위험 임상군(n=1,027) 중에서 47%는 떨어진 숟가락 찾기(C)를 못했으며, 75%는 걷기 이전 방법으로 앞으로 이동하기(E)를 못했고, 39%는 최적의 하지 근긴장(N) 혹은 다른 사람 모방하기(C)를 하지 못했다(Aylward, 미출판 자료). 이 중 두드리며 놀기, 모음 1개 발성하기, 그리고 다른 사람 모방하기 문항은 부모의 보고만으로 점수를 줄 수 있다(Psychological Corporation, 1996). 이 중 다른 사람 모방하기 문항을 채점할 때 주의를 기울여야 하는데, 왜냐하면 부모들은 원인과 결과를 이해하는 진짜 모방true imitation으로 종종 오해하기 때문이다. 통합된 움직임 보이기, 다른 사람 모방하기 두 문항은 선별검사 과정 중의 관찰에 의해 채

점될 수 있다.

6개월에 평가를 받았던 569명의 영아 표본 자료는 주성분 요인분석을 이용해 직교회전 방식으로 분석되었다(Aylward, 2004). 이 접근을 채택한 이유는 BINS의 4개의 개념 영역이 선험적인 방식으로 개발되었으며 서로 독립적이지 않았기 때문이다. 이 연령대에서는 인지/미세운동 7문항, 신경운동 4문항, 대근육운동 2문항의 세 요인이 분산의 52%를 설명한다. 단지 두 문항, 즉 떨어진 숟가락 찾기, 도움 받아 앉기만이 최소한의 공통성communalities을 보임으로써 한 요인 이상에 적재되었다(Aylward, 2004).

요인점수로 임상적으로 의미 있는 예측 자료를 산출하고 이후 최적의 인지 및 운동발달 결과를 낼 가능성을 산출하기 위하여 단계식 로지스틱 회귀분석stepwise logistic regression을 실시하였다. 이러한 분석으로 산출된 인지/소근육운동 결과 점수의 승산비odds Ratro는 3.04이다. 이것이 의미하는 바는 만약 인지/소근육운동 점수가 7점(백분위 75 이상)이라면, 백분위 75 미만인 경우보다 정상적인 3세의 발달결과를 보일 가능성이 3배 더 높을 것임을 의미한다. 36개월의 운동발달의 경우, BINS의 대근육운동 요인은 상위 25%에서 1점의 점수를 받을 때마다 예측 가능하였다(OR =7.94).

위험집단의 절단점수를 검토해 볼 때, 임상 경험에 따르면 11점을 받은 영아들은 저중간 위험군으로 분류되어야 한다고 제안하는데, 왜냐하면 이 점수대를 받은 많은 영아들이 12개월 때의 평가에서 향상되기 때문이다.

📋 7~10개월 문항 세트

이 문항 세트는 13개 문항을 포함한다. 13개 문항 중에 3개 문항은 신경기능/손상 없음(N), 1개 문항은 수용기능(R), 6개 문항은 표현기능(E)(대부분 대근육운동 표현임), 3개 문항은 인지처리(C)에 속하였다. 이러한 부하량의 변화는 의도성과 목적이 있는 활동의 증가를 반영한다. 말로 하는 지시에 반응하기Responds to Spoken Request와 자음-모음 조합하여 3개 발성하기Vocalizes Three Different Vowel-Consonant Combination는 부모 보고에 의해 채점될 수 있고, 협응된 움직임Coordinated Movement을 측정하는 문항은 우연 관찰에 의해 채점될 수 있다(Psychological Corporation, 1996). 뒤집힌 컵 들어올리기Lifts Inverted Cup(목표지향 행동과 관련된 인지처리)와 말로 하는 지시에 반응하기(수용기능-구어) 문항은 의학적 합병증이 있는 임상집단과 비임상집단을 특별히 변별하는 것으로 나타났다(Aylward, 1995). 우리 경험으로 볼 때, 교정연령 7개월의 연령 절단점은 고위험군으로 간호를 받다가 퇴원한 영아들에게는 너무 어렵다. 따라서 5~6개월 문항 세트가 7개월 16일 미만의 영아들을 위해 사용되어야 할 것 같다. 만약 7~10개월 문항 세트가 중간 혹은 고위험이고, 5~6개월 문항 세트는 저위험이라고 한다면 덜 우려할 만하다. 신생아 집중치료실에서부터 추적 관찰되어 7~10개월 문항 세트 검사를 실시한 128명의 영아를 대상으로 자료를 분석한 결과, 영아의 39%는 초기 걸음마 동작하기Use Early Stepping Movements를 하지 않았고, 56%는 말로 하는 지시에 반응하기를 하지 않았다. 반면에 90%는 떨어진 숟가락 찾기에 반응했으며, 90%는 적절한 상위 근긴장상태Muscle Tone of the Upper Extremities를 보였고, 87%는 30초 동안 혼자 앉기를 할 수 있었다(Aylward, 미출판 자료).

📋 11~15개월 문항 세트

이 연령대는 인지처리 및 표현능력이 더욱 명백하게 나타나서 평정될 수 있다. 3개 문항은 신경기능/손상 없음(N), 2개 문항은 수용기능(R), 3개 문항은 표현기능(E), 3개 문항은 인지처리(C)에 속한다. 몸짓Gestures과 협응된 움직임Coordinated Movement을 측정하는 두 문항은 관찰로 채점될 수 있다. 혼자 걷기(표현기능-대근육운동), 단어 모방(표현기능-언어), 말로 하는 지시에 반응하기(수용기능-언어), 그리고 컵에 블록 3개 넣기(인지처리)는 차별적인 문항들이다(Aylward, 1995). 단어 모방, 말로 하는 지시에 반응하기, 2개의 익숙한 단어 선별해서 듣기, 소망 표현을 위해 제스처 사용하기Uses Gestures to Make Wants Known는 부모 보고로 채점이 가능한 문항이다 (각 시행에서 최대 2개)(Psychological Corporation, 1996). 801명의 아동으로 구성된 고위험 임상 표본 중에 42%는 단어를 모방하지 못했으며, 59%는 병에 담긴 알갱이 없애기Remove Pellet from Bottle를 하지 못했고, 46%는 크레용으로 선 긋기 모방Imitate Crayon Stroke을 하지 못했고, 55%는 혼자 걷기를 하지 못했다. 따라서 이 문항들은 부적절로 채점될 가능성이 높다.

458명의 영아 자료를 요인분석한 결과(Aylward, 2004), 운동 4문항, 구어/언어 4문항, 인지/구어 표현 3문항의 세 요인으로 할 때 공통 분산의 53%를 설명함을 확인하였다. 혼자 걷기 문항은 한 가지 요인 이상에 적재되었다. 로지스틱 회귀분석 결과, 인지발달 결과에 대하여 구어/언어 요인의 승산비는 2.51이며 인지처리 요인 승산비는 -2.43이었다. 그러므로 어느 요인이든지 백분위점수 75 이상의 점수를 받은 아동은 백분위점수 75 미만의 점수를 받은 아동에 비해 적절한 인지발달 결과를 보일 가능성이 2.5배 더 높다. 운동 및 인지처리 요인도 운동발달 결과의 회귀

모델을 실시하였다(ORs =각각 4.0, 2.14)(Aylward, 2004). 우리의 임상 경험을 토대로 제안하자면, 총점 9점을 받은 아동은 저중간 위험군으로 분류되는 것이 좋을 것 같다. 왜냐하면 그들의 대부분이 24개월에는 향상되어 저위험군으로 분류되기 때문이다.

📋 16~20개월 문항 세트

이 연령대에는 10개의 문항이 포함된다. 신경적 기능/손상 없음(N) 문항 1개, 수용기능(R) 문항 2개, 표현기능(E) 문항 6개(구어, 소근육운동과 대근육운동) 그리고 인지처리(C) 문항 1개. 대부분의 문항에서 임상집단과 비임상집단 간의 변별력이 양호하였다. 퍼즐판 조각 3개 맞추기(C), 사물이름 3개 말하기(E-구어)와 인형의 신체 세 부분 지적하기(R-구어)는 가장 심각한 의학적 문제를 지닌 영아들을 식별해 내었다(Aylward, 1995). 구어 문항의 증가로 인해 검사자는 이 연령대의 수행에 영향을 미칠 수 있는 환경적 영향을 고려해야 한다. 두 단어 문장 모방하기와 단어와 몸짓 함께 사용하기는 양육자 보고만으로도 채점할 수 있으며(Psychological Corporation, 1996), 단어와 몸짓 함께 사용하기와 침 흘리기 부재/운동 과잉은 우연 관찰만으로도 채점할 수 있다.

이 연령대의 고위험군 영아 표본 69명에서 나온 자료를 분석한 결과(Aylward, 미출판 자료), 퍼즐판 조각 3개 맞추기 문항에서는 52%가 성공하지 못했으며, 사물 이름 3개 말하기 문항은 73%가 실패했고, 블록 6개로 탑 쌓기 문항에서는 78%가 적절한 점수를 받지 못했으며, 인형의 신체세 부분 지적하기 문항은 52%가 하지 못했고, 두 단어 문장 모방하기 문항은 69%가 실패했다. 이 자료가 고위험군에 대한 정보를 주기는 하지만 표본 크기가 작아서 일반화하기는 어렵다. 더욱이 후속연구 프로토콜에 포함된 영아들이 6, 12, 24, 36개월에도 평가되었던 영아라는 선택 편향이 존재하기에, 이 영아들이 왜 16~20개월 구간에서도 평가되었는지를 설명해 준다. 그들은 이 연령대 문항 세트에서 더 어린 연령 범위(<18개월)에 있곤 했다. 이들 결과는 더 큰 표본으로 추가 연구가 필요하다.

✅ 21~24개월 문항 세트

마지막 문항 세트는 13개 문항으로 구성된다. 신경적 기능/손상 없음 문항 1개, 수용기능(구어) 문항 2개, 표현기능(소근육운동, 구어, 대근육운동) 문항 9개, 그리고 인지처리 문항 1개. 퍼즐판 조각 3개 맞추기(C), 블록 6개로 탑 쌓기(E-소근육), 그림 이름 4개 말하기, 사물 이름 3개 말하기(E-구어) 문항은 임상과 비임상 표본을 가장 잘 변별해 내는 것처럼 보인다(Aylward, 1995). 두 단어 **표현 사용하기** 문항은 양육자 보고만으로도 채점될 수 있으며, **명료하게 말하기**Speaks Intelligibly와 침 흘리기 부재/운동 과잉은 우연 관찰에 의해서도 채점될 수 있다(Aylward, 1995; Psychological Corporation, 1996). 이 연령대에서도 구어 문항이 많기 때문에 검사 실시 시 환경적 영향을 고려해야 한다.

이 연령대의 임상 표본 590명에서 나온 자료를 분석한 결과(Aylward, 미출판 자료), 그림 이름 4개 말하기 문항에서 45%가 적절한 점수를 받지 못했고, 사물 이름 3개 말하기 문항에 대해서는 41%가 하지 못했으며, 바닥에서 뛰기(양발이 표면에서 동시에 떨어져야 함) 문항에서 50%가 하지 못했고, 맨 아래 계단에서 뛰어내리기 문항에서 56%가 적절한 점수를 받지 못하였다. 따라서 이 문항들은 위험군 집단의 실패 가능성이 가장 높을 것으로 생각된다.

21~24개월의 358명의 아동들로부터 얻은 자료를 요인분석한 결과, 구어 표현에서 4개 문항, 운동에서 5개 문항과 인지/구어 수용에서 4개 문항의 세 요인으로 했을 때 전체 분산의 64%를 설명하였다(Aylward, 2004). 21~24개월의 구어 표현 요인은 36개월의 인지적 결과와 0.70의 상관이 있었고, 36개월의 인지/구어 표현 결과와 0.60의 상관이 있었다.

로지스틱 회기분석 결과, 구어 표현 승산비와 운동 요인 승산비는 각각 7.56과 2.58로 36개월의 적절한 인지적 결과를 예측하는 것으로 밝혀졌다. 36개월의 최적 운동 결과를 예측할 때, BINS 운동 요인의 상위 사분위수 점수의 승산비는 5.78로(Aylward, 2004), 이는 아동이 운동 요인에서 하위 사분위에 있을 때에 비해 상위 사분위에서 채점될 때, 적절한 운동점수를 받을 가능성이 거의 6배 크다는 것을 시사한다(평균보다 <1 표준편차 아래)

BINS를 사용한 연구

BINS를 사용한 많은 연구들이 출간되어 왔고 이들은 부록 B에 더 자세히 기술되어 있다. 이 연구들로부터 몇 가지 일반화가 가능하다.

- BINS는 다양한 의학적/생물학적 위험 인구에게 특히 유용하다.
- 일반적으로 생물학적 위험의 정도가 클수록 BINS 점수가 더 낮다.
- BINS는 이후 신경학적, 운동, 인지적 결과와 관련되어 있다.
- 위험은 낮거나, 중간 정도거나, 높을 수 있다. 이진법으로 볼 수도 있는데, 중간 위험 범주는 절단점에 기초해 세분화될 수 있다. 저-

중간과 저위험 범주는 저위험군으로 결합될 수 있는 반면, 고-중간과 고위험 범주는 고위험군으로 결합될 수 있다.

- BINS는 환경적 위험만을 보이는 아동들에게 사용되었을 때는 유용하지 않을 수 있다.
- 연령군(즉, 문항 세트) 간의 총 BINS 점수들의 상관관계는 높다.
- 시간 경과에 따른 위험 분류에는 연속성이 있는데, 특히 고위험군과 저위험군에서 그렇다. 중간 위험군에서는 변동성이 더 크다.
- BINS 문항들은 양육자 보고 양식으로 쉽게 적용될 수 있으며 높은 (70~83%) 일치율을 나타낸다.

🗒️ 예측

많은 연구들에서 BINS의 민감도sensitivity(모두 양성co-positivity, 맞는 것을 맞는 것으로 예측하는 것), 특이도specificity(모두 음성co-negativity, 틀린 것을 틀린 것으로 예측하는 것), 양성 예측값positive predictive values, PPV 및 음성 예측값negative predictive values, NPV은 위험 혹은 지연을 나타내는 절단점에 따라 다양하다고 지적한다(Alward et al., 1992; Macias, Saylor, Greer, Charles, Bell, & Katibkaneni, 1998; Aylward & Verhulst, 2000). BINS는 생물학적 위험에 처한 영아들에게 사용될 때 가장 적합한 것으로 보이며, 또한 이는 위험의 정도를 이분 범주로 나눌 때 가장 유용한 것 같다(Aylward & Verhulst, 2000; Aylward & Aylward, 2004). 그러나 BINS 지침서는 임상적 판단의 중요성을 강조하기 때문에 중간 위험 범위에 해당하는 점수의 영향력을 따질 때에는 선별 목적이 고려되어야만 한다(Aylward, 1995).

이러한 쟁점은 5~6, 11~15, 21~24개월의 요약 점수들을 사용할 때

뿐 아니라 36개월에 인지 및 운동결과를 사용할 때도 추가로 조사되었다. 후속 프로토콜에서의 변화를 반영하고자 36개월에 McCarthy 검사, BSID-II, 그리고 Bayley-III가 실시되었다. 결과 자료는 분석 방법에 따라 연속형 혹은 범주형(평균에서 1 표준편차 아래는 부적절로 여겨짐)으로 처리되었다(Aylward, 미출판 자료). 5~6개월과 36개월에는 총 320명, 11~15개월과 36개월은 총 344명, 21~24개월과 36개월에는 총 354명의 영아를 만났다. ANOVA와 Tukey 사후 검정을 할 때는 연속형 자료를 사용하여 분석되었다. 이분형 변수는 피어슨 카이스퀘어Pearson's Chi square와 승산비를 사용해 비교되었다.

세 연령대(5~6, 11~15, 21~24)의 고위험군, 중간 위험군, 저위험군이 각각 36개월이 되었을 때의 인지와 운동의 평균점수가 표 7.1에 제시되었다. 모든 집단 간 비교가 유의했다(P < 0.0001). 사후 검정에서 고위험군에 속한 영아들은 중간 위험군 혹은 저위험군에 있는 영아보다 인지와 운동점수 모두에서 지속적으로 더 저조한 수행을 보였다(P < 0.0001). 중간 위험군과 저위험군은 21~24개월 평가(인지, 운동 둘 다 각각·P < 0.0001, P < 0.002)를 제외하면 유의한 차이가 없었다. 또한 이 자료에 따르면, 24개월 이전에는 중간 위험군, 저위험군 간에는 유의한 차이를 보이지 않았지만, 중간 위험군의 평균점수는 저위험군의 점수보다 낮은 것으로 나타났다.

또한 이전에 서술된 방법(중간 위험군을 세분화하여 고위험군 혹은 저위험군 중 하나와 결합하는 것; Aylward & Verhulst, 200; Aylward & Aylward, 2004)을 사용해 이분 변수로 변환하여 BINS에서 위험 정도를 살펴보았다. 고위험HIGH RISK군의 36개월의 인지와 운동의 평균결과 점수는 저위험LOW RISK군의 평균점수보다 모든 비교에서 유의하게 낮았다

표 7.1 | 베일리 영아신경발달 선별검사 위험 범주와 36개월 인지 및 운동 결과 점수

	5~6개월 문항 세트	11~15개월 문항 세트	21~24개월 문항 세트
인지 결과			
고위험	79.17	75.90	73.12
중간 위험	91.79	90.98	89.51
저위험	94.98	95.61	98.46
운동 결과(T-점수)			
고위험	37.73	34.73	34.80
중간 위험	46.69	45.58	44.90
저위험	49.05	49.05	50.07

고위험군은 중간 위험군 및 저위험군과는 지속적으로 차이가 있었다($P < 0.0001$). 중간 위험군, 저위험군은 21~24개월에 인지와 운동 결과 둘 다에서 차이가 있었지만($P \leq 0.002$) 그 외에는 차이가 없었다.

(표 7.2)($P < 0.0001$에서 $P < 0.002$). 저위험군의 영아로부터 얻은 점수는 평균 범위에 속하는 반면, 고위험군의 영아들은 항상 평균보다 1 표준편차 이상 낮았다.

마지막으로 6, 12, 24개월의 BINS와 36개월의 인지 및 운동 결과를 모두 이분 변수로 처리하여 '모두 양성'과 '모두 음성(민감도와 특이도 대신에 사용됨, 왜냐하면 발달평가에는 진정한 최상의 진단검사gold standard가 없고 비교 평가도구로 대비 표준검사reference standard를 사용하기 때문), 양성 예측값과 음성 예측값이 계산되었다(표 7.3). 이 값이 시차 예측lagged prediction이라는 점을 감안할 때, 값들은 꽤 수용할 만하고 BINS가 이후 결과에 대해 예측적이라는 점을 시사한다. 승산비 측면에서 살펴보면, 6개월에 적절한(저위험) 점수를 얻은 아이들은 6개월에 부적절(고위험) 점수

표 7.2 | 베일리 영아신경발달 선별검사 : 고위험과 저위험 이분 위험 범주에 따른 36개월 인지운동 결과 비교

	5~6개월 문항 세트	11~15개월 문항 세트	21~24개월 문항 세트
인지 결과			
고위험	82.54	82.20	76.16
저위험	94.90	94.09	96.03
운동 결과(T-점수)			
고위험	40.32	38.92	37.64
저위험	48.74	48.35	48.24

고위험/저위험 비교는 모든 비교에서 유의미했다(P<0.002).

표 7.3 | 시차 예측 : 베일리 영아신경발달 선별검사와 36개월 결과

	모두 양성/ 모두 음성[a]	PPV/NPV[b]	승산비 (95% 신뢰구간)
인지			
5~6개월	0.74/0.57	0.46/0.82	3.76(2.31~6.48)
11~15개월	0.74/0.58	0.46/0.81	3.73(2.28~6.10)
21~24개월	0.70/0.77	0.60/0.84	8.12(4.91~13.42)
운동(T-점수)			
5~6개월	0.63/0.76	0.61/0.77	5.26(3.24~8.53)
11~15개월	0.75/0.61	0.56/0.78	4.59(2.81~7.49)
21~24개월	0.71/0.58	0.52/0.76	3.47(2.10~5.71)

[a] 모두 양성은 민감도 대신 사용되었다. 모두 음성은 특이도 대신 사용되었다.
[b] PPV=양성 예측값, NPV=음성 예측값

를 얻은 아이들과 비교했을 때 36개월에 최적의 인지적 결과(≥85)를 얻을 가능성이 거의 4배나 컸다. 모든 승산비는 유의미하였다.

임상 사례

발달 선별검사를 실시할 때, 검사자들은 BINS(혹은 다른 선별검사) 결과, 환경, 기능이 평가된 영역, 영아의 나이, 아동의 병력 다섯 가지 요소로 구성된 평가 매트릭스를 고려해야 한다(Aylward, 1997b). 이러한 접근이 임상적 추론 과정에 포함되어 매트릭스 요소들 간의 상호관계를 평가하고 고려해 보게 한다. 검사자는 이러한 사항들을 고려하지 않고 맹목적으로 요약치나 점수를 사용해선 안 된다. 몇 가지 임상적 원칙은 다음과 같다.

- 양성적인 검사결과는 기능적 중요성의 관점에서 해석되어야 한다. 예를 들면, 근긴장도의 증가가 기거나 걷는 것에 영향을 끼치는가? 그렇지 않다면 기능적 중요성 혹은 증가된 근긴장도의 영향은 감소되어야 한다.
- 경험적 요소/환경이 발달에 영향을 미칠 수 있다. 그러나 이들은 신경학적 문항이나 운동 문항보다는 언어와 인지 과정 문항에 더 많은 영향을 끼칠 것이다.
- 구어 표현과 수용기능뿐 아니라 인지적 과정은 이후의 운동 혹은 신경학적 기능(이 영역이 특히 손상되어 있지 않는 한)보다는 인지적 결과를 더 잘 예측할 것이다.
- 각각의 발달 영역들을 선별하는 능력은 연령에 따라 다른데, 이는

각각의 기술이 발달 경로를 따라 때가 되면 나타나기 때문이다(언어 장애는 일정 연령이 되어야 더 명백해짐).

- 경도 또는 중도의 신경운동 문제라도 연령이 증가하면서 향상되는 경향이 있다.
- 검사 수행의 편차는 다양한 이유 때문일 수 있다(예 : 모양판을 사용하는 과제에서의 저조한 수행은 좋지 않은 잡기, 소근육 조절의 문제, 시지각 결함, 과제 이해에서 어려움, 인내 부족 혹은 이러한 요인들의 조합 때문일 수 있음). 선별 결과를 기술할 때 이러한 가능성이 고려되어야 한다.
- 조산에 대한 연령 교정은 생후 2년까지 한다.
- 검사자들은 의학적 사건과 신경발달적 결과 사이에 일치성이 있는지 살펴보아야만 한다. 몇 가지 예시를 제시하면 다음과 같다. 3급 뇌실내출혈Grade III intraventricular hemorrhage, IVH은 종종 신경운동장애와 관련이 되곤 한다. 그리고 심각한 저산소성 허혈성 뇌병증hypoxic ischemic encephalopathy, HIE은 종종 인지 및 운동장애와 관련이 된다. 그러나 2급 뇌실내출혈과 특정 언어장애는 항상 관련이 있는 것은 아니다.

📋 사례연구 1

MS는 교정 나이 6개월 된 남아로, 임신 26주에 출생 시 720g의 체중으로 태어났다. 그는 3급 뇌실내출혈Grade III IVH이고, 21일 동안 산소호흡기를 달았으며 출생 후 70일 동안 입원했다. 그는 사회경제적 지위가 낮은 가정에 속해 있으며 부모 모두 실업상태이다. MS는 '팽팽한' 근긴장도를 가진 것으로 보고되었다. MS는 5~6개월의 BINS 문항 중에서 사물 옮기기(문항 4번), 떨어진 숟가락 찾기(문항 5번), 약간의 도움 받아 앉아 있기(문항 6번), 기기 전 움직임(문항 7번), 하지의 근육 긴장도(문항 10번)에서 부적절 점수를 받았다(그림 7.1 참조). 그의 총 위험점수는 7/13이었고, 고위험 범위에 속하였다.

이 사례에서 대부분의 문제는 신경학적 기능(N)과 표현적 운동(E) 영역에 집중되어 있었다. 결함은 종종 영아의 의학적 과정에서의 사건과 상관이 있었다(3급 IVH, 심각한 저체중/조산). 아동의 월령과 결함 영역으로 볼 때, 환경은 이 시점에 그다지 큰 영향을 미친 것 같지 않았다. 일시적 근긴장이상transient muscle dystonia의 가능성 때문에 일련의 선별검사가 필요할 것이다. 초기 개입 서비스(특히 작업치료/물리치료)가 시작되어야 한다.

📋 사례연구 2

LS는 24개월 된 여아로 임신 39주에 출생 시 체중 3,700g으로 태어났다. 출생 후 5분에 실시된 그녀의 아프가 점수는 7점이었다. 분만 시간이 길어지면서 LS는 출생 후 24시간 동안 혼수상태에 있었다. 다행히 그녀는 회복되었고 8일 후에 퇴원하였다. LS의 가정은 사회경제적 지위가 낮았는데, 그녀의 어머니는 미혼모였으며 주변에 가족이나 친척이 함께 살고 있지 않았다. BINS 21~24개월 문항 세트를 실시했을 때, LS는 그림 이름 4개 말하기(문항 3번), 5개의 그림 지적하기(문항 4번), 사물 이름 3개 말하기(문항 6번), 두 단어 말하기(문항 11번)와 명료하게 말하기(문항 12번)에서 부적절 점수(0)를 받았다. 그녀의 총점수는 8/13이었고, 중간 위험 범위에 속하였다(그림 7.1 참조).

이 사례의 경우 대부분의 부적절 점수들은 구어 표현(E)에 집중되어 있었고, 구어 수용(R) 영역에도 약간 있었다. 신경발달기능의 다른 영역들은 적절한 것으로 보였다. 일반적으로 2세가 되면 언어기술이 더 발달하므로 이 시기에는 문제를 더 잘 탐지할 수 있다. 반면 언어는 환경의 영향을 강하게 받는다. 다른 영역에서 적절한 점수를 받았는데 표현언어 영역(그리고 수용언어 문항 1개)에서만 특정한 결함이 있다는 것은 경도의 저산소성 허혈성 뇌병증이 있었다는 것으로 충분히 설명되지 않는다. 따라서 환경이 강하게 영향을 미쳤을 수 있으며, 말/언어에 대한 초기 개입 서비스가 추천된다.

요약

BINS는 특히 의학적/생물학적 위험에 처한 영아들에게 적용 가능한 유용한 선별도구이다. BINS는 검사의 목적 및 강조점에 있어서 BSID-II 및 Bayley-III와 유의미하게 다르다. 그럼에도 불구하고 BINS는 베일리의 인지 및 운동점수와 중간 정도의 상관이 있으며, 3단 위험 분류 도식 three tier risk classification scheme을 사용하든 이분형 접근을 사용하든 예측하는 결과는 동일하였다. BINS는 양육자 보고로 전환 가능한데, 동일한 문항을 검사자용hands-on version과 양육자 보고용으로 모두 사용할 수 있다는 점에서 매우 특별하다. BINS를 사용하는 목적에 따라서 중간 또는 고위험군 범주에 해당하는 영아들은 보다 세부적인 평가를 위해 Bayley-III로 연계되어야 한다.

초기신경심리적절성 평가척도(ENORS)

BINS는 전신에 해당하는 초기신경심리적절성 평가척도Early Neuropsychologic Optimality Rating Scales, ENORS에 개념적 · 이론적 · 실증적 근거를 두고 있다. 본 부록에서는 ENORS의 유래와 BINS와의 관계를 기술하고 역사적 배경에 대해 기술하려고 한다.

ENORS는 다양한 버전으로 구성되어 있고, 각 버전은 16~22개의 문항으로 구성되어 있으며, 각 문항은 초기신경심리 개념 도식의 다섯 가지 영역에 포함된다. 문항들은 관찰, 끌어내기, 양육자 보고 방법으로 채점된다. 각 방법으로 채점되는 문항의 비율은 연령에 따라 다르다. 영아는 누운 자세, 엎드린 자세, 세운 자세, 양육자의 무릎에 앉힌 자세, 혹은 돌아다니는 상태에 있다. ENORS 버전들은 실행하는 데 약 15분가량 소요된다(더 자세한 ENORS 문항의 설명은 Aylward, 1994, 1997 참조).

ENORS와 같은 신경발달검사의 채점은 복잡할 수 있는데, 왜냐하면 연령에 따라서 강조하는 기능이 다르기 때문이다. 문항에 가중치를 주는 것은 어려울 수 있고, 의미 있는 요약치 점수를 얻기 위하여 점수들을 어떻게 집단으로 묶을 것인가가 명확하지 않다. 적절성 접근(Prechtl, 1980)이 가장 적용 가능한 것 같다. 여기의 요인들(혹은 문항에서의 적절한 반응)은 긍정적 결과를 가장 크게 산출할 것 같다고 파악되었다. 문항에는 동일한 변수 가중치가 주어졌는데, 이는 부적절 상태는 단독으로 일어나지 않고, 상태가 심각할수록 적절한 점수는 더 적게 받게 될 것이라고 가정되기 때문이다. 또한 비정상 징후가 이후의 '비정상' 결과를 예측하는 것보다 정상적 신경심리 결과가 이후의 '정상' 결과를 예측하는 것이 더 높다고 가정한다. 더욱이 '적절'하다고 불리는 것은 정상 범위보다 더 좁게 정의되곤 한다(Aylward, 1994). 백분율(적절성의 개수/적절성의 개수+부적절성의 개수)을 계산하고 절단값이 사용될 수 있다.

ENORS의 기초 신경학적 기능/손상 없음 문항 영역은 다음의 문항들을 포함한다. 일차 반사, 비대칭, 머리 통제, 근육 긴장, 비정상적 지표, 보호 반응과 침 흘리기/운동 과잉. 수용기능은 청각, 시각, 시각 추적과 구어 수용 기술뿐 아니라 신체 부분들을 이해하는 것과 관련된다. 소근육/구강운동 표현기능은 뻗기 행동, 손 펴기/중앙선 행동, 잡기 기술, 눈-손 협응, 소근육 통제, 발성/발화와 그림 및 사물 명명하기를 포함한다. 대근육 표현기능 범주는 이러한 구성요소 문항들과 다음과 같은 문항 일부들을 포함하고 있다. 엎드린 상태에서 자신을 들어올리기, 무게 지탱하기, 협응된 움직임, 앉기/구르기, 기기, 보행, 던지기/차기, 계단 오르기와 뛰기. 인지처리는 사회적 미소, 사물 주시하기, 대상영속성, 모방능력, 문제 해결, 그리고 모양판을 사용하는 과제. 정신활동 요소 문항들은 목표 지향적 행동, 주의 기울이기, 활동수준, 그리고 지속적 울음/과민성을 포함한다. 비록 각 문항들이 여러 연령대에서 평가될 수 있지만, 개인적 부분과 채점 기준은 다를 수 있다.

요약하면, ENORS의 기초 신경학적 기능/손상 없음 문항들은 첫해 동안 주로 중요하게 다루어지고, 시각적 수용 문항들은 영아기에 걸쳐 지속적으로 중요하게 다루어지며, 구어 수용 기술은 9개월 이후부터 중요성이 계속해서 증가한다. 정신활동도 영아기 동안 지속적으로 강조된다. 비록 ENORS를 측정하는 6개의 주요 연령대마다 중요하게 측정하는 기능들은 차이가 있지만, 각 영역은 어느 정도의 개념적 연속성을 지닌다고 평가된다.

베일리 영아신경발달 선별검사를 사용한 연구

이 부록에서는 BINS와 관련된 현존하는 연구결과들을 한데 모으고 각 연구를 자세히 기술하고자 한다. 이 부분은 의료보험제도의 검진도구로 BINS를 채택하기 전에 경험적인 기반을 철저하게 알고 싶어 하는 사람들이나 대규모 임상연구에서 사용할 사람들 혹은 추후 연구 실시에 관심 있는 학자들을 위해 만들어졌다.

Babakhanyan, Jochai, Frier-Randall(2008)은 두개 안면부 이상craniofacial abnormalities을 가진 76명의 아동 표본을 대상으로 BINS를 사용했다. 영아들은 3개월에서 24개월까지 두 시점에 평가되었다. ANOVA 반복 측정치repeated measures들은 시기 1에서 2로 넘어가며 위험 정도의 증가를 시사했다. 다만 논문초록에는 각 시기에 아동이 몇 개월이었는지에 대해서는 자세히 기록되어 있지 않았다. Talkukder, Ferdousy, Parveen, 그리고 Khan(2004)은 방글라데시에서 급성 박테리아 수막염으로 치료받은 3~24개월 70명의 영아들을 평가하기 위해 BINS를 사용했다. BINS와 신경학적 평가가 모두 실시되었고 저위험/고위험과 장애를 가진/장애가 없는 분류가 각 평가에 주어졌다. BINS에서 46%의 영아들은 저위험이었던 반면 54%는 고위험이었다. 신경학적 검사에서 60%는 신경학적 후유증이 없었던(장애가 없는) 반면 40%는 신경학적 문제가 있었다. 신경학적 검사를 참조 기준으로서 사용하였을 때, BINS는 높은 민감도(82%)와 중간 정도의 특이도(64%)로 나타났다. 저자들은 BINS를 유용한 병상 선별검사로 추천했다. 그러나 논문에서 BINS 실행 연령의 측면에서 명확하지 않았거나 3개의 BINS 위험군이 어떻게 이분 위험 변수로 변환되었는지 분명하지 않았다.

Constantinou, Adamson-Macedo, Mirmiran, Ariagno, Fleisher(2005)는 (1) 미숙아 신경행동학적 평가Neurobehavioral Assessment of the Preterm Infant, NAPI를 36주 월경 후 나이post-menstrual age인 113명의 초극소저체중아extremely low birth weight infant, ELBW와 극소저체중아very low birth weight infant, VLBW에게 (2) 교정연령 12개월에게 BINS를 (3) 18, 30개월에게 BSID-II(아동의 생활 연령에 마지막 평가가 주어짐)를 실행하였다. ELBW 영아들은 VLBW 영아들보다 12개월에 BINS와 이후 BSID-II에서 유의하게 낮은 점수를 받았으며, 뇌성마비를 진단받은 아동과 그렇지 않은 아동을 비교했을 때도 같았다. NAPI 성향 점수는 BINS의 총점과 유의하게 상관관계가 있었다 ($r = 0.31$). 그 이전에 관련된 연구에서(Constantinou, Adamson-Macedo, Korner, & Fleisher, 2000) 1,250g 미만의 임신 기간이 30주 이전이었던 아동들을 대상으로 36주에 NAPI를, 4개월 및 12개월에 BINS를 실시하였다. NAPI 군집과 4개월에 BINS 총점은 유의한 상관이 없었다(평균 BINS 점수는 8.63이었고 중간 위험을 시사함). 그러나 NAPI 운동 군집 (0.40), 각성도 및 성향 군집(0.30), 스카프 신호(0.30) 그리고 BINS 12개월 요약 점수(평균=5.73, 고위험) 사이에는 유의한 상관관계가 있었다. 저자들은 4개월에 초기 반사들이 대뇌피질 기능으로 억제되었다고 지적하였다. 12개월에 수의적 운동행동이 조작적이 된다. 따라서 4개월에 발달문제들의 출현이 숨겨졌을 가능성이 있다. 이는 장기 예측에 비해 단기 예측을 신뢰할 수 없게 만든다. 저자들은 또한 발달에 비연속성을 제안한다.

Gucuyener와 동료들(2006)은 26~37주에 태어난 122명의 터키 영아에게 BINS를 적용했다. 영아들은 출생 시 26~29주, 30~32주, 그리고 33~37주의 임신 주수로 집단이 나눠졌다. 30~32주 만에 태어난 영아들은 33~37주 집단에 비해 3~4개월 때 유의하게 낮은 BINS 요약 점수를 받았다. 7~10개월에, 26~29주로 태어난 영아들의 총 BINS 점수는 더 나이든 집단에 비해 낮았다(특히 표현과 인지 문항들에서). 반면 16~20개월에, 26~29주의 임신 주수로 태어난 영아들은 33~37주로 태어난 영아들보다 낮은 점수를 받았다(특히 표현 문항에서).

Macias와 동료들(1998)은 6~24개월(평균연령 12.9 개월)의 78명의 고위험 영아들에게 BINS와 임상적용검사Clinical Adaptive Test, CAT/임상언어청각지표척도Clinical Linguistic Auditory Milestone Scale, CLAMS를 비교했다. BSID-II는 참조 기준이었고, 동일 방문에서 실시되었다. 선별검사는 둘 다 BSID-II의 MDI와 상관관계가 있었고 BINS는 고위험 혹은 중간 위험 범주 아이들이 의뢰되었을 때 최적의 민감도(90%)를 보였다. 중간 절단점수(채점표에서 점선으로 표시됨)는 70%의 민감도와 71%의 특이도를 산출했다. BINS 위험점수는 MDI와 상관이 있었다(r = −0.51).

앞 문장에 이어서 BINS의 절단방법으로 어떠한 방법을 사용하든 상관없이 BSID가 BSID-II와 유의하게 관련되었다고 시사했다. (1) 고위험 대 중간 혹은 저위험, (2) 고위험 혹은 중간 위험 대 저위험, (3) 고저위험군을 만드는 중간 절단점수. 만약 주안점이 잠재적 지연을 지닌 영아들을 최대한 판별하기 위한 것이라면, 고위험 혹은 중간 위험군의 BINS 점수를 받는 아동은 추가 평가를 위해 의뢰되어야 한다고 계속해서 주장한다. 위험 가능성이 더 높은 임상집단에서는 발달지연을 지닌 영아들의 판별을 위해 민감도가 높은 선별검사가 선호되는데, 이는 진료하under

-referral에 있는 것이 중요한 요소이기 때문이다.

Hess, Papas와 Black(2004)은 BINS를 저임금 흑인 청소년 모에게서 태어난 영아 106명에게 적용했다. BSID-II가 24개월에 주어졌고, 85점보다 낮은 점수는 발달지연의 지표로 간주되었다. BINS는 민감도는 낮지만 특이도는 높은 것으로 밝혀졌다. 양성 예측값은 BSID-II 절단점이 <90일 때보다 훨씬 좋았다. 저자들은 이 표본에서의 예측 타당도는 생물학적이 아닌 환경적 위험에 처한 영아들의 발달 선별에 내재된 어려움을 강조하는 것이라고 주장했다. 그들은 또한 BINS는 생물학적 위험에 처한 영아들에게 더욱 잘 맞다고 추론했다.

Leonard, Piecuch와 Cooper(2001)는 1,500g 미만으로 태어난 조산아 1,333명의 표본으로 BINS를 평균 6.8개월에, BSID-II를 12.9개월에 실시했다. 6개월 BINS 총점은 BSID-II의 MDI(r=0.40), PDI(r=0.35)와 유의한 상관이 있었다. 예측 타당도는 비정상의 예상 기저율이 20~40%로 추정된다는 점을 고려할 때, 낮은 기능을 보이는 영아를 판별하는 데 67~76%로 수용 가능한 정도였다. 저자들은 또한 BINS의 채점표에서 점선으로 표시된 절단점수에 기초해 중간 위험 범주를 세분화할 것과 저-중간과 고-중간 절단점수를 사용할 것을 권고했다.

Aylward와 Verhulst(2000)는 BINS와 아동 능력 McCarthy 척도McCarthy Scales of Children's Abilities, MSCA를 6~36개월 92명의 아동에게, 12~36개월 105명의 아동에게, 24~36개월 118명의 아동에게 실시했다. 6~12개월의 190명과 6~24개월의 125명, 12~24개월의 140명에서 BINS 점수는 상호관계가 있었다. BINS의 총점, 표준 위험집단들(저, 보통, 위험)과 이분 대안적 위험집단 도식(고위험, 저위험; Alyward, 1998)이 쓰였다. 이분집단 도식은 민감도와 특이도(점선)의 최상의 측정치가 제공된 BINS 지침서의 절단점수에 기초해 중간 위험집단을 세분화하는 것으로 개발되었다. 절단점 사이에 속한 중간 위험 점수의 사람들과 BINS 고위험 범주가 보통/고위험군으로 결합되었다(고위험). 절단점 사이에 속한 중간 위험 점수와 BINS 저위험 범주가 결합되어 저위험집단을 형성하게 되었다.

6~12개월에서 총점 간 상관관계는 r=0.72, 6~24개월은 r=0.62, 12~24개월은 r=0.68이었다. 위험점수의 상관들은 0.46에서 0.54의 범위였다(최저는 6~24개월). BINS-6과 36개월 MSCA 전반적 인지지표General Cognitive Index, GCI 사이 상관은 r=0.51이었고, BINS-12와 GCI는 r=0.38이었고(MSCA 지각 수행 지표와는 0.52), BINS-24와 GCI는 r=0.69였다(언어 지표와는 0.57, 지각 수행 지표와는 0.77). 운동 결과의 측면에서는, 6개월과 36개월의 BINS 간 상관이 r=0.34, 12개월과 36개월은 r=0.59, 24개월 BINS와 MSCA 운동 결과와는 r=0.66이었다.

6개월에 고위험에 처한 영아들에서 68%는 12개월에 고위험이었고 79%는 24개월에 고위험이었다. 12개월에 고위험에 처했던 영아 중 83%는 24개월에도 고위험이었다. BINS 고위험과 저위험 이분집단(위에 언급됨)을 6개월에 사용했을 때, 평균 GCI는 각각 77과 95였다. 12개월에는 80과 90이었고, 24개월에 고위험 평균 GCI는 73이었고 저위험 GCI는 94였다. 저위험군에 유리하게, 각 연령 비교에서 운동 지표에서 집단 간 차이는 최소 10점 차이가 있었다.

Aylward와 Verhulst(2008)는 양육자 완성 신경발달 사전선별 질문지caretaker-completed Neurodevelopmental Prescreening Questionnaire, NPQ와 BINS를 6~24개월의 고위험 영아 표본에 실시했다. 표본은 5개의 연구 센터에서 보낸 1,436명의 영아로 구성되었다. 471명은 교정연령 6개월에 평가되었고, 376명은 12개월에, 그리고 244명은 24개월에 평가되었다(조산은 교정됨). 양육자들은 영아들이 성공적으로 문항들을 마치는 것으로 묘사되는 비디오를 시청하면서 NPQ를 완성했다(BINS에 기초함). 예를 들면, BINS 문항 중 컵에 3개의 정육면체 넣기는 "우리 아기는 만약 그녀에게 요청하거나 어떻게 하는지 보여준다면 적어도 3개의 블록을 컵에 넣을 수 있어요."로 변환되었다. 실제 크기의 정육면체 그림 역시 반응지에 포함되었고 문항의 수행은 비디오로 설명되었다. 채점은 리커트 척도로 하였다. 이전 분석에 기초해 1~3점(거의 하지 않는다/절대에서 가끔)은 부적절(0)로 간주된 반면 4와 5(보통/항상)는 적절(1)로 간주되었다(Aylward & Aylward, 2004). BINS는 NPQ의 결과를 알지 못하는 검사자들에 의해 뒤따라 실시되었다. 민감도(모두 양성)는 80~91%(BINS를 참조 표준으로 사용)인 반면, 특이도(모두 음성)는 57~82%에 이르렀다. 전반적 일치는 나이에 따라 70~83%였다. NPQ와 BINS 요약 점수의 상관은 5~6개월 r=0.66, 12~15개월 r=0.65, 그리고 21~24개월은 r=0.85였다. 평균 NPQ 요약 점수는 보통 5~6개월, 12~15개월 그리고 21~24개월에 각각 0.52, 0.87 그리고 0.67점 BINS보다 낮았다. 일치는 영아의 위험상태에 따라 달랐고, 고위험군에 속한 경우 가장 높고, 그다음 저위험군이었고 중간 위험군에서 가장 좋지 않았다. 이 결과는 초기 2년 집단에서 가장 분명했다. 24개월 즈음에 인종(SES의 지표)이 영향력이 있었다.

이러한 자료는 BINS가 임상적으로 유용한 양육자 보고 도구로 변환될 수 있다는 점을 시사한다. 민감도 점수들은 신경발달적 상태가 위태로운 대다수의 영아들이 판별될 것을 보여준다. 부적 예측치는 적합하다. 이전 BINS 분석에서 나온 NPQ 요인들은(Aylward, 2004) 36개월 결과와 상관이 있는 것으로 밝혀졌다. 6개월의 인지/소근육 요인은 36개월 인지 결과를 예측했다(r=0.43). 12개월의 언어와 인지 요인들은 예측적이었다(각

r=0.42, 0.35). 24개월에 인지와 언어 수용 요인들은 36개월 인지 결과와 가장 관련이 있었다(각 r=0.70과 0.60). 그러나 Aylward와 Verhulst 연구 (2008)에서, 이 요인들의 문항 부하값은 NPQ와 BINS 사이 가장 높은 퍼센트로 불일치를 보였고 대부분은 유도되어야 했다. 마지막으로 부모는 자신의 아동이 중간 위험 범위에 속하게 될 때 자기 아동의 능력을 과소평가하는 경향이 있으므로 위음성false negative의 가능성을 감소시킬 수 있다. 임상장면에서 만약 양육자가 특정 문항에서 부적절하다고 응답하였다면, 임상가는 확인을 위해 특정 문항을 실시할 수 있다.

모든 것을 고려할 때 이 연구들은 대규모 의료보험제도의 임상적 검사 도구로서, 그리고 영아 연구 프로젝트의 일부로서 BINS의 신뢰도와 타당도를 지지한다.

〇 참고문헌

American Academy of Pediatrics. (2006). Identifying infants and young children with developmental disorders in the medical home: An algorithm for developmental surveillance and screening. *Pediatrics, 118*, 405–420.

Aylward, G. P. (1988). Infant and early childhood assessment. In M. Tramontana, & S. Hooper (Eds.), *Assessment Issues in Child Neuropsychology* (pp. 225–248). New York, NY: Plenum Press.

Aylward, G. P. (1991a). Predictive utility of the six- and 12-month Early Neuropsychologic Optimality Rating Scales (ENORS). *Developmental Medicine and Child Neurology, 33*(9, Suppl. 64), 22.

Aylward, G. P. (1991b, August). *Six and 12-month Early Neuropsychologic Optimality Rating Scales*. Washington, DC: Paper presented at the convention of the American Psychological Association.

Aylward, G. P. (1994). Update on early developmental neuropsychologic assessment: The Early Neuropsychologic Optimality Rating Scales (ENORS). In M. G. Tramontana, & S. R. Hooper (Eds.), *Advances in Child Neuropsychology, Vol. 2* (pp. 172–200). Berlin: Springer-Verlag.

Aylward, G. P. (1995). *The Bayley Infant Neurodevelopmental Screener Manual*. San Antonio, TX: Psychological Corporation.

Aylward, G. P. (1997a). *Infant and Early Childhood Neuropsychology*. New York, NY: Plenum Press.

Aylward, G. P. (1997b). Conceptual issues in developmental screening and assessment. *Journal of Developmental and Behavioral Pediatrics, 18*, 340–349.

Aylward, G. P. (1998). Alternative risk grouping method for the Bayley Infant

Neurodevelopmental Screener (BINS) in prediction of later dysfunction. *Journal of Developmental and Behavioral Pediatrics, 19*, 386–387.

Aylward, G. P. (2004). Prediction of function from infancy to early childhood: Implications for pediatric psychology. *Journal of Pediatric Psychology, 29*, 555–564.

Aylward, G. P. (2009). Developmental screening and assessment: What are we thinking? *Journal of Developmental and Behavioral Pediatrics, 30*, 169–173.

Aylward, G. P. (2010). Neuropsychological assessment of newborns, infants and toddlers. In A. Davis (Ed.), *Handbook of Pediatric Neuropsychology.* New York, NY: Springer.

Aylward, G. P., & Verhulst, S. J. (2000). Predictive utility of the Bayley Infant Neurodevelopmental Screener (BINS) risk status classifications: Clinical interpretation and application. *Developmental Medicine and Child Neurology, 42*, 25–31.

Aylward, G. P., & Aylward, B. S. (2004). Accuracy of developmental pre-screening in biologically at-risk infants. *Developmental Medicine and Child Neurology,* (Suppl. 46), 26.

Aylward, G. P., & Verhulst, S. J. (2008). Comparison of caretaker report and hands-on neurodevelopmental screening in high-risk infants. *Developmental Neuropsychology, 33*, 124–136.

Aylward, G. P., Verhulst, S. J., & Bell, S. (1988a). The early neuro-psychologic optimality rating scale (ENORS-9): A new developmental follow-up technique. *Journal of Developmental and Behavioral Pediatrics, 9*, 140–146.

Aylward, G. P., Verhulst, S. J., & Bell, S. (1988b). The 18-month Early Neuro-psychologic Optimality Rating Scale (ENORS-18): A predictive assessment instrument. *Developmental Neuropsychology, 4*, 47–61.

Aylward, G. P., Verhulst, S. J., & Bell, S. (1992). Predictive utility of the 24-month Early Neuropsychologic Optimality Rating Scale. *Developmental Medicine and Child Neurology, 34*(9, Suppl. 66), 33–34.

Babakhanyan, I., Jochai, D., & Freier-Randall, K. (2008). Children with craniofacial anomalies: Developmental risk over time. Abstract presented at the MCH Infant and Child Health Poster Session. American Public Health Association 136th Annual Meeting, October 25–29, San Diego, CA.

Bayley, N. (1993). *Bayley Scales of Infant Development* (2nd ed.). San Antonio, TX: The Psychological Corporation.

Bayley, N. (2006). *Bayley Scales of Infant and Toddler Development* (3rd ed.). San Antonio, TX: Psychological Corporation.

Constantinou, J. C., Adamson-Macedo, E. N., Korner, A. F., & Fleisher, B. E. (2000). Prediction of the neurobehavioral assessment of the preterm infant to the Bayley Infant Neurodevelopmental Screener. Presented at the International Society of Infant Studies, Brighton, UK, July, 2000.

Constantinou, J. C., Adamson-Macedo, E., Mirmiran, M., Ariagno, R. L., & Fleisher, B. E. (2005). Neurobehavioral assessment predicts differential outcome between VLBW and ELBW preterm infants. *Journal of Perinatology, 25*, 788–793.

Gucuyener, K., Ergenekon, E., Soysal, A. S., Aktas, A., Derinoz, O., Loc, E., & Atalay, Y. (2006). Use of the Bayley Infant Neurodevelopmental Screener with premature infants. *Brain & Development, 28*, 104–108.

Hess, C. R., Papas, M. A., & Black, M. M. (2004). Use of the Bayley Infant Neurodevelopmental Screener with an environmental risk group. *Journal of Pediatric Psychology, 29*, 321–330.

Leonard, C. H., Piecuch, R. E., & Cooper, B. A. (2001). Use of the Bayley Infant Neurodevelopmental Screener with low birth weight infants. *Journal of Pediatric Psychology, 26*, 33–40.

Macias, M. M., Saylor, C. F., Greer, M. K., Charles, J. M., Bell, N., & Katikaneni, L. D. (1998). Infant screening: the usefulness of the Bayley Infant Neurodevelopmental Screener and the Clinical Adaptive Test/ Clinical Linguistic Auditory Milestone Scale. *Journal of Developmental and Behavioral Pediatrics, 19*, 155–161.

Prechtl, H. F. R. (1980). The optimality concept. *Early Human Development, 4*, 201–205.

Psychological Corporation. (1996). *Bayley Infant Neurodevelopmental Screener. Technical Update.* San Antonio, TX: Psychological Corporation.

Sices, L. (2007). *Developmental Screening in Primary Care: The Effectiveness of Current Practice and Recommendations for Improvement.* New York, NY: Commonwealth Fund.

Talkukder, M. R., Ferdousy, R., Parveen, M., & Khan, N. Z. (2004). The use of the Bayley Infant Neurodevelopmental Screener (BINS) in identifying neurodevelopmental sequelae in acute bacterial meningitis. *Bangladesh Journal of Child Health, 28*, 51–54.

Wilson, P. L. (2000). Book Review: Bayley Infant Neurodevelopmental Screener. *Journal of Psychoeducational Assessment, 18*, 82–89.

찾아보기